本书获浙江财经大学 2023 年研究生教材建设项目（23YJSJC04）资助

Theory and Practice of Criminal
Procedure Law

刑事诉讼法
理论与实务

冯姣 著

ZHEJIANG UNIVERSITY PRESS
浙江大学出版社
·杭州·

图书在版编目(CIP)数据

　　刑事诉讼法理论与实务 / 冯姣著. —杭州:浙江
大学出版社,2024.1
　　ISBN 978-7-308-24571-5

　　Ⅰ.①刑… Ⅱ.①冯… Ⅲ.①刑事诉讼法－中国
Ⅳ.①D925.2

　　中国国家版本馆 CIP 数据核字(2023)第 244935 号

刑事诉讼法理论与实务
冯　姣　著

责任编辑　　蔡圆圆
责任校对　　许艺涛
封面设计　　续设计
出版发行　　浙江大学出版社
　　　　　　（杭州市天目山路 148 号　邮政编码 310007）
　　　　　　（网址：http://www.zjupress.com）
排　　版　　杭州星云光电图文制作有限公司
印　　刷　　广东虎彩云印刷有限公司绍兴分公司
开　　本　　710mm×1000mm　1/16
印　　张　　13.5
字　　数　　228 千
版 印 次　　2024 年 1 月第 1 版　2024 年 1 月第 1 次印刷
书　　号　　ISBN 978-7-308-24571-5
定　　价　　68.00 元

浙江大学出版社市场运营中心联系方式:0571－88925591;http://zjdxcbs.tmall.com

前　言

作为一门基础性学科,"刑事诉讼法学"的重要性不言而喻。法律硕士(非法学)研究生的教学与本科生的教学存在显著的不同:首先,法律硕士(非法学)研究生"刑事诉讼法学"的课时量偏少。不同于本科生48个或64个课时量,法律硕士(非法学)研究生通常只有32个课时量。如何在有限的课时量中尽可能系统地传授"刑事诉讼法学"的内容,是一个现实性的难题。但从现有的教材内容来看,大多极具"分量感",学生难以在规定的课时量中系统学完。其次,不同于本科生的学习,研究生的重要任务之一在于"研究"。但从现有的教材内容来看,大多属于法条等知识的罗列,学理性的阐释相对较少,对学科前沿性问题的关注较为不足。最后,从法律硕士(非法学)研究生的培养目的来看,其具有天然的实践性面向。"刑事诉讼法学"本身也是一门极具实务性色彩的课程。但从现有的教材来看,大多教材对于案件的阐释亦相对欠缺。

考虑到法律硕士(非法学)研究生教学的现实需要,笔者写了《刑事诉讼法理论与实务》这本书。本书有三个特点:第一,本书对传统"刑事诉讼法学"教材的内容进行了简化,以契合法律硕士(非法学)"刑事诉讼法学"课时量少(32个课时)的特点。在遵循传统"刑事诉讼法学"教材体例的基础上,本书对传统"刑事诉讼法学"的内容进行整合,最后保留了11章,分别为:刑事诉讼中的专门机关与诉讼参与人、刑事诉讼的基本原则、管辖与回避、辩护与代理、刑事证据制度、强制措施、立案与侦查、起诉、审判程序、执行程序和特别程序。第二,本书在每一节的最后都添加了相关案例,进一步突出实务性面向,切实增强学生对司法实务的了解,以契合法律硕士研究生的培养目标。第三,本书在写作过程中,除介绍基础性知识外,还注重对最新理论性知识的阐述;本书在每一章的最后列明了扩展阅读的材料,以进一步强化本书的理论性,使学生能够把握

1

本学科的理论前沿。

本书力争成为满足法律硕士（非法学）研究生教学实践的新型教材。本书的写作并非易事，前后历时三年。在写作过程中，笔者不仅需要掌握本学科最基础的理论知识，还需要掌握本学科最前沿的研究动态。由于笔者能力所限，本书难免存在不足之处，敬请各位读者批评指正。

目　录

第一章
刑事诉讼中的专门机关与诉讼参与人

【学习要求】

通过本章学习,重点掌握刑事诉讼中专门机关的组成和诉讼参与人的范围;明确刑事诉讼中各专门机关的性质和职权,了解各诉讼参与人的诉讼权利和诉讼义务。

【重点法条】

《刑事诉讼法》第三条;

《刑事诉讼法》第四条;

《刑事诉讼法》第一百零八条;

《刑事诉讼法》第三百零八条

刑事诉讼中的专门机关和诉讼参与人构成了刑事诉讼的主体。专门机关和诉讼参与人之间存在利益的博弈。从正当程序的构成要件来看,"与程序的结果有利害关系或者可能因该结果而蒙受不利影响的人,都有权参加该程序并得到提出有利于自己的主张和证据以及反驳对方提出之主张和证据的机会"[①]。事实上,专门机关与诉讼参与人之间的对抗和博弈,贯穿刑事诉讼各个阶段。

第一节 刑事诉讼中的专门机关

刑事诉讼中的专门机关,是指在刑事诉讼中行使法定职权的国家机关,主要包括人民法院、人民检察院、公安机关、国家安全机关、军队保卫部门、中国海警局和监狱等。

---

① [日]谷口安平.程序的正义与诉讼[M].王亚新,刘荣军,译.北京:中国政法大学出版社,2002:11.

一、人民法院

(一)人民法院的性质和地位

人民法院是国家的审判机关。我国《刑事诉讼法》第十二条规定:"未经人民法院依法判决,对任何人都不得确定有罪。"此外,《人民法院组织法》第四条规定:"人民法院依照法律规定独立行使审判权,不受行政机关、社会团体和个人的干涉。"

(二)人民法院的组织形式

根据《人民法院组织法》的规定,我国人民法院分为最高人民法院、地方各级人民法院和专门人民法院。其中,地方各级人民法院分为高级人民法院、中级人民法院和基层人民法院;专门人民法院包括军事法院、海事法院、知识产权法院、金融法院、互联网法院等。此外,最高人民法院可以设巡回法庭,审理最高人民法院依法确定的案件。

值得注意的是,上下级人民法院之间是监督关系,即最高人民法院监督地方各级人民法院和专门人民法院的审判工作,上级人民法院监督下级人民法院的审判工作。与此同时,最高人民法院对全国人民代表大会及其常务委员会负责并报告工作。地方各级人民法院对本级人民代表大会及其常务委员会负责并报告工作。各级人民代表大会及其常务委员会对本级人民法院的工作实施监督。

(三)审判组织

在我国,人民法院的审判组织形式主要有三种:独任庭、合议庭和审判委员会。合议庭由法官组成,或者由法官和人民陪审员组成,成员为三人以上单数。审判委员会由院长、副院长和若干资深法官组成,成员为单数。

审判委员会采取集体领导和决议的组织形式,事实上与司法责任制改革存在一定的龃龉之处。为更好地发挥审判委员会的功能,同时更好地契合司法责任制改革的实践需要,《人民法院组织法》第四十九条规定:"审判委员会讨论案件,合议庭对其汇报的事实负责,审判委员会委员对本人发表的意见和表决负责。审判委员会的决定,合议庭应当执行。审判委员会讨论案件的决定及其理由应当在裁判文书中公开,法律规定不公开的除外。"

(四)人民陪审员

《刑事诉讼法》第一百八十三条规定:"基层人民法院、中级人民法院审判第一审案件,应当由审判员三人或者由审判员和人民陪审员共三人或者七人组成合议庭进行,但是基层人民法院适用简易程序、速裁程序的案件可以由审判员一人独任审判。高级人民法院审判第一审案件,应当由审判员三人至七人或者由审判员和人民陪审员共三人或者七人组成合议庭进行。"

吸收公民参与刑事诉讼是司法民主的体现,但囿于普通公民法律知识的缺乏,对该制度的争议之声一直不绝于耳。根据 2018 年《人民陪审员法》的规定,人民陪审员参加三人合议庭审判案件,对事实认定、法律适用,独立发表意见,行使表决权;人民陪审员参加七人合议庭审判案件,对事实认定,独立发表意见,并与法官共同表决;对法律适用,可以发表意见,但不参加表决。三人合议庭和七人合议庭下人民陪审员职权的不同配置,造成七人合议制组织、运行上的悖论,故广受非议。①

二、人民检察院

(一)人民检察院的性质和地位

人民检察院是国家的法律监督机关。根据《人民检察院组织法》第二十条的规定,人民检察院行使下列职权:(1)依照法律规定对有关刑事案件行使侦查权;(2)对刑事案件进行审查,批准或者决定是否逮捕犯罪嫌疑人;(3)对刑事案件进行审查,决定是否提起公诉,对决定提起公诉的案件支持公诉;(4)依照法律规定提起公益诉讼;(5)对诉讼活动实行法律监督;(6)对判决、裁定等生效法律文书的执行工作实行法律监督;(7)对监狱、看守所的执法活动实行法律监督;(8)法律规定的其他职权。

(二)人民检察院的组织形式

根据《人民检察院组织法》的规定,人民检察院分为最高人民检察院、地方各级人民检察院和军事检察院等专门人民检察院。地方各级人民检察院分为:(1)省级人民检察院,包括省、自治区、直辖市人民检察院;(2)设区的市级人民检察院,包括省、自治区辖市人民检察院,自治州人民检察院,省、自治区、直辖市人民检察院分院;(3)基层人民检察院,包括县、自治县、不设区的市、市辖区人民检察院。省级人民检察院和设区的市级人民检察院根据检察工作需要,经最高人民检察院和省级有关部门同意,并提请本级人民

---

① 左卫民.七人陪审合议制的反思与建言[J].法学杂志,2019(4):109.

代表大会常务委员会批准,可以在辖区内特定区域设立人民检察院,作为派出机构。此外,人民检察院根据检察工作需要,可以在监狱、看守所等场所设立检察室,行使派出它的人民检察院的部分职权,也可以对上述场所进行巡回检察。

不同于人民法院,人民检察院上下级之间是领导关系,即最高人民检察院领导地方各级人民检察院和专门人民检察院的工作,上级人民检察院领导下级人民检察院的工作。同时,最高人民检察院对全国人民代表大会及其常务委员会负责并报告工作。地方各级人民检察院对本级人民代表大会及其常务委员会负责并报告工作。各级人民代表大会及其常务委员会对本级人民检察院的工作实施监督。

(三)办案组织

人民检察院办理案件,根据案件情况可以由一名检察官独任办理,也可以由两名以上检察官组成办案组办理。检察委员会由检察长、副检察长和若干资深检察官组成。为更好地落实检察官办案责任制,《人民检察院组织法》第三十四条明确规定:"检察官对其职权范围内就案件作出的决定负责。检察长、检察委员会对案件作出决定的,承担相应责任。"

(四)人民监督员

人民监督员依照规定对人民检察院的办案活动实行监督。《人民监督员选任管理办法》第八条规定:"拥护中华人民共和国宪法、品行良好、公道正派、身体健康的年满二十三周岁的中国公民,可以担任人民监督员。人民监督员应当具有高中以上文化学历。"此外,《人民监督员选任管理办法》第十条规定了不得担任人民监督员的六种情形。事实上,在检察机关反贪职能转隶后,创设人民监督员制度的背景条件发生转变,人民监督员的功能与定位正面临转型。拓宽监督范围、畅通工作流程、强化监督效果是人民监督员制度发展的题中应有之义。①

三、公安机关

根据《公安机关组织管理条例》的规定,公安机关是人民民主专政的重要工具,人民警察是武装性质的国家治安行政力量和刑事司法力量,承担依法预防、制止和惩治违法犯罪活动,保护人民,服务经济社会发展,维护国家

---

① 陈卫东,胡晴晴,崔永有.新时代人民监督员制度的发展与完善[J].法学,2019(3):13.

安全,维护社会治安秩序的职责。

公安部在国务院领导下,主管全国的公安工作,是全国公安工作的领导、指挥机关。县级以上地方人民政府公安机关在本级人民政府领导下,负责本行政区域的公安工作,是本行政区域公安工作的领导、指挥机关。设区的市公安局根据工作需要设置公安分局。市、县、自治县公安局根据工作需要设置公安派出所。

在刑事诉讼中,公安机关主要履行如下职权:第一,侦查权。《刑事诉讼法》第十九条明确规定:"刑事案件的侦查由公安机关进行,法律另有规定的除外。"第二,执行强制措施。对犯罪嫌疑人、被告人采取的拘传、取保候审、监视居住、拘留、逮捕都由公安机关执行。第三,刑罚执行。拘役、剥夺政治权利的执行,由公安机关负责。

公安机关上下级之间是领导关系。根据《公安机关办理刑事案件程序规定》(以下简称"公安部规定"),在刑事诉讼中,上级公安机关发现下级公安机关作出的决定或者办理的案件有错误的,有权予以撤销或者变更,也可以指令下级公安机关予以纠正。下级公安机关对上级公安机关的决定必须执行,如果认为有错误,可以在执行的同时向上级公安机关报告。

四、其他专门机关

《刑事诉讼法》第四条和第三百零八条规定:国家安全机关依照法律规定,办理危害国家安全的刑事案件,行使与公安机关相同的职权;军队保卫部门对军队内部发生的刑事案件行使侦查权;中国海警局履行海上维权执法职责,对海上发生的刑事案件行使侦查权;对罪犯在监狱内犯罪的案件由监狱进行侦查。军队保卫部门、中国海警局、监狱办理刑事案件,适用《刑事诉讼法》的有关规定。

中国海警局行使海上刑事案件侦查权的规定,是 2018 年《刑事诉讼法》修改过程中新增的条款。根据现有规定,对于走私、毒品、偷越国(边)境、非法捕捞、破坏海洋资源等刑事案件,海警局可以依法行使侦查权。①《刑事诉讼法》作出上述规定,其目的在于与《全国人民代表大会常务委员会关于中国海警局行使海上维权执法职权的决定》进行衔接。

---

① 陈卫东.2018刑事诉讼法修改条文理解与适用[M].北京:中国法制出版社,2019:349.

典型案例:赵某某故意杀人案一审当庭宣判①

2018年7月10日9时,陕西省榆林市中级人民法院依法公开开庭审理了赵某某故意杀人一案。榆林市人民检察院派员出庭支持公诉,法院依法指定辩护人为被告人赵某某进行辩护。

法院经审理查明,被告人赵某某因工作、生活不顺而心生怨恨,自认为系在米脂县第三中学就读初中时受同学嘲笑致其心理受挫所致,遂对初中同学产生报复泄愤恶念。2018年3月底至4月初,赵某某先后在网上购买刀具五把,预谋作案。因未找寻到同学,赵某某将报复目标转为米脂三中在读学生。2018年4月27日17时许,被告人赵某某携带事先准备好的三把刀具,行至米脂县北门洞附近等候米脂三中学生放学。18时14分,米脂县第三中学学生放学后涌入北门洞东侧的城隍庙巷,被告人赵某某掏出事先准备的匕首,迎面冲入学生人流,自西向东对途经的学生进行疯狂捅刺,致豆某某等九人死亡;姬某某等四人重伤;姜某某等七人轻伤;刘某在避险中致右足骨折为轻微伤。赵某某被闻信赶来的三中教师、保安、学生制服,并移交出警公安人员。

经过三个多小时的法庭审理,法庭休庭后,由三名法官和四名人民陪审员组成的七人合议庭,对案件进行了评议,经报院审判委员会讨论并作出决定,法庭恢复开庭后当庭予以宣判。

法院审理认为,被告人赵某某犯罪动机卑劣、犯罪目标明确,杀人手段特别凶残,犯罪后果极其严重,社会危害性巨大。依照《中华人民共和国刑法》第二百三十二条、第五十四条之规定,以被告人赵某某犯故意杀人罪,判处死刑,剥夺政治权利终身。

---

① 贾明会.报复泄愤捅刺学生致9死多伤 榆林被告人赵泽伟一审被判死刑[N].人民法院报,2018-07-11(3).

第二节　刑事诉讼中的诉讼参与人

根据《刑事诉讼法》第一百零八条第四项的规定,"诉讼参与人"是指当事人、法定代理人、诉讼代理人、辩护人、证人、鉴定人和翻译人员。当事人与案件结果有直接的利害关系,且当事人在刑事诉讼中享有广泛的诉讼权利和诉讼义务。以此为基准,可将刑事诉讼中的诉讼参与人分为当事人和其他诉讼参与人。

一、当事人

《刑事诉讼法》第一百零八条第二项规定:"当事人"是指被害人、自诉人、犯罪嫌疑人、被告人、附带民事诉讼的原告人和被告人。

(一)被害人

被害人是指因犯罪行为而导致人身、财产或其他权益受到侵害的人。除作为公诉案件中的被害人这一诉讼角色外,在刑事诉讼中,被害人还可作为附带民事诉讼的原告人,以及刑事自诉案件中的自诉人。

在现代刑事诉讼中,被害人的权利保障越来越受到关注。"规定正当程序式的参与权(以及其他类型权利)的根本原因是防止被害人受到两种伤害。一种是源于犯罪本身的初次伤害,另一种则是来自司法程序以及该程序中国家工作人员的再次伤害。"[①]在我国刑事诉讼中,被害人作为独立的诉讼当事人,除享有一些与其他当事人共有的诉讼权利,如有权参加法庭调查、有权申请回避等,被害人还享有一些特有的诉讼权利。

被害人特有的诉讼权利主要包括:(1)被害人由于被告人的犯罪行为而遭受物质损失的,在刑事诉讼过程中,有权提起附带民事诉讼;(2)对于自诉案件,被害人有权向人民法院直接起诉;(3)对于有被害人的案件,决定不起诉的,人民检察院应当将不起诉决定书送达被害人;等等。

(二)自诉人

根据《刑事诉讼法》的规定,对于自诉案件,被害人有权向人民法院直接

---

① [美]虞平,郭志媛.争鸣与思辨:刑事诉讼模式经典论文选译[M].北京:北京大学出版社,2013:194.

起诉。被害人死亡或者丧失行为能力的,被害人的法定代理人、近亲属有权向人民法院起诉。人民法院应当依法受理。

自诉人在刑事诉讼中承担控诉职能,故享有广泛的诉讼权利:(1)自诉案件的自诉人及其法定代理人有权随时委托诉讼代理人;(2)自诉人在宣告判决前,可以同被告人自行和解或者撤回自诉;(3)不服人民法院第一审的判决、裁定,有权上诉;等等。

自诉人的诉讼义务,主要包括如下几项:(1)自诉案件中被告人有罪的举证责任由自诉人承担;(2)自诉人经两次依法传唤,无正当理由拒不到庭的,或者未经法庭许可中途退庭的,按撤诉处理;等等。

(三)犯罪嫌疑人、被告人

犯罪嫌疑人、被告人是因涉嫌实施犯罪行为而在刑事诉讼中受追诉的人。以人民检察院制作正式起诉书并向法院提起公诉为界分,在侦查和审查起诉阶段,被追诉人被称为"犯罪嫌疑人",此后即被称为"被告人"。

"刑事诉讼人权就是刑事被追诉人享有的正当程序权利,这些权利具有普遍性、消极性、个体性的特征。"[1]犯罪嫌疑人、被告人在刑事诉讼中居于核心地位。一方面其享有广泛的诉讼权利,另一方面犯罪嫌疑人、被告人的供述和辩解亦是法定的证据形式。在认罪认罚从宽制度改革的背景下,犯罪嫌疑人、被告人供述的重要性日益突显。

根据《刑事诉讼法》的规定,犯罪嫌疑人、被告人的诉讼权利主要可以分为三类:一是防御性权利,主要包括有权使用本民族的语言文字进行诉讼、有权获得辩护、有权拒绝回答侦查机关提出的与本案无关的问题、有权出席法庭等。二是救济性权利,如对采取强制措施法定期限届满,不予以释放、解除或者变更的行为加以控告;对人民检察院作出的相对不起诉决定,有权向人民检察院申诉等。三是程序性保障,如获得公开审判的权利、未经人民法院依法判决不得确定有罪等。

与此同时,为实现刑事诉讼"打击犯罪"的目的,犯罪嫌疑人、被告人在刑事诉讼中亦需承担一系列的诉讼义务,包括:(1)在符合法定条件下,承受强制措施;(2)对侦查人员的提问,应当如实回答的义务;(3)接受强制检查的义务;(4)执行生效的判决或裁定的义务等。

---

① 易延友.刑事诉讼人权保障的基本立场[J].政法论坛,2015(4):32.

（四）附带民事诉讼的原告人和被告人

《刑事诉讼法》第一百零一条规定："被害人由于被告人的犯罪行为而遭受物质损失的,在刑事诉讼过程中,有权提起附带民事诉讼。被害人死亡或者丧失行为能力的,被害人的法定代理人、近亲属有权提起附带民事诉讼。如果是国家财产、集体财产遭受损失的,人民检察院在提起公诉的时候,可以提起附带民事诉讼。"

附带民事诉讼的当事人主要有如下诉讼权利:(1)申请回避;(2)委托诉讼代理人;(3)参加法庭调查和法庭辩护;(4)对第一审的判决、裁定中的附带民事诉讼部分,有权提出上诉;(5)请求法院调解或者自行和解;等等。此外,附带民事诉讼的原告人还可以申请人民法院采取保全措施。

二、其他诉讼参与人

（一）法定代理人

根据《刑事诉讼法》第一百零八条第三项的规定,"法定代理人"是指被代理人的父母、养父母、监护人和负有保护责任的机关、团体的代表。法定代理人依照法律的规定行使代理权,而非基于委托关系。法定代理人参与刑事诉讼,其主要目的是依法保护未成年人、无行为能力人或限制行为能力人的合法权益。

在未成年人刑事案件诉讼程序中:(1)对于未成年人刑事案件,在讯问和审判的时候,应当通知未成年犯罪嫌疑人、被告人的法定代理人到场;(2)无法通知、法定代理人不能到场或者法定代理人是共犯的,也可以通知未成年犯罪嫌疑人、被告人的其他成年亲属,所在学校、单位、居住地基层组织或者未成年人保护组织的代表到场,并将有关情况记录在案;(3)到场的法定代理人可以代为行使未成年犯罪嫌疑人、被告人的诉讼权利;(4)到场的法定代理人或者其他人员认为办案人员在讯问、审判中侵犯未成年人合法权益的,可以提出意见;(5)讯问笔录、法庭笔录应当交给到场的法定代理人或者其他人员阅读或者向他宣读;(6)审判未成年人刑事案件,未成年被告人最后陈述后,其法定代理人可以进行补充陈述。

（二）诉讼代理人

根据《刑事诉讼法》第一百零八条第五项的规定,"诉讼代理人"是指公诉案件的被害人及其法定代理人或者近亲属、自诉案件的自诉人及其法定代理人委托代为参加诉讼的人和附带民事诉讼的当事人及其法定代理人委托代为参加诉讼的人。

在刑事诉讼中,诉讼代理人的职能在于为公诉案件的被害人、自诉案件的自诉人以及附带民事诉讼的当事人提供法律帮助。委托诉讼代理人的,参照《刑事诉讼法》第三十三条关于委托辩护人的规定。值得注意的是,不同于法定代理人,诉讼代理人基于委托关系行使代理权。

（三）辩护人

《刑事诉讼法》第三十三条规定:"犯罪嫌疑人、被告人除自己行使辩护权以外,还可以委托一至二人作为辩护人。"辩护人的责任是根据事实和法律,提出犯罪嫌疑人、被告人无罪、罪轻或者减轻、免除其刑事责任的材料和意见,维护犯罪嫌疑人、被告人的诉讼权利和其他合法权益。

"作为一种行使诉权的方式,被告人的诉讼请求不一定都能为法院所接受,但至少,被告人及其辩护人一旦提出某一诉讼请求,法院就应在程序上给予必要的回应,对该项请求是否成立进行讨论,给出一项附理由的裁决,并给予被告人获得救济的机会。这应当是辩护权得以实现的最低程序保障。"[1]近年来,辩护人的有效辩护问题越来越受到学界的关注。

（四）证人

《刑事诉讼法》第六十二条规定:"凡是知道案件情况的人,都有作证的义务。生理上、精神上有缺陷或者年幼,不能辨别是非、不能正确表达的人,不能作证人。"

人民法院、人民检察院和公安机关应当保障证人及其近亲属的安全。证人证言必须在法庭上经过公诉人、被害人和被告人、辩护人双方质证并且查实以后,才能作为定案的根据。法庭查明证人有意作伪证或者隐匿罪证的时候,应当依法处理。在审判中心制度改革的背景下,推动证人出庭作证尤其是控辩双方有争议的关键证人出庭作证,并强化当庭证言在认定事实方面的关键作用,系推进庭审实质化改革的重要路径。[2]

（五）鉴定人

鉴定人是指运用科学技术或者专门知识对诉讼涉及的专门性问题进行鉴别和判断并提出鉴定意见的人员。《刑事诉讼法》第一百九十二条规定:"公诉人、当事人或者辩护人、诉讼代理人对鉴定意见有异议,人民法院认为

---

① 陈瑞华.辩护权制约裁判权的三种模式[J].政法论坛,2014(5):109.
② 左卫民.地方法院庭审实质化改革实证研究[J].中国社会科学,2018(6):132.

鉴定人有必要出庭的,鉴定人应当出庭作证。经人民法院通知,鉴定人拒不出庭作证的,鉴定意见不得作为定案的根据。"

（六）翻译人员

翻译人员是指在刑事诉讼中对语言文字等进行翻译的诉讼参与人。《刑事诉讼法》第九条规定:"各民族公民都有用本民族语言文字进行诉讼的权利。人民法院、人民检察院和公安机关对于不通晓当地通用的语言文字的诉讼参与人,应当为他们翻译。"在刑事诉讼中,翻译人员有权了解与翻译内容有关的案件情况,有权获得相应的报酬,且关于回避的规定适用于翻译人员。

典型案例:王某某故意杀人案①

兰州市人民检察院指控,2017 年,被告人王某某与被害人张某某在兰州新区通过跳舞相识,后发展为情人关系。2018 年初,张某某不愿意与王某某继续交往并提出断绝关系,王某某不甘心。2018 年 5 月 18 日 13 时许,被告人王某某携带匕首到兰州新区中川镇彩虹城小区 A 区 2 号楼 2 单元 801室,找被害人张某某讨要说法并欲要回两人交往期间其给被害人的财物。后二人发生争执,被告人王某某持刀在张某某颈部、胸部、腹部、阴部捅刺十余刀后逃离现场,致被害人当场死亡。经法医鉴定:张某某系被他人用单刃锐器作用致右颈内静脉离断大失血死亡。

附带民事诉讼原告人郝某甲、郝某乙、郝某丙、李某某提出,因王某某的故意杀人致使张某某死亡,请求依法判处王某某承担相应的刑事责任,并赔偿死亡赔偿金 600000 元、丧葬费 50000 元、被抚养人生活费 50000 元、交通费 10000 元、住宿费 10000 元、误工费 50000 元、精神损失费 100000 元,共计870000 元。

被告人王某某对故意杀害张某某的犯罪行为供认不讳,提出案发当日至张某某住处欲商谈讨要赠送的财物,携带刀具出于防身目的,后因张某某电话联系情人致其不能控制情绪而杀害她,仅捅刺四刀,离开时将刀扔在床上等辩解理由。其辩护人提出王某某与张某某因婚恋关系不和酿成惨剧,且王某某有自首情节,均应从轻处罚;王某某一时激愤失去理智、情绪失控实施了犯罪行为,较之蓄意、有预谋犯罪情节较轻,主观恶性不大,且被害人对本案矛盾激化有过错,依法可减轻处罚等辩护意见。

---

① （2018）甘刑 01 刑初 152 号。

对于辩护人所提辩护意见,经查,现有证据能够证实被告人王某某确与被害人张某某存在感情纠葛,在被害人张某某提出中断来往后,不能正确对待,在纠缠未果后持刀故意杀害张某某,但无证据证实被害人张某某存在严重过错。王某某行凶后主动投案且始终能如实供述所犯罪行,认罪、悔罪态度较好,具有自首情节,依法可从轻处罚。同时结合本案系感情矛盾引发,可酌情从轻处罚。故辩护人所提辩护意见的合理部分予以采纳,其余部分不予支持。

对于附带民事诉讼原告人及其诉讼代理人所提诉讼请求及代理意见,经查,因被告人王某某的犯罪行为造成附带民事诉讼原告人经济损失,合理部分予以支持。丧葬费依照法律规定的标准予以计算;虽不能提交住宿费、误工费、交通费票据及证明,考虑实际发生情况,酌情支持住宿费 8000 元,误工费 10000 元,交通费 8000 元;死亡赔偿金、精神损失费、被抚养人生活费不属于刑事附带民事诉讼的赔偿范围,不予支持。

本章测试:

1.刑事诉讼中的专门机关包括哪些?

2.刑事诉讼中,检察机关的职权有哪些?

3.刑事诉讼中的诉讼参与人包含哪些?

本章扩展阅读:

1.[加]欧文·沃勒.被遗忘的犯罪被害人权利——回归公平与正义[M].曹菁,译.北京:群众出版社,2017.

2.杜志淳.司法鉴定概论[M].北京:法律出版社,2018.

3.[美]乔纳凯特.美国陪审团制度[M].屈文生,译.北京:法律出版社,2013.

4.何勤华.检察制度史[M].北京:中国检察出版社,2009.

第二章
刑事诉讼的基本原则

【学习要求】

通过本章学习,重点掌握我国刑事诉讼的基本原则;学会区分规则与原则的不同;了解国际通行的刑事诉讼原则,并对各国刑事诉讼中共同的价值追求予以明确。

【重点法条】

《刑事诉讼法》第三条至第十八条

"社会生活随时在发生变化,法律规则制定得再完美无缺,都有可能成为僵化的东西,解决不了现实问题。"[①]在规则缺失或难以有效发生作用之时,法律原则的作用开始显现。"如果是具体规则、程序的改革仅是刑事诉讼制度的微调,基本原则的改革则意味着该国诉讼'精神'的调整。"[②]2018年《刑事诉讼法》的修改,对刑事诉讼的基本原则作出了调整。

第一节 刑事诉讼基本原则概述

根据《辞海》的界定,原则是"观察问题、处理问题的准则"[③]。不同于法律规则,法律原则在法律体系中有其独特的功能和价值。在法律规则模糊不清时,法律原则可为法院的裁决提供必要的规范性指导,从而克服实在法制度可能存在的缺陷。

一、刑事诉讼基本原则的性质和功能

刑事诉讼基本原则,是指在刑事诉讼法中明确规定,适用于刑事诉讼的

---

① 於兴中.法理学前沿[M].北京:中国民主法制出版社,2015:3.
② 汪海燕.刑事诉讼法律移植研究[M].北京:中国政法大学出版社,2015:129.
③ 辞海编辑委员会.辞海[M].上海:上海世纪出版股份有限公司,2009:2820.

全过程,各刑事诉讼主体在进行刑事诉讼活动中必须遵循的基本准则。

刑事诉讼原则在刑事诉讼中所起的作用,可以分为三个层次:第一,其有利于促进刑事诉讼立法的科学化和体系化。刑事诉讼法律原则事实上是对刑事诉讼规律的总结,其在很大程度上反映出刑事诉讼的立法价值取向。基于对刑事诉讼法律原则的厘清,可从根本上界定刑事诉讼的立法框架。第二,其为具体规则的解释界定了边界和范围。我国刑事诉讼的立法技术并不完善,规则之间的冲突亦时有发生。为保持刑事诉讼立法的融洽性,就涉及对具体规则的解释。在此过程中,法律原则的存在为规则解释的展开提供了可能的依据。第三,其在司法层面发挥作用。刑事诉讼基本原则贯穿刑事诉讼始终,其可为公安司法机关和刑事诉讼当事人具体诉讼活动的展开提供指导依据。

二、基本原则与规则的区别

根据德沃金的理论,原则和规则的区分,可以从以下几个角度进行理解:第一,法律规则是以"全有或全无"的方式被应用于特定案件的,而原则的适用方式并不相同,其可以同与其相反的事例共存。第二,原则具备分量或重要性的向度,而法律规则并不具有这个特点。第三,当规则之间发生冲突时,必然是一个有效,另一个无效;然而,当原则之间有矛盾时,并不会产生某一原则无效的结果,只是由于其分量或重要程度次于另外的原则,因此对于案件并不产生关键作用。①

具体而言,从范围上来看,相较于规则,原则涉及的范围更广,不同的规则可以被视为同一原则的体现;从适用的先后顺序来看,一般有规则的情况下,规则的适用具有优先性;从价值层面来看,规则更多体现的是立法的技术性,而原则更能体现立法的价值属性。

典型案例:骆某招摇撞骗案②

本院认为,上诉人骆某诈骗他人财物,数额较大;冒充国家机关工作人员招摇撞骗,其行为已分别构成诈骗罪、招摇撞骗罪,对其所犯二罪均应依法惩处,并数罪并罚。骆某系累犯,且冒充人民警察招摇撞骗,依法从重处罚;骆某能够退赔部分赃款,酌予从轻处罚。经查,现有证据尚不能充分证

---

① Ronald Dworkin. "Models of Rules I", in *His Taking Rights Seriously* [M]. Cambridge: Harvard University Press, 1978:24-26.

② (2018)京 02 刑终 198 号。

明骆某曾以办理驾照为由收取过刘某的款项,且公诉机关并未对该起事实提出指控,基于不告不理和有利于被告人的基本原则,王某归还刘某的款项与骆某归还王某的款项不能等同,故辩护人所提原判认定由骆某承担对刘某的还款依据不足,影响了骆某偿还王某的最终金额的辩护意见成立,本院予以采纳。关于辩护人所提请求二审法院对骆某从轻处罚等辩护意见,经查,原判根据本案事实并已充分考虑骆某所具有的各项量刑情节,对其在法律规定的量刑幅度内判处的刑罚适当,此项辩护意见不能成立,本院不予采纳。北京市人民检察院第二分院关于原判认定骆某犯诈骗罪、招摇撞骗罪的事实清楚,证据确实充分,定性准确,适用法律正确,量刑适当,骆某的上诉理由不能成立的审查意见成立,本院予以采纳。原审法院根据骆某犯罪的事实、性质、情节及对于社会的危害程度所作出的判决,定罪及适用法律正确,量刑适当,审判程序合法;唯对招摇撞骗罪中部分退赔数额认定有误,本院予以纠正。

第二节　国际通行的刑事诉讼基本原则

国际通行的刑事诉讼基本原则是指在大多数国家以及一些国际公约中确立的刑事诉讼基本原则。由于各方面原因所限,一些国际通行的刑事诉讼基本原则并未在我国立法中得到明确确立,但上述原则体现了国际层面对刑事诉讼基本精神的认可,为我国刑事诉讼基本原则的完善和发展提供了可资借鉴的样本。

一、国家追诉原则

国家追诉原则,是指在现代刑事诉讼中,公诉案件由检察机关代表国家提起诉讼,由法院对被追诉人定罪量刑;检察机关是否提起诉讼,与被害人的意志无关。

与国家追诉原则相对应的是古罗马时期的弹劾制。在早期社会,对刑事案件的追诉,与民事案件一样,遵循"不告不理"的原则。但这一原则也呈现出一系列的弊端,如被害人收集证据能力不足,不少刑事案件无被害人等。

值得注意的是,为更好地保障被害人的诉讼权利,各国刑事诉讼中还规定了刑事自诉案件。在该类案件中,自诉人可径行向法院起诉,但"告诉乃论并不能替代检察机关的公诉权"[1]。其仅能作为国家追诉原则的例外,且范围十分有限,仅限于侮辱罪、虐待罪等一些罪行轻微的犯罪。

二、控审分离原则

控审分离原则,是指国家的追诉控告权和审判权由不同国家机关依法行使。"刑事侦查权、控诉权、审判权之间的同质性,使得这三项权力之间具有天然的亲合性,也为三权的集中、合一提供了基础。"[2]控审分离原则,体现了刑事诉讼各机关之间权力的分离和制衡。

从控审分离原则中,还可以衍生出另外一个原则,即"不告不理原则"。在刑事公诉案件中,如果没有检察机关提出正式的起诉,则法院不能径行启

---

[1]　[德]克劳思·罗科信.刑事诉讼法[M].吴丽琪,译.北京:法律出版社,2003:95.

[2]　谢佑平.论以审判为中心的诉讼制度改革[J].政法论丛,2016(5):111.

动对刑事案件的审理;此外,法院的审判对象不得超出检察机关起诉书的范围。

三、无罪推定原则

从概念上来看,无罪推定原则是指"在法官判决之前,一个人是不能被称为罪犯的"[1]。无罪推定原则亦已成为不少国际公约的准则,如《世界人权宣言》第十一条规定:"凡受刑事控告者,在未经获得辩护上所需的一切保证的公开审判而依法证实有罪以前,有权被视为无罪。"

对于无罪推定原则,可从三个层面进行理解:第一,因被追诉人被推定为无罪,故证明被追诉人有罪的义务,由公诉机关承担;第二,无罪推定仅是一种"推定",是一种暂时性的程序状态,这种推定是可以被推翻的;第三,基于诉讼效率等方面的考量,无罪推定原则在刑事诉讼各个阶段适用的程度并不一致。[2]

四、公正审判

《公民权利和政治权利国际公约》第十四条规定:"在判定对任何人提出的任何刑事指控或确定他在一件诉讼案中的权利和义务时,人人有资格由一个依法设立的合格的、独立的和无偏倚的法庭进行公正的和公开的审讯。"

对于公正审判权的理解,可以从两个方面进行:第一,是司法组织,即"独立和不偏袒的法庭";第二,是司法程序,即"公正和公开的审判"。[3] 从价值层面来看,公正审判有利于刑事被告人免受不合法、不公正的待遇,其体现的参与原则、及时原则、救济原则等亦是英美法系正当程序原则的组成要件。

五、禁止强迫自证其罪原则

从概念上来看,其是指"对于侦查机关而言,不得采用那些违背被告人真实意愿的方式迫使其作出有罪供述。而对于法院而言,对于侦查机关通过强迫手段所获取的被告人有罪供述,一律不得采纳为定罪的根据,而应排

---

① [意]贝卡利亚.论犯罪与刑罚[M].黄风,译.北京:中国法制出版社,2009:37.
② 冯姣,王钰,乔岳,等.放大镜下的无罪推定原则[J].社会科学战线,2014(4):185.
③ 熊秋红.公正审判权的国际标准与中国实践[J].法律适用,2016(6):24.

除于法庭之外"①。《公民权利和政治权利国际公约》第十四条明确规定："在判定对他提出的任何刑事指控时,人人完全平等地有资格享受以下的最低限度的保证……不被强迫作不利于他自己的证言或强迫承认犯罪。"

对该原则的理解,可从以下几个层面展开:第一,禁止强迫自证其罪的适用对象是言词证据,而不涉及对被追诉人的人身检查以及财产查封等;第二,这一原则的核心是"强迫",若被追诉人自愿提供有罪供述,则该供述不涉及对其意愿的强制与违背;第三,该原则的适用还涉及程序性保障措施的配套,如辩护权的保障、非法证据的排除等。

六、禁止双重危险原则

《公民权利和政治权利国际公约》第十四条规定:"任何人已依一国的法律及刑事程序被最后定罪或宣告无罪者,不得就同一罪名再予审判或惩罚。"与英美法系的禁止双重危险原则相对应的原则,在大陆法系国家被称为"一事不再理"原则。两者虽在理论基础、具体制度设置方面存在差异②,但其目的在于保障被告人的生活安宁,防止国家滥用追诉权,禁止重复追诉。

需要注意的是,禁止双重危险原则并未在我国的刑事诉讼中得到确立。我国《刑事诉讼法》明确规定:最高人民法院对各级人民法院已经发生法律效力的判决和裁定,上级人民法院对下级人民法院已经发生法律效力的判决和裁定,如果发现确有错误,有权提审或者指令下级人民法院再审。事实上,在我国,再审制度的目的更倾向于对事实真相的发现。

典型案例:刘某受贿案③

广东省佛山市人民检察院指控,2007 年至 2012 年,被告人刘某利用其担任佛山市顺德区卫生和计划生育局副局长、常务副局长的职务便利,帮助佛山市顺德区医通医疗科技有限公司经营的医疗产品进入顺德辖区的多家医院。其间,被告人刘某先后多次以"提成款""借款"的名义收受该公司股东霍某甲(另案处理)给予的"好处费"共计人民币 60 万元。

其辩护人辩护称本案指控被告人刘某多次以"提成款""借款"的名义收

① 陈瑞华.刑事证据法学[M].北京:北京大学出版社,2012:52.

② 张泽涛.禁止重复追诉研究——以大陆法系既判力理论为切入点[J].法律科学(西北政法学院学报),2007(4):147.

③ (2017)粤06刑初102号.

受"好处费"共计人民币 60 万元、帮助医通公司经营的医疗产品进入顺德区多家医院一定程度上存在事实不清、证据不足的问题，应按照疑罪从无或量刑留有余地的原则进行处理。本案属于对前案已评价的同一行贿单位与同一被告人之间的行受贿事实的再次追诉，可能存在受贿数额重复评价，且可能有违一事不再理原则。此外本案的二次追诉导致刘某迟迟不能送监执行，失去本应有的减刑、假释机会。刘某当庭认罪、积极退赃，应依法从轻处罚。

对于辩护人辩护称本案属于对前案已评价的同一行贿单位与同一被告人之间行受贿事实的再次追诉，可能存在受贿数额重复评价，且可能有违一事不再理原则的意见，经查，本院在 (2016) 粤 06 刑初 96 号案中认定的事实是：2003 年至 2004 年刘某在任佛山市顺德区桂洲医院副院长期间，利用职务便利，帮助霍某乙经营的医通公司拓展医药、医疗器械设备销售业务，霍某乙以销售提成方式分多次在刘某的办公室共送给其现金 10 万元。而本案认定的事实是：2007 年至 2012 年，刘某利用其担任佛山市顺德区卫生及计划生育局副局长、常务副局长的职务便利，帮助医通公司经营的医疗产品进入顺德辖区的多家医院，并先后多次以"提成款""借款"的名义收受该公司股东霍某甲给予的好处费共计 60 万元。两案的认定无论是从行受贿款的时间、地点、谋利事项、金额、收款方式、经手人等均不一致，完全是针对不同的犯罪事实分别进行认定和处罚，并不存在重复评价的情形。因本案与前案所认定和处理的是前后发生的两个完全不同的事实，处理本案的法律依据是《中华人民共和国刑法》第七十条和第六十九的相关规定，即针对判决宣告后发现以前还有其他罪没有判决的，就该新发现的犯罪事实作出认定和判决，然后对前后两个判决所判处的刑罚进行数罪并罚，并非辩护人所主张的针对同一事实所进行的重复评价和处理，更非其担忧之一事再理。辩护人此节辩护意见，理由不充分，本院不予支持。

第三节 我国刑事诉讼的基本原则

我国刑事诉讼的基本原则在《刑事诉讼法》第一编第一章中作出了明确的规定。各个不同的基本原则之间相辅相成,构成了我国刑事诉讼的基本体系。

一、侦查权、检察权、审判权由专门机关依法行使

我国《刑事诉讼法》第三条规定:"对刑事案件的侦查、拘留、执行逮捕、预审,由公安机关负责。检察、批准逮捕、检察机关直接受理的案件的侦查、提起公诉,由人民检察院负责。审判由人民法院负责。除法律特别规定的以外,其他任何机关、团体和个人都无权行使这些权力。人民法院、人民检察院和公安机关进行刑事诉讼,必须严格遵守本法和其他法律的有关规定。"该原则包含了两层含义:第一,公安机关、人民检察院和人民法院行使各自特有的职权;第二,除法律的特别规定,其他任何机关都无权行使侦查、拘留、逮捕等权力。

二、人民法院、人民检察院依法独立行使职权

《刑事诉讼法》第五条规定:"人民法院依照法律规定独立行使审判权,人民检察院依照法律规定独立行使检察权,不受行政机关、社会团体和个人的干涉。"《人民法院组织法》第五十二条明确规定:"对于领导干部等干预司法活动、插手具体案件处理,或者人民法院内部人员过问案件情况的,办案人员应当全面如实记录并报告;有违法违纪情形的,由有关机关根据情节轻重追究行为人的责任。"但在该原则实施过程中,还需处理好与人民代表大会监督、媒体监督之间的关系。

三、依靠群众

《刑事诉讼法》第六条规定:"人民法院、人民检察院和公安机关进行刑事诉讼,必须依靠群众。"依靠群众这一原则在《刑事诉讼法》及诸多刑事诉讼司法解释中均有所体现。如《刑事诉讼法》第六十二条规定:"凡是知道案件情况的人,都有作证的义务。"《刑事诉讼法》第一百二十九条规定:"任何单位和个人,都有义务保护犯罪现场,并且立即通知公安机关派员勘验。"事

实上,吸收符合条件的公民参与案件审理,亦是司法民主化和司法群众路线的体现。

四、以事实为根据,以法律为准绳

根据《刑事诉讼法》第六条的规定,人民法院、人民检察院和公安机关进行刑事诉讼,必须以事实为根据,以法律为准绳。这一原则事实上在三大诉讼法中均有所体现。"以事实为根据",反映出证据裁判主义的要求,即对案件事实的认定应当以证据为基础;"以法律为准绳",则是指公安机关、人民检察院和人民法院在刑事诉讼过程中,应当以《刑事诉讼法》《刑法》等法律的规定为指导的依据。

五、对于一切公民在适用法律上一律平等

《刑事诉讼法》第六条规定:"对于一切公民,在适用法律上一律平等,在法律面前,不允许有任何特权。"该条规定是对《宪法》"中华人民共和国公民在法律面前一律平等"这一规定的具体化。

值得注意的是,平等可分为立法上的平等和司法适用过程中的平等。刑事诉讼中规定的平等,是指司法适用中的平等。在法律规定范围内的区别对待,必须严格按照法律的规定。比如,在刑事诉讼中规定了未成年人刑事案件诉讼程序,对未成年被告人规定附条件不起诉、确立"教育、感化、挽救"的方针,这些事实上都是基于对未成年人身心特点的考量而做出的与成年被告人不同的处理。

六、分工负责,互相配合,互相制约

我国《刑事诉讼法》第七条规定:"人民法院、人民检察院和公安机关进行刑事诉讼,应当分工负责,互相配合,互相制约,以保证准确有效地执行法律。"其中,"分工负责"是指各个机关应当按照《刑事诉讼法》第三条的规定各司其职,不可越俎代庖;"互相配合"是指各个机关在分工负责的前提下进行配合,以更好实现刑事诉讼打击犯罪和保障人权的目的;"互相制约"是指通过程序的设置,使得各个机关之间形成事实上的约束机制,以防止可能的错案的出现。从司法实践来看,三机关之间往往配合有余,制约不足,但"公检法分权的主要目的应该是互相制约,而不是互相配合"①。

---

① 何家弘.当今我国刑事司法的十大误区[J].清华法学,2014(2):62.

七、人民检察院依法对刑事诉讼实行法律监督

人民检察院是宪法规定的国家法律监督机关。我国《刑事诉讼法》第八条明确规定："人民检察院依法对刑事诉讼实行法律监督。"

人民检察院对刑事诉讼的法律监督,贯穿于刑事诉讼全过程。根据《人民检察院刑事诉讼规则》的规定,刑事诉讼法律监督包括刑事立案监督、侦查活动监督、审判活动监督、刑事判决、裁定监督、死刑复核法律监督、羁押和办案期限监督、看守所执法活动监督、刑事判决、裁定执行监督、强制医疗执行监督等九个方面的内容。在职务犯罪侦查权转隶的背景下,需要"坚持检察机关的宪法定位,增强监督刚性,逐步拓展检察职能,坚持和发展中国特色社会主义检察制度"①。

八、各民族公民用本民族语言文字进行诉讼

我国《刑事诉讼法》第九条规定:"各民族公民都有用本民族语言文字进行诉讼的权利。人民法院、人民检察院和公安机关对于不通晓当地通用的语言文字的诉讼参与人,应当为他们翻译。在少数民族聚居或者多民族杂居的地区,应当用当地通用的语言进行审讯,用当地通用的文字发布判决书、布告和其他文件。"

该原则的意义在于,一方面,该原则是对《宪法》第四条规定"各民族都有使用和发展自己的语言文字的自由,都有保持或者改革自己的风俗习惯的自由"的落实;另一方面,该原则的贯彻落实有利于刑事诉讼对案件真相的查清,同时更好地实现刑事诉讼"教育公民自觉遵守法律"这一任务。

九、审判公开

"法庭审理的公开原则是法治国家的基本条件。"②我国《刑事诉讼法》第十一条明确规定:"人民法院审判案件,除本法另有规定的以外,一律公开进行。"审判公开原则的确立,是基于对以往秘密审判侵害人权的惨痛教训。将审判过程公开,一方面有利于确保司法的规范性,另一方面亦可确保公民的知情权,增强公民的法治意识。《中共中央关于全面深化改革若干重大问题的决定》明确提出:"推进审判公开、检务公开,录制并保留全程庭审资料。

---

① 朱孝清. 国家监察体制改革后检察制度的巩固与发展[J]. 法学研究,2018(4):4-5.
② 宗玉琨. 德国刑事诉讼法典[M]. 北京:知识产权出版社,2013:18.

增强法律文书说理性,推动公开法院生效裁判文书。"

此外,根据《刑事诉讼法》第一百八十八条的规定,有关国家秘密或者个人隐私的案件,不公开审理;涉及商业秘密的案件,当事人申请不公开审理的,可以不公开审理。另,根据《刑事诉讼法》第二百八十五条的规定:"审判的时候被告人不满十八周岁的案件,不公开审理。但是,经未成年被告人及其法定代理人同意,未成年被告人所在学校和未成年人保护组织可以派代表到场。"

十、未经人民法院依法判决,不得确定有罪

我国《刑事诉讼法》第十二条规定:"未经人民法院依法判决,对任何人都不得确定有罪。"该规定体现了无罪推定原则的核心要义,但仍与国际通行的无罪推定原则存在一定的差距。

理想状态下的"无罪推定"是一项内涵广泛的程序法原则,包括法院定罪、控方举证、证据裁判、主体处遇及罪疑唯轻等法治内涵。[①] 在我国刑事诉讼中,这一原则主要在以下方面得以体现:第一,只有经过人民法院依法判决之后,被追诉人才能被称为"罪犯"。第二,控诉方承担被告人有罪的责任,如我国《刑事诉讼法》第五十一条规定:"公诉案件中被告人有罪的举证责任由人民检察院承担,自诉案件中被告人有罪的举证责任由自诉人承担。"

十一、辩护权保障

《刑事诉讼法》第十四条规定:"人民法院、人民检察院和公安机关应当保障犯罪嫌疑人、被告人和其他诉讼参与人依法享有的辩护权和其他诉讼权利。"该条规定是对《宪法》第一百三十条规定"被告人有权获得辩护"的落实。

辩护制度的正当性可从三个方面加以说明:其价值论根据是人权保障,制度性根据是无罪推定,而其方法论根据是相对制度。[②] 从整体上来看,我国刑事辩护率并不高。近年来,随着审判为中心的诉讼制度改革和认罪认罚从宽制度的确立,辩护律师的重要性日趋凸显。2017年,最高人民法院、

① 林喜芬.中国确立了何种无罪推定原则?——基于2012年刑诉法修订的解读[J].江苏行政学院学报,2014(1):130.
② 陈兴良.为辩护权辩护——刑事法治视野中的辩护权[J].法学,2004(1):3.

司法部印发了《关于开展刑事案件律师辩护全覆盖试点工作的办法》的通知;2018年《刑事诉讼法》将值班律师制度正式确立。

十二、保障诉讼参与人的诉讼权利

《刑事诉讼法》第十四条规定:"人民法院、人民检察院和公安机关应当保障犯罪嫌疑人、被告人和其他诉讼参与人依法享有的辩护权和其他诉讼权利。诉讼参与人对于审判人员、检察人员和侦查人员侵犯公民诉讼权利和人身侮辱的行为,有权提出控告。"

2014年,《中共中央关于全面推进依法治国若干重大问题的决定》亦明确提出加强人权司法保障。强化诉讼过程中当事人和其他诉讼参与人的知情权、陈述权、辩护辩论权、申请权、申诉权的制度保障。落实终审和诉讼终结制度,实行诉访分离,保障当事人依法行使申诉权利。只有切实保障诉讼参与人的权利,才能确保诉讼参与人在刑事诉讼中的主体地位,同时倒逼司法机关文明地进行司法活动。

十三、认罪认罚从宽

认罪认罚从宽是2018年《刑事诉讼法》修改时新增加的原则。《刑事诉讼法》第十五条规定:"犯罪嫌疑人、被告人自愿如实供述自己的罪行,承认指控的犯罪事实,愿意接受处罚的,可以依法从宽处理。"

"认罪"是犯罪嫌疑人、被告人对检察机关指控的基本犯罪事实没有异议,认识到自己实施了触犯刑法的犯罪行为;认罚是犯罪嫌疑人、被告人在认罪之后进一步做出的接受相应处罚的意思表示;从宽则包括实体和程序两个层面,即量刑优惠和程序简化。[①]

但认罪认罚从宽在具体设置过程中,仍有一系列的问题有待考量,如认罪认罚案件的证明标准、认罪认罚从宽案件中被害人权利的保障、认罪认罚从宽案件中的职权制约等问题。故此,完善刑事诉讼中的认罪认罚从宽制度是个系统工程,需要统筹规划、仔细考量,应当基于保障、促进刑事司法公正的目标,着重提高刑事司法的效率。[②]

---

① 陈卫东.2018刑事诉讼法修改条文理解与适用[M].北京:中国法制出版社,2019:2-5.

② 王敏远.认罪认罚从宽制度疑难问题研究[J].中国法学,2017(1):34.

十四、依照法定情形不予追究刑事责任

现有《刑事诉讼法》规定了六种不予追究刑事责任的情形。根据《刑事诉讼法》第十六条的规定,有下列情形之一的,不追究刑事责任,已经追究的,应当撤销案件,或者不起诉,或者终止审理,或者宣告无罪:(1)情节显著轻微、危害不大,不认为是犯罪的;(2)犯罪已过追诉时效期限的;(3)经特赦令免除刑罚的;(4)依照刑法告诉才处理的犯罪,没有告诉或者撤回告诉的;(5)犯罪嫌疑人、被告人死亡的;(6)其他法律规定免予追究刑事责任的。

十五、追究外国人刑事责任适用我国《刑事诉讼法》

《刑事诉讼法》第十七条规定:"对于外国人犯罪应当追究刑事责任的,适用本法的规定。对于享有外交特权和豁免权的外国人犯罪应当追究刑事责任的,通过外交途径解决。"这一刑事诉讼原则的确立,一方面可以维护我国的司法主权;另一方面亦可妥善处理与各国的关系。

典型案例:吐某某某非法持有毒品、妨害公务案[①]

被告人吐某某某。2006 年 7 月 31 日因犯贩卖毒品罪被云南省昆明市中级人民法院判处有期徒刑四年,经减刑后于 2008 年 12 月 17 日刑满释放。2011 年 10 月 20 日因犯妨害公务罪被本院判处有期徒刑七个月,2011 年 12 月 29 日刑满释放。因本案于 2017 年 5 月 24 日被羁押,次日被刑事拘留,同年 6 月 29 日被逮捕。现羁押于广州市越秀区看守所。

辩护人李书华,内蒙古义源律师事务所律师。

翻译人员依力哈木·吐尼亚孜,广州市泰领翻译服务有限公司维吾尔语翻译。

广东省广州市越秀区人民检察院以越检刑诉(2017)1950 号起诉书指控被告人吐某某某犯非法持有毒品罪、妨害公务罪,于 2018 年 3 月 2 日向本院提起公诉。本院适用普通程序,依法组成合议庭,公开开庭审理了本案。广州市越秀区人民检察院指派检察员沈晓吟出庭支持公诉,被告人吐某某某及其辩护人李书华、维吾尔语翻译依力哈木·吐尼亚孜到庭参加诉讼。

广东省广州市越秀区人民检察院指控,2017 年 5 月 24 日 23 时许,民警汤某带领辅警陈某、林某、董某等人在广州市白云区西槎路 323 号对出路面依法抓捕涉嫌贩卖毒品罪的被告人吐某某某。被告人吐某某某持刀抗拒抓

---

① （2018）粤 0104 刑初 257 号。

捕,用刀(带有刀套)捅向辅警陈某的胸部,并将随身携带的 2 包白色晶体物丢弃,后被民警制服。民警在现场缴获作案工具开锋长刀 1 把(经认定,属国家规定管制刀具)及 2 包总净重为 48.69 克的白色晶体(经鉴定,均检出甲基苯丙胺成分)。

本章测试:

1.我国刑事诉讼的基本原则有哪些?

2.如何理解无罪推定原则?

3.规则与原则的区别何在?

本章扩展阅读:

1.胡云腾.认罪认罚从宽制度的理解与适用[M].北京:人民法院出版社,2018.

2.沙曼.比较刑事诉讼:案例教科书[M].施鹏鹏,译.北京:中国政法大学出版社,2018.

3.赵刚.公开与公平的博弈[M].北京:法律出版社,2012.

第三章
管辖与回避

【学习要求】

通过本章学习,重点掌握我国管辖的种类,明确各个不同专门机关的管辖范围;明确回避的理由、范围及种类;了解管辖和回避制度的理论基础及其在《刑事诉讼法》中的地位。

【重点法条】

《刑事诉讼法》第十九条至第三十二条

刑事诉讼中的管辖和回避,事实上涉及国家专门机关在处理刑事案件中的职权分工和人员分工。管辖和回避制度的设立,可以从源头上确保司法公正的实现。故上述两种制度在各国刑事诉讼中均得以确立。

第一节 管 辖

刑事诉讼中的管辖,是指国家专门机关依法受理刑事案件在职权范围上的分工。主要有两种类型:一是公检法在立案方面的分工,称为立案管辖;二是各个不同法院在审理第一审刑事案件的分工制度,称为审判管辖。管辖制度的确立,一方面可以明确各个机关的职能分工,使各机关各司其职;另一方面也有利于公民按照管辖范围向各个机关报案、检举和控告,以维护自身的合法权益。

一、立案管辖

立案管辖,又称为"职能管辖"或"部门管辖",其主要涉及公安机关、人民检察院和人民法院在直接受理刑事案件范围上的权限划分。

(一)公安机关直接受理的刑事案件

我国《刑事诉讼法》第十九条第一款规定:"刑事案件的侦查由公安机关进行,法律另有规定的除外。"

"法律另有规定"主要包括以下几种情形：(1)《刑事诉讼法》第十九条第一款规定的由人民检察院直接受理的刑事案件。(2)《刑事诉讼法》第十九条第三款规定的由人民法院直接受理的刑事案件。(3)《刑事诉讼法》第四条规定："国家安全机关依照法律规定，办理危害国家安全的刑事案件，行使与公安机关相同的职权。"(4)《刑事诉讼法》第三百零八条规定："军队保卫部门对军队内部发生的刑事案件行使侦查权。中国海警局履行海上维权执法职责，对海上发生的刑事案件行使侦查权。对罪犯在监狱内犯罪的案件由监狱进行侦查。军队保卫部门、中国海警局、监狱办理刑事案件，适用本法的有关规定。"

此外，《监察法》第十一条规定："对涉嫌贪污贿赂、滥用职权、玩忽职守、权力寻租、利益输送、徇私舞弊以及浪费国家资财等职务犯罪行为，由监察机关进行调查。"

(二)人民检察院直接受理的刑事案件

我国《刑事诉讼法》第十九条第一款规定："人民检察院在对诉讼活动实行法律监督中发现的司法工作人员利用职权实施的非法拘禁、刑讯逼供、非法搜查等侵犯公民权利、损害司法公正的犯罪，可以由人民检察院立案侦查。对于公安机关管辖的国家机关工作人员利用职权实施的重大犯罪案件，需要由人民检察院直接受理的时候，经省级以上人民检察院决定，可以由人民检察院立案侦查。"

考虑到与《监察法》衔接的需要，2018年《刑事诉讼法》修改时，将检察机关大部分的职务犯罪侦查权删除，仅保留了14个罪名的侦查权。根据《关于人民检察院立案侦查司法工作人员相关职务犯罪案件若干问题的规定》，这14个罪名为：(1)非法拘禁罪(《刑法》第二百三十八条)(非司法工作人员除外)；(2)非法搜查罪(《刑法》第二百四十五条)(非司法工作人员除外)；(3)刑讯逼供罪(《刑法》第二百四十七条)；(4)暴力取证罪(《刑法》第二百四十七条)；(5)虐待被监管人罪(《刑法》第二百四十八条)；(6)滥用职权罪(《刑法》第三百九十七条)(非司法工作人员滥用职权侵犯公民权利、损害司法公正的情形除外)；(7)玩忽职守罪(《刑法》第三百九十七条)(非司法工作人员玩忽职守侵犯公民权利、损害司法公正的情形除外)；(8)徇私枉法罪(《刑法》第三百九十九条第一款)；(9)民事、行政枉法裁判罪(《刑法》第三百九十九条第一款)；(10)执行判决、裁定失职罪(《刑法》第三百九十九条第三款)；(11)执行判决、裁定滥用职权罪(《刑法》第三百九十九条第三款)；(12)

私放在押人员罪(《刑法》第四百条第一款);(13)失职致使在押人员脱逃罪(《刑法》第四百条第一款);(14)徇私舞弊减刑、假释、暂予监外执行罪(《刑法》第四百零一条)。

(三)人民法院直接受理的刑事案件

我国《刑事诉讼法》第十九条第三款规定:"自诉案件,由人民法院直接受理。"自诉案件,是指不需要经过侦查机关侦查和检察机关公诉,由被害人或其法定代理人、近亲属直接向人民法院提起诉讼的案件。根据我国《刑事诉讼法》第二百一十条及"最高法解释"的规定,我国自诉案件包括以下三类。

第一,告诉才处理的案件。该类型的案件包括:(1)侮辱、诽谤案(《刑法》第二百四十六条规定的,但严重危害社会秩序和国家利益的除外);(2)暴力干涉婚姻自由案(《刑法》第二百五十七条第一款规定的);(3)虐待案(《刑法》第二百六十条第一款规定的);(4)侵占案(《刑法》第二百七十条规定的)。

第二,被害人有证据证明的轻微刑事案件。该类型的案件包括:(1)故意伤害案(《刑法》第二百三十四条第一款规定的);(2)非法侵入住宅案(《刑法》第二百四十五条规定的);(3)侵犯通信自由案(《刑法》第二百五十二条规定的);(4)重婚案(《刑法》第二百五十八条规定的);(5)遗弃案(《刑法》第二百六十一条规定的);(6)生产、销售伪劣商品案(《刑法》分则第三章第一节规定的,但严重危害社会秩序和国家利益的除外);(7)侵犯知识产权案(《刑法》分则第三章第七节规定的,但严重危害社会秩序和国家利益的除外);(8)《刑法》分则第四章、第五章规定的,对被告人可能判处三年有期徒刑以下刑罚的案件。

第三,被害人有证据证明对被告人侵犯自己人身、财产权利的行为应当依法追究刑事责任,而公安机关或者人民检察院不予追究被告人刑事责任的案件。该类案件又被称为公诉转自诉的案件。需要明确的是,该类案件本质上属于公诉案件,作出上述变通规定的理由,是为了解决告状难的问题。

(四)需要注意的几个问题

第一,根据《最高人民法院关于适用〈中华人民共和国刑事诉讼法〉的解释》(以下简称"最高法解释")的规定,人民检察院没有提起公诉,被害人有证据证明的轻微刑事案件的八类案件,被害人直接向人民法院起诉的,人民法院应当依法受理。对其中证据不足,可以由公安机关受理的,或者认为对被告人可能判处三年有期徒刑以上刑罚的,应当告知被害人向公安机关报案,或者移送公安机关立案侦查。

第二,根据"公安部规定","经过审查,对告诉才处理的案件,公安机关应当告知当事人向人民法院起诉。对被害人有证据证明的轻微刑事案件,公安机关应当告知被害人可以向人民法院起诉;被害人要求公安机关处理的,公安机关应当依法受理"。

第三,根据"六部门规定"[①],具有下列情形之一的,人民法院、人民检察院、公安机关可以在其职责范围内并案处理:(1)一人犯数罪的;(2)共同犯罪的;(3)共同犯罪的犯罪嫌疑人、被告人还实施其他犯罪的;(4)多个犯罪嫌疑人、被告人实施的犯罪存在关联,并案处理有利于查明案件事实的。

二、审判管辖

刑事诉讼中的审判管辖,是指人民法院审理第一审刑事案件的职权分工,包括各级人民法院之间、普通人民法院和专门人民法院之间、同级人民法院之间的权限分工。具体而言,我国刑事诉讼中的审判管辖分为级别管辖、地区管辖、指定管辖和专门管辖。

(一)级别管辖

级别管辖是各级人民法院在处理第一审刑事案件中的职权分工。

1. 基层人民法院管辖的第一审刑事案件

《刑事诉讼法》第二十条规定:"基层人民法院管辖第一审普通刑事案件,但是依照本法由上级人民法院管辖的除外。"故此,刑事案件的一审法院,原则上均为基层人民法院。

2. 中级人民法院管辖的第一审刑事案件

根据《刑事诉讼法》第二十一条的规定,中级人民法院管辖下列第一审刑事案件:(1)危害国家安全、恐怖活动案件;(2)可能判处无期徒刑、死刑的案件。需要注意的是,根据"最高法解释"的规定:"人民检察院认为可能判处无期徒刑、死刑,向中级人民法院提起公诉的案件,中级人民法院受理后,认为不需要判处无期徒刑、死刑的,应当依法审判,不再交基层人民法院审判。"

3. 高级人民法院管辖的第一审刑事案件

《刑事诉讼法》第二十二条规定:"高级人民法院管辖的第一审刑事案

---

① 即《最高人民法院、最高人民检察院、公安部、国家安全部、司法部、全国人大常委会法制工作委员会关于实施刑事诉讼法若干问题的规定》。

件,是全省(自治区、直辖市)性的重大刑事案件。"

4.最高人民法院管辖的第一审刑事案件

《刑事诉讼法》第二十三条规定:"最高人民法院管辖的第一审刑事案件,是全国性的重大刑事案件。"

5.级别管辖的例外

《刑事诉讼法》第二十四条规定:"上级人民法院在必要的时候,可以审判下级人民法院管辖的第一审刑事案件;下级人民法院认为案情重大、复杂需要由上级人民法院审判的第一审刑事案件,可以请求移送上一级人民法院审判。"

根据"最高法解释"的规定,基层人民法院对可能判处无期徒刑、死刑的第一审刑事案件,应当移送中级人民法院审判。基层人民法院对下列第一审刑事案件,可以请求移送中级人民法院审判:(1)重大、复杂案件;(2)新类型的疑难案件;(3)在法律适用上具有普遍指导意义的案件。

(二)地区管辖

地区管辖,是指同级人民法院,在审理第一审刑事案件中的权限划分。

1.犯罪地法院管辖

《刑事诉讼法》第二十五条规定:"刑事案件由犯罪地的人民法院管辖。"根据"最高法解释"第二条的规定,犯罪地包括犯罪行为地和犯罪结果地。针对或者主要利用计算机网络实施的犯罪,犯罪地包括用于实施犯罪行为的网络服务使用的服务器所在地,网络服务提供者所在地,被侵害的信息网络系统及其管理者所在地,犯罪过程中被告人、被害人使用的信息网络系统所在地,以及被害人被侵害时所在地和被害人财产遭受损失地等。

2.被告人居住地法院管辖

《刑事诉讼法》第二十五条规定:"如果由被告人居住地的人民法院审判更为适宜的,可以由被告人居住地的人民法院管辖。"根据"最高法解释"的规定:"被告人的户籍地为其居住地。经常居住地与户籍地不一致的,经常居住地为其居住地。经常居住地为被告人被追诉前已连续居住一年以上的地方,但住院就医的除外。被告单位登记的住所地为其居住地。主要营业地或者主要办事机构所在地与登记的住所地不一致的,主要营业地或者主要办事机构所在地为其居住地。"

3.优先管辖和移送管辖

《刑事诉讼法》第二十六条规定:"几个同级人民法院都有权管辖的案件,由最初受理的人民法院审判。在必要的时候,可以移送主要犯罪地的人民法院审判。"此外,根据"最高法解释"的规定,管辖权发生争议的,应当在审理期限内协商解决;协商不成的,由争议的人民法院分别层报共同的上级人民法院指定管辖。

4.特殊情况的管辖

"最高法解释"还对一些特殊情形下的管辖问题作出了规定。

(1)涉外刑事案件的管辖。第一,在中华人民共和国领域外的中国船舶内的犯罪,由该船舶最初停泊的中国口岸所在地或者被告人登陆地、入境地的人民法院管辖。第二,在中华人民共和国领域外的中国航空器内的犯罪,由该航空器在中国最初降落地的人民法院管辖。第三,在国际列车上的犯罪,根据我国与相关国家签订的协定确定管辖;没有协定的,由该列车始发或者前方停靠的中国车站所在地负责审判铁路运输刑事案件的人民法院管辖。第四,中国公民在中国驻外使领馆内的犯罪,由其主管单位所在地或者原户籍地的人民法院管辖。第五,中国公民在中华人民共和国领域外的犯罪,由其入境地或者离境前居住地的人民法院管辖;被害人是中国公民的,也可由被害人离境前居住地的人民法院管辖。第六,外国人在中华人民共和国领域外对中华人民共和国国家或者公民犯罪,根据《刑法》应当受处罚的,由该外国人登陆地、入境地或者入境后居住地的人民法院管辖,也可以由被害人离境前居住地或者现居住地的人民法院管辖。第七,对中华人民共和国缔结或者参加的国际条约所规定的罪行,中华人民共和国在所承担条约义务的范围内行使刑事管辖权的,由被告人被抓获地、登陆地或者入境地的人民法院管辖。

(2)罪犯服刑期间的管辖。第一,正在服刑的罪犯在判决宣告前还有其他罪没有判决的,由原审地人民法院管辖;由罪犯服刑地或者犯罪地的人民法院审判更为适宜的,可以由罪犯服刑地或者犯罪地的人民法院管辖。第二,罪犯在服刑期间又犯罪的,由服刑地的人民法院管辖。第三,罪犯在脱逃期间又犯罪的,由服刑地的人民法院管辖。但是,在犯罪地抓获罪犯并发现其在脱逃期间犯罪的,由犯罪地的人民法院管辖。

(三)指定管辖

《刑事诉讼法》第二十七条规定:"上级人民法院可以指定下级人民法院审判

管辖不明的案件,也可以指定下级人民法院将案件移送其他人民法院审判。"

根据"最高法解释"的规定,上级人民法院指定管辖,应当将指定管辖决定书送达被指定管辖的人民法院和其他有关的人民法院。原受理案件的人民法院在收到上级人民法院改变管辖决定书、同意移送决定书或者指定其他人民法院管辖的决定书后,对公诉案件,应当书面通知同级人民检察院,并将案卷材料退回,同时书面通知当事人;对自诉案件,应当将案卷材料移送被指定管辖的人民法院,并书面通知当事人。第二审人民法院发回重新审判的案件,人民检察院撤回起诉后,又向原第一审人民法院的下级人民法院重新提起公诉的,下级人民法院应当将有关情况层报原第二审人民法院。原第二审人民法院根据具体情况,可以决定将案件移送原第一审人民法院或者其他人民法院审判。

(四)专门管辖

专门管辖,是指专门人民法院和普通人民法院在第一审刑事案件中的分工。其主要解决哪些刑事案件应当由专门人民法院管辖的问题。

《人民法院组织法》第十五条规定:"专门人民法院包括军事法院和海事法院、知识产权法院、金融法院等。"办理军队和地方互涉刑事案件时,按照《办理军队和地方互涉刑事案件规定》执行,对军人的侦查、起诉、审判,由军队保卫部门、军事检察院、军事法院管辖。

根据《最高人民法院关于铁路运输法院案件管辖范围的若干规定》,铁路运输法院受理同级铁路运输检察院依法提起公诉的刑事案件,包括:(1)车站、货场、运输指挥机构等铁路工作区域发生的犯罪;(2)针对铁路线路、机车车辆、通信、电力等铁路设备、设施的犯罪;(3)铁路运输企业职工在执行职务中发生的犯罪。在列车上的犯罪,由犯罪发生后该列车最初停靠的车站所在地或者目的地的铁路运输法院管辖;但在国际列车上的犯罪,按照我国与相关国家签订的有关管辖协定确定管辖,没有协定的,由犯罪发生后该列车最初停靠的中国车站所在地或者目的地的铁路运输法院管辖。此外,在上述案件范围内发生的刑事自诉案件,自诉人向铁路运输法院提起自诉的,铁路运输法院应当受理。

(五)管辖权异议

管辖权异议,是指当事人认为受诉法院对案件没有管辖权而向人民法院提出的不服管辖的意见。从规定层面来看,"最高法解释"规定召开庭前会议,审判人员可以就是否对案件管辖有异议向控辩双方了解情况,听取意见。但《刑事诉讼法》本身并未对管辖权异议问题作出规定。

管辖异议是公民基本的程序权利之一,为各国法制所确认,法国、德国、俄罗斯、日本等在刑事诉讼法中对管辖权异议制度作了明确规定。[①] 我国《民事诉讼法》和《行政诉讼法》亦对管辖权异议问题作出了规定。从学理层面上来看,也有不少学者对刑事诉讼管辖权异议的具体制度设置提出构想。[②]

典型案例:张某某寻衅滋事、妨害公务案[③]

多伦县人民检察院指控:2016 年 8 月 5 日,多伦县公安局执法办案民警依法对涉嫌寻衅滋事罪的王某云(已判决)进行传唤时,其丈夫被告人张某某拦截执勤车辆、阻挠办案民警执法,言语上辱骂民警,并对民警踢、打、咬,以及用石头追打,将两位民警胳膊、手臂不同程度咬伤。同时,张某某自 2014 年 8 月 7 日以来伙同其妻子王某云、其岳父王某举多次到北京天安门地区、中南海周边等非信访接待场所,携带上访材料上访,五次被北京市公安局天安门地区分局治安大队和北京市公安局西城分局府右街派出所予以训诫,严重扰乱了当地社会公共秩序,后五次被多伦县公安局予以行政拘留。

辩护人常玮平的辩护意见为:本案多伦县公检法没有合法管辖权。本案的庭审显示,并无由多伦县公安局、检察院、法院对本案进行管辖更为适宜的情形,故因无管辖权而启动形成诉讼程序违法导致了实体错误追诉。法院认为:关于辩护人提出管辖权异议的意见,根据《中华人民共和国刑事诉讼法》的规定,如果被告人居住地的人民法院审判更为适宜,可以由被告人居住地人民法院管辖,故本院对该案具有管辖权,辩护人的该意见,本院不予支持。

---

① 龙宗智.刑事诉讼指定管辖制度之完善[J].法学研究,2012(4):179.
② 陈卫东.刑事诉讼管辖权异议的解决[J].法学,2008(6):51-57.
③ (2017)内 2531 刑初 28 号。

第二节　回　避

刑事诉讼中的回避,是指与案件有某种利害关系或其他关系的审判人员、检察人员和侦查人员等,不得参与本案诉讼活动。刑事诉讼回避制度的确立,是为了确保案件得到公正处理,提高司法的公信力。

一、回避的适用人员

根据《刑事诉讼法》及相关的司法解释,在我国刑事诉讼中,适用回避的人员主要包括:(1)审判人员,包括人民法院院长、副院长、审判委员会委员、庭长、副庭长、审判员、助理审判员和人民陪审员。(2)检察人员,包括人民检察院检察长、副检察长、检察委员会委员、检察员和助理检察员。(3)侦查人员,包括公安机关负责人、侦查机关的侦查人员。(4)书记员、翻译人员和鉴定人。(5)司法警察。《人民检察院刑事诉讼规则》(以下简称"最高检规则")将回避的对象扩大到司法警察。(6)记录人。"公安部规定"明确指出"回避的规定适用于记录人"。

二、回避的种类

在我国刑事诉讼中,回避分为三类:自行回避、申请回避和指令回避。

其一,自行回避。根据《刑事诉讼法》第二十九条的规定,审判人员、检察人员、侦查人员有特定情形的,应当自行回避。即上述人员自行退出刑事诉讼活动。

其二,申请回避。即当事人及其法定代理人有权申请符合特定情形的审判人员、检察人员、侦查人员加以回避。

其三,指令回避。指令回避是对自行回避和申请回避的补充。如根据"最高法解释"的规定,应当回避的审判人员没有自行回避,当事人及其法定代理人也没有申请回避的,院长或者审判委员会应当决定其回避。

三、回避的理由

根据我国《刑事诉讼法》及相关的司法解释,我国对回避的理由作出了如下规定。

(1)是本案的当事人或者是当事人的近亲属。根据《刑事诉讼法》第一百零八条第六项的规定,"近亲属"是指夫、妻、父、母、子、女、同胞、兄弟姊妹。

(2)本人或者他的近亲属和本案有利害关系。

(3)担任过本案的证人、鉴定人、辩护人、诉讼代理人。

(4)与本案的辩护人、诉讼代理人有近亲属关系。

(5)与本案当事人有其他关系,可能影响公正处理案件。《刑事诉讼法》第三十条规定:"审判人员、检察人员、侦查人员不得接受当事人及其委托的人的请客送礼,不得违反规定会见当事人及其委托的人。"

(6)在本诉讼阶段之前参与本案的办理。"最高法解释"第二十九条规定:"参与过本案调查、侦查、审查起诉工作的监察、侦查、检察人员,调至人民法院工作的,不得担任本案的审判人员。在一个审判程序中参与过本案审判工作的合议庭组成人员或者独任审判员,不得再参与本案其他程序的审判。但是,发回重新审判的案件,在第一审人民法院作出裁判后又进入第二审程序、在法定刑以下判处刑罚的复核程序或者死刑复核程序的,原第二审程序、在法定刑以下判处刑罚的复核程序或者死刑复核程序中的合议庭组成人员不受本款规定的限制。"

(7)任职回避。2011 年,《最高人民法院关于审判人员在诉讼活动中执行回避制度若干问题的规定》对任职回避问题作出了规定。

四、回避的程序

(一)回避的启动

对权利的告知是行使权利的前提和基础。我国《刑事诉讼法》第一百九十条规定:"开庭的时候,审判长查明当事人是否到庭,宣布案由;宣布合议庭的组成人员、书记员、公诉人、辩护人、诉讼代理人、鉴定人和翻译人员的名单;告知当事人有权对合议庭组成人员、书记员、公诉人、鉴定人和翻译人员申请回避;告知被告人享有辩护权利。"

根据"最高法解释"的规定,审判人员自行申请回避,或者当事人及其法定代理人申请审判人员回避的,可以口头或者书面提出,并说明理由,由院长决定。"最高检规则"亦规定,当事人及其法定代理人的回避要求,应当书面或者口头向人民检察院提出,并说明理由;根据《刑事诉讼法》第三十条的规定提出回避申请的,应当提供有关证明材料。人民检察院经过审查或者调查,符合回避条件的,应当作出回避决定;不符合回避条件的,应当驳回申请。

（二）回避的审查与决定

我国《刑事诉讼法》第三十一条规定："审判人员、检察人员、侦查人员的回避，应当分别由院长、检察长、公安机关负责人决定；院长的回避，由本院审判委员会决定；检察长和公安机关负责人的回避，由同级人民检察院检察委员会决定。"

此外，根据"最高检规则"的规定："书记员、司法警察和人民检察院聘请或者指派的翻译人员、鉴定人的回避由检察长决定。""公安部规定"规定："记录人、翻译人员和鉴定人需要回避的，由县级以上公安机关负责人决定。"

（三）对驳回回避申请的救济

根据"最高法解释"的规定，对当事人及其法定代理人提出的回避申请，人民法院可以口头或者书面作出决定，并将决定告知申请人。当事人及其法定代理人申请回避被驳回的，可以在接到决定时申请复议一次。不属于《刑事诉讼法》第二十九条、第三十条规定情形的回避申请，由法庭当庭驳回，并不得申请复议。

"最高检规则"亦规定，人民检察院作出驳回申请回避的决定后，应当告知当事人及其法定代理人如不服本决定，有权在收到驳回申请回避的决定书后五日以内向原决定机关申请复议一次。当事人及其法定代理人对驳回申请回避的决定不服申请复议的，决定机关应当在三日以内作出复议决定并书面通知申请人。

（四）回避的效力

回避决定一经作出，即发生法律效力，应当回避的人员应当立即退出诉讼活动。《刑事诉讼法》第三十一条第一款规定："对侦查人员的回避作出决定前，侦查人员不能停止对案件的侦查。""最高检规则"亦规定，对人民检察院直接受理的案件进行侦查的人员或者进行补充侦查的人员在回避决定作出以前和复议期间，不得停止对案件的侦查。

此外，关于回避决定作出前所取得的证据和诉讼活动的效力问题，"公安部规定"对此加以明确，即"被决定回避的公安机关负责人、侦查人员在回避决定作出以前所进行的诉讼活动是否有效，由作出决定的机关根据案件情况决定"。

典型案例:邹某某故意伤害、滥伐林木案①

原审法院认为,被告人邹某某违反森林法的规定,未经批准并核发采伐许可证,擅自砍伐林木 2720.5 立方米,数量巨大,其行为构成滥伐林木罪。邹某某因犯故意伤害罪,被判处有期徒刑三年,缓刑五年,在缓刑考验期内,又犯滥伐林木罪,应当撤销原缓刑判决,进行两罪并罚。邹某某辩解,没有参与滥伐林木,股份已转让给邹某 7,邹某 7 又转让给钟某 2 石等意见,与在案证据证明的事实不相符,不予采纳。原审辩护人关于本案缺乏完整证据链的意见,前述证据相互印证,证明了邹某某滥伐林木的事实,该辩护意见不予采纳;辩护人论述缺乏完整证据链的理由,也与前文列举的经庭审质证的证据不符。原审辩护人以邹某某从侦查人员手中脱逃,从而该侦查人员受到了相应的处分为由,提出该侦查人员与本案有利害关系,应当回避,因该侦查人员未回避,违反法定程序的辩护意见。所谓利害关系,是应当回避的人员或者近亲属与案件有某种有利或者有害的关系,案件的处理会影响到应当回避人员或者近亲属的利益。即使犯罪嫌疑人从侦查人员手中脱逃,侦查人员并非就与案件有利害关系,因为侦查人员即使要承担责任,也是承担监管不力的责任,与犯罪嫌疑人是否构成犯罪及罪轻罪重没有关联,除非有证据证明还存在其他利害关系。而本案中,没有证据证明侦查人员与被告人之间还存在其他利害关系,因此,对辩护人关于侦查人员应当回避的辩护意见不予采纳。原审辩护人还提出邹某某属于从犯的意见。根据查明的事实,邹某某在共同犯罪中所起的是主要作用,不属于从犯。依照《中华人民共和国刑法》第三百四十五条第二款、第二十五条、第二十六条、第六十九条、第七十七条第一款之规定,判决:一、撤销本院(2011)瑞刑初字第 95 号刑事附带民事判决书第一条对被告人邹某某的缓刑判决。二、被告人邹某某犯滥伐林木罪,判处有期徒刑六年,并处罚金人民币三十万元;与原犯故意伤害罪,判处有期徒刑三年合并,决定执行有期徒刑八年,并处罚金人民币三十万元。罚金限判决生效后三十日内缴纳。

本章测试:

1. 检察机关直接立案侦查的案件包括哪些?

2. 中级人民法院第一审刑事案件的范围是什么?

3. 回避的理由包括哪些?

---

① (2018)赣 07 刑终 213 号。

本章扩展阅读：

1.郭华.监察制度改革与监察调查权的界限［M］.北京:经济科学出版社,2019.

2.龙宗智.刑事诉讼指定管辖制度之完善［J］.法学研究,2012(4).

3.朱孝清.检察机关如何行使好保留的职务犯罪侦查权［J］.中国刑事法杂志,2019(1).

第四章
辩护与代理

【学习要求】

通过本章学习,熟练掌握我国刑事诉讼中辩护制度的种类、辩护人的范围、辩护人的诉讼权利和诉讼义务等基础性内容;了解刑事代理制度的种类;明确我国刑事法律援助的范围,重点关注值班律师的功能和定位。

【重点法条】

《刑事诉讼法》第三十三条至第四十九条

"不管他们可能做了什么,也不管他们可能面临的指控多么可怕,在一个基于法治的民主社会中,而他们有权得到公正合法的审判。而他们获得这种审判的唯一途径,就是得到恪尽职守的辩护律师为他们提供的有力辩护。"[①]在刑事案件中,对被追诉人辩护权的保障是一国司法文明的基石。近年来,为更好地强化人权司法保障,刑事法律援助制度亦日益受到关注。

第一节 辩 护

辩护,是指刑事案件中的被追诉人及辩护人,为保障被追诉人的合法权益,在刑事诉讼活动中,提出有利于被追诉人的事实和证据,以论证被追诉人无罪或罪轻的诉讼活动。辩护制度,是法律规定的关于辩护人的范围、辩护的种类、辩护人的诉讼权利和义务等一系列规则的总称。"律师于刑事诉讼中能帮助法院发现真实,能协助无辜之人平反,能保护有罪之人的应有权利。"[②]

---

① [英]亚历克斯·麦克布赖德.律师为什么替"坏人"辩护?[M].何远,汪雪,译.北京:北京大学出版社,2017:3.

② 王兆鹏.美国刑事诉讼法[M].北京:北京大学出版社,2014:370.

一、辩护的种类

根据《刑事诉讼法》第三十三条到第三十五条的规定,我国辩护种类有三种:自行辩护、委托辩护、指定辩护。

(一)自行辩护

自行辩护是指犯罪嫌疑人、被告人自己行使辩护权,针对指控进行反驳和申诉。自行辩护贯穿刑事诉讼各个阶段,但由于大多数犯罪嫌疑人、被告人缺乏基本的法律素养,故该种辩护往往效果不佳。

(二)委托辩护

委托辩护,是指犯罪嫌疑人、被告人委托一至两名律师或其他公民作为辩护人,以协助其进行辩护。关于委托辩护,有三个要点需要把握。首先,从诉讼阶段来看,《刑事诉讼法》第三十四条第一款规定:"犯罪嫌疑人自被侦查机关第一次讯问或者采取强制措施之日起,有权委托辩护人;在侦查期间,只能委托律师作为辩护人。被告人有权随时委托辩护人。"其次,从告知权的保障来看,《刑事诉讼法》第三十四条第一款规定:"侦查机关在第一次讯问犯罪嫌疑人或者对犯罪嫌疑人采取强制措施的时候,应当告知犯罪嫌疑人有权委托辩护人。人民检察院自收到移送审查起诉的案件材料之日起三日以内,应当告知犯罪嫌疑人有权委托辩护人。人民法院自受理案件之日起三日以内,应当告知被告人有权委托辩护人。犯罪嫌疑人、被告人在押期间要求委托辩护人的,人民法院、人民检察院和公安机关应当及时转达其要求。"最后,从委托辩护的主体来看,《刑事诉讼法》第三十四条第三款规定:"犯罪嫌疑人、被告人在押的,也可以由其监护人、近亲属代为委托辩护人。"

(三)指定辩护

指定辩护,又称法律援助辩护,是指符合法定情形,若犯罪嫌疑人、被告人未委托辩护人,则由法律援助机构指派律师为其提供辩护。

1. 指定辩护的类型

在我国,指定辩护的类型有两种:申请指派律师援助和法定指派律师援助。

(1)申请指派律师援助。《刑事诉讼法》第三十五条第一款规定:"犯罪嫌疑人、被告人因经济困难或者其他原因没有委托辩护人的,本人及其近亲属可以向法律援助机构提出申请。对符合法律援助条件的,法律援助机构应当指派律师为其提供辩护。"

(2)法定指派律师援助。《刑事诉讼法》第三十五条第一款和第三款规定:"犯罪嫌疑人、被告人是盲、聋、哑人,或者是尚未完全丧失辨认或者控制自己行为能力的精神病人,没有委托辩护人的,人民法院、人民检察院和公安机关应当通知法律援助机构指派律师为其提供辩护。犯罪嫌疑人、被告人可能被判处无期徒刑、死刑,没有委托辩护人的,人民法院、人民检察院和公安机关应当通知法律援助机构指派律师为其提供辩护。"另外,《刑事诉讼法》第二百七十八条规定:"未成年犯罪嫌疑人、被告人没有委托辩护人的,人民法院、人民检察院、公安机关应当通知法律援助机构指派律师为其提供辩护。"

此外,根据"最高法解释"的规定,具有下列情形之一,被告人没有委托辩护人的,人民法院可以通知法律援助机构指派律师为其提供辩护:共同犯罪案件中,其他被告人已经委托辩护人;有重大社会影响的案件;人民检察院抗诉的案件;被告人的行为可能不构成犯罪;有必要指派律师提供辩护的其他情形。

2. 值班律师制度

值班律师制度是 2018 年《刑事诉讼法》修改时新增加的制度。《刑事诉讼法》第三十六条规定:"法律援助机构可以在人民法院、看守所等场所派驻值班律师。犯罪嫌疑人、被告人没有委托辩护人,法律援助机构没有指派律师为其提供辩护的,由值班律师为犯罪嫌疑人、被告人提供法律咨询、程序选择建议、申请变更强制措施、对案件处理提出意见等法律帮助。人民法院、人民检察院、看守所应当告知犯罪嫌疑人、被告人有权约见值班律师,并为犯罪嫌疑人、被告人约见值班律师提供便利。"

值得注意的是,值班律师有别于一般的辩护律师。首先,定位不一样。值班律师仅作为"法律帮助者",其援助的内容仅限于法律咨询、程序选择建议、申请变更强制措施等一般的程序性事项,不需要出席法庭为犯罪嫌疑人、被告人提供辩护。其次,对象不特定。值班律师提供法律帮助的对象是不特定的,具有显著的"一对多"的性质,该个特性亦决定了值班律师无法深入地了解案情,仅能提供临时性的帮助。但值班律师的作用也是显而易见的,"作为一种特殊的法律援助服务形式,值班律师不但可以为犯罪嫌疑人、被告人及时提供临时性法律帮助,而且可以提供必要的程序性协助或指引,帮助犯罪嫌疑人、被告人更好地了解自己享有哪些诉讼权利,更理性更合理地行使这些诉讼权利"①。

二、辩护人的范围

（一）辩护人范围的积极性规定

根据《刑事诉讼法》第三十三条第一款的规定,下列人员可以被委托为辩护人。

（1）律师。根据我国《律师法》的规定,律师是指依法取得律师执业证书,接受委托或者指定,为当事人提供法律服务的执业人员。

（2）人民团体或者犯罪嫌疑人、被告人所在单位推荐的人。人民团体是指工会、妇联、共青团等群众性组织。

（3）犯罪嫌疑人、被告人的监护人、亲友。《民法典》第二十七条和第二十八条对未成年人的监护人和无民事行为能力或者限制民事行为能力的成年人的监护人的范围作出了规定,主要包括亲属及其他愿意担任监护人的个人或者组织。亲友则指犯罪嫌疑人、被告人的亲戚朋友,范围较广。

（二）辩护人范围的禁止性规定

《刑事诉讼法》第三十三条第一款和第三款规定:"正在被执行刑罚或者依法被剥夺、限制人身自由的人,不得担任辩护人。被开除公职和被吊销律师、公证员执业证书的人,不得担任辩护人,但系犯罪嫌疑人、被告人的监护人、近亲属的除外。"其中,《刑事诉讼法》第三十三条第三款是2018年《刑事诉讼法》修改时新增的规定。

"最高法解释"第四十条对辩护人范围的禁止性规定作出了进一步细化,明确规定以下人员不得担任辩护人:(1)正在被执行刑罚或者处于缓刑、假释考验期间的人;(2)依法被剥夺、限制人身自由的人;(3)被开除公职或者被吊销律师、公证员执业证书的人;(4)人民法院、人民检察院、监察机关、公安机关、国家安全机关、监狱的现职人员;(5)人民陪审员;(6)与本案审理结果有利害关系的人;(7)外国人或者无国籍人;(8)无行为能力或者限制行为能力的人。其中,第三项至第七项规定的人员,如果是被告人的监护人、近亲属,由被告人委托担任辩护人的,可以准许。

---

① 吴宏耀.我国值班律师制度的法律定位及其制度构建[J].中国刑事法杂志,2018(9):27.

此外,还涉及离职限制的问题。根据"最高法解释"的规定,审判人员和人民法院其他工作人员从人民法院离任后两年内,不得以律师身份担任辩护人。审判人员和人民法院其他工作人员从人民法院离任后,不得担任原任职法院所审理案件的辩护人,但作为被告人的监护人、近亲属进行辩护的除外。审判人员和人民法院其他工作人员的配偶、子女或者父母不得担任其任职法院所审理案件的辩护人,但作为被告人的监护人、近亲属进行辩护的除外。

三、辩护人的职责和诉讼地位

(一)辩护人的职责

我国《刑事诉讼法》第三十七条规定:"辩护人的责任是根据事实和法律,提出犯罪嫌疑人、被告人无罪、罪轻或者减轻、免除其刑事责任的材料和意见,维护犯罪嫌疑人、被告人的诉讼权利和其他合法权益。"故此,辩护人的职责是从实体和程序层面为犯罪嫌疑人和被告人提供辩护,以维护犯罪嫌疑人、被告人的合法权益。

(二)辩护人的诉讼地位

"辩护律师在刑事诉讼中的地位直接关系到辩护律师的职能发挥,关系到刑事诉讼模式的选择。"[①]一般认为,辩护人在刑事诉讼中是独立的诉讼参与人,是犯罪嫌疑人、被告人合法权益的维护者。"德国的法学理论强调辩护人的独立地位,是为了防止其听命于当事人的不合理要求。而且,只有辩护人具有独立的地位,他才能与法院和检察官在平等的层面上进行谈判和辩论。"[②]

四、辩护人的诉讼权利

(一)依法提供辩护的权利

《刑事诉讼法》第三十八条规定:"辩护律师在侦查期间可以为犯罪嫌疑人提供法律帮助;代理申诉、控告;申请变更强制措施;向侦查机关了解犯罪嫌疑人涉嫌的罪名和案件有关情况,提出意见。"《关于依法保障律师执业权

---

① 李本森.论辩护律师在刑事诉讼中的主体地位[J].时代法学,2010(4):57.

② [德]托马斯·魏根特.德国刑事诉讼程序[M].岳礼玲,温小洁,译.北京:中国政法大学出版社,2004:61.

利的规定》对刑事诉讼各阶段辩护律师的权利作出了详细的规定。

（二）会见通信权

我国《刑事诉讼法》第三十九条对辩护人的会见通信权作出了规定：（1）辩护律师可以同在押的犯罪嫌疑人、被告人会见和通信。其他辩护人经人民法院、人民检察院许可，也可以同在押的犯罪嫌疑人、被告人会见和通信。（2）辩护律师持律师执业证书、律师事务所证明和委托书或者法律援助公函要求会见在押的犯罪嫌疑人、被告人的，看守所应当及时安排会见，至迟不得超过四十八小时。（3）危害国家安全犯罪、恐怖活动犯罪案件，在侦查期间辩护律师会见在押的犯罪嫌疑人，应当经侦查机关许可。上述案件，侦查机关应当事先通知看守所。（4）辩护律师会见在押的犯罪嫌疑人、被告人，可以了解案件有关情况，提供法律咨询等；自案件移送审查起诉之日起，可以向犯罪嫌疑人、被告人核实有关证据。辩护律师会见犯罪嫌疑人、被告人时不被监听。（5）辩护律师同被监视居住的犯罪嫌疑人、被告人会见、通信，适用第一款、第三款、第四款的规定。

（三）阅卷权

我国《刑事诉讼法》第四十条规定："辩护律师自人民检察院对案件审查起诉之日起，可以查阅、摘抄、复制本案的案卷材料。其他辩护人经人民法院、人民检察院许可，也可以查阅、摘抄、复制上述材料。"此外，根据"最高法解释"的规定，合议庭、审判委员会的讨论记录以及其他依法不公开的材料不得查阅、摘抄、复制。辩护人查阅、摘抄、复制案卷材料的，人民法院应当提供方便，并保证必要的时间。复制案卷材料可以采用复印、拍照、扫描、电子数据拷贝等方式。

（四）证据调取权

《刑事诉讼法》第四十一条和第四十三条规定：（1）辩护人认为在侦查、审查起诉期间公安机关、人民检察院收集的证明犯罪嫌疑人、被告人无罪或者罪轻的证据材料未提交的，有权申请人民检察院、人民法院调取。（2）辩护律师经证人或者其他有关单位和个人同意，可以向他们收集与本案有关的材料，也可以申请人民检察院、人民法院收集、调取证据，或者申请人民法院通知证人出庭作证。（3）辩护律师经人民检察院或者人民法院许可，并且经被害人或者其近亲属、被害人提供的证人同意，可以向他们收集与本案有关的材料。

(五)职务保障权

《刑事诉讼法》第四十九条规定:"辩护人、诉讼代理人认为公安机关、人民检察院、人民法院及其工作人员阻碍其依法行使诉讼权利的,有权向同级或者上一级人民检察院申诉或者控告。人民检察院对申诉或者控告应当及时进行审查,情况属实的,通知有关机关予以纠正。"《律师法》第三十七条规定:"律师在执业活动中的人身权利不受侵犯。律师在法庭上发表的代理、辩护意见不受法律追究。但是,发表危害国家安全、恶意诽谤他人、严重扰乱法庭秩序的言论除外。"

五、辩护人的诉讼义务

(一)认真履行职务义务

根据《律师法》第三十一条和第三十二条的规定,律师担任辩护人的,应当根据事实和法律,提出犯罪嫌疑人、被告人无罪、罪轻或者减轻、免除其刑事责任的材料和意见,维护犯罪嫌疑人、被告人的诉讼权利和其他合法权益。律师接受委托后,无正当理由的,不得拒绝辩护或者代理。但是,委托事项违法、委托人利用律师提供的服务从事违法活动或者委托人故意隐瞒与案件有关的重要事实的,律师有权拒绝辩护或者代理。

(二)依法辩护义务

《刑事诉讼法》第四十四条规定:"辩护人或者其他任何人,不得帮助犯罪嫌疑人、被告人隐匿、毁灭、伪造证据或者串供,不得威胁、引诱证人作伪证以及进行其他干扰司法机关诉讼活动的行为。违反前款规定的,应当依法追究法律责任,辩护人涉嫌犯罪的,应当由办理辩护人所承办案件的侦查机关以外的侦查机关办理。辩护人是律师的,应当及时通知其所在的律师事务所或者所属的律师协会。"

此外,根据《律师法》第四十条的规定,律师在执业活动中不得有下列行为:(1)私自接受委托、收取费用,接受委托人的财物或者其他利益;(2)利用提供法律服务的便利谋取当事人争议的权益;(3)接受对方当事人的财物或者其他利益,与对方当事人或者第三人恶意串通,侵害委托人的权益;(4)违反规定会见法官、检察官、仲裁员以及其他有关工作人员;(5)向法官、检察官、仲裁员以及其他有关工作人员行贿,介绍贿赂或者指使、诱导当事人行贿,或者以其他不正当方式影响法官、检察官、仲裁员以及其他有关工作人员依法办理案件;(6)故意提供虚假证据或者威胁、利诱他人提供虚假证据,妨碍对方当事人合法取得证据;(7)煽动、教唆当事人采取扰乱公共秩序、危害公共安全等非法手段解决争议;(8)扰乱法庭、仲裁庭秩序,干扰诉讼、仲裁活动的正常进行。

（三）保守职业秘密的义务

《刑事诉讼法》第四十八条规定:"辩护律师对在执业活动中知悉的委托人的有关情况和信息,有权予以保密。但是,辩护律师在执业活动中知悉委托人或者其他人,准备或者正在实施危害国家安全、公共安全以及严重危害他人人身安全的犯罪的,应当及时告知司法机关。"

（四）部分证据展示义务

刑事诉讼中,一般由公诉机关承担举证责任。但是,《刑事诉讼法》第四十二条规定:"辩护人收集的有关犯罪嫌疑人不在犯罪现场、未达到刑事责任年龄、属于依法不负刑事责任的精神病人的证据,应当及时告知公安机关、人民检察院。"

（五）遵守诉讼纪律义务

根据"最高法解释"第三百零六条的规定,庭审期间,全体人员应当服从法庭指挥,遵守法庭纪律,尊重司法礼仪,不得实施下列行为:(1)鼓掌、喧哗、随意走动;(2)吸烟、进食;(3)拨打、接听电话,或者使用即时通信工具;(4)对庭审活动进行录音、录像、拍照或者使用即时通信工具等传播庭审活动;(5)其他危害法庭安全或者扰乱法庭秩序的行为。旁听人员不得进入审判活动区,不得随意站立、走动,不得发言和提问。记者经许可实施第一款第四项规定的行为,应当在指定的时间及区域进行,不得干扰庭审活动。

典型案例:李某伪造证据、妨害作证案[①]

公诉机关指控,2009 年 11 月 20 日,龚某模等 34 人组织、领导、参加黑社会性质组织案被提起公诉。同月 22 日、25 日,龚某模的妻子程某、堂弟龚某飞先后与北京市康达律师事务所签订了刑事案件代理委托协议,北京市康达律师事务所指派被告人李某及律师马某军担任龚某模的一审辩护人。龚某模的亲属为此支付了律师代理费 150 万元。

2009 年 11 月 24 日、26 日,12 月 4 日,李某在重庆市江北区看守所会见龚某模时,为帮助龚某模开脱罪责,诱导、唆使龚某模编造公安机关对其刑讯逼供,并向龚某模宣读同案人樊某某等人的供述,指使龚某模推脱罪责。

---

① （2009)江法刑初字第 711 号。

为使龚某模编造被公安机关刑讯逼供的供述得到法院采信,李某还引诱证人作伪证。2009年11月底至12月初,李某编造龚某模被樊某某等人敲诈的事实,并要求程某为此出庭作证。2009年11月24日,在重庆市高新区南方花园一茶楼内,李某指使龚某华安排重庆保利天源娱乐有限公司(以下简称保利公司)员工作伪证,否认龚某模系保利公司的实际出资人和控制者,龚某华即安排保利公司员工汪某、陈某喜、李某琴等人作虚假证明。2009年12月3日,在重庆市渝北区的五洲大酒店内,李某指使龚某模的另一辩护人重庆克雷特律师事务所律师吴某友贿买警察,为龚某模被公安机关刑讯逼供作伪证。2009年12月1日,李某向人民法院申请程某、龚某飞等人出庭作证。

被告人李某对公诉机关指控的事实及定性均予以否认,辩称龚某模被刑讯逼供是龚某模本人所说,自己没有伪造证据;没有唆使龚某模作被公安机关刑讯逼供的供述,没有指使吴某友贿买警察作伪证;法律对宣读同案人供述没有禁止性的规定;在担任龚某模的辩护人之前,龚某模就作出了被樊某某等人敲诈的供述;公诉机关宣读的证人证言是在证人被限制人身自由的情况下取得,没有证明力;不认识汪某、陈某喜、李某琴,也没有指使龚某华安排这三人作伪证;辩护人伪造证据、妨害作证罪应以实际发生后果为构成要件,在被公安机关抓获前已声明退出龚某模案的诉讼,没有造成后果,因而自己的行为不构成犯罪。

被告人李某的辩护人认为,受到刑讯逼供是龚某模自己向李某所说,并非李某捏造,李某向龚某模宣读同案人樊某某的供述没有违反法律规定;龚某模在李某介入前就曾供述被樊某某等人敲诈;龚某模是在公安机关对其讯问的过程中揭发了李某,但此时龚某模案已进入审判阶段,公安机关无权再对龚某模进行讯问,公安机关的行为不具有合法性;龚某飞、马某军等证人均是在被限制人身自由的情况下作出的证言,且均未出庭质证,无法判断其证言的真伪;指控李某指使吴某友贿买警察证明龚某模被刑讯逼供的证据不足;辩护人伪造证据、妨害作证罪是结果犯,李某的行为并未造成后果,其行为不构成犯罪。

第二节　代　理

刑事诉讼的代理是保障当事人合法权益的一种措施,但其不同于民事诉讼与行政诉讼中的代理,其亦有别于刑事辩护制度。"刑事代理作为一项法律权利,具有利他性、权能性和自由性的属性。作为一项诉讼制度,它是刑事诉讼实体正义、程序正义,提高刑事诉讼效率的必然要求。"①

一、刑事代理制度概述

刑事代理,是指公诉案件的被害人及其法定代理人或者近亲属,自诉案件的自诉人及其法定代理人,附带民事诉讼的当事人及其法定代理人,以被代理人的名义参与刑事诉讼,由被代理人承担法律后果的诉讼活动。

刑事代理制度,是指关于刑事诉讼代理人的范围、代理的种类、代理人的权利和义务等一系列法律规范的总称。刑事代理与刑事辩护的区别主要在以下两个方面:第一,两者的对象不同。辩护是指为犯罪嫌疑人、被告人提供法律辩护,而刑事代理的对象是公诉案件的被害人、自诉案件的自诉人及附带民事诉讼的当事人。第二,两者的权限不同。辩护律师享有一系列法律规定的权利,但刑事代理人的权利基于委托产生,不可越权。

但两种制度也存在相似之处:如诉讼代理人、辩护人均属于诉讼参与人;辩护人、诉讼代理人可以依照要求申请回避、申请复议;诉讼代理人的范围与辩护人的范围一致;辩护人和诉讼代理人均有权对公安司法工作人员阻碍其依法行使诉讼权利的行为向同级或者上一级人民检察院申诉或者控告;等等。

二、刑事代理制度的种类

刑事代理制度的种类有三种:公诉案件中的代理、自诉案件中的代理及附带民事诉讼中的代理。

《刑事诉讼法》第四十六条规定:"公诉案件的被害人及其法定代理人或者近亲属,附带民事诉讼的当事人及其法定代理人,自案件移送审查起诉之日起,有权委托诉讼代理人。自诉案件的自诉人及其法定代理人,附带民事

---

① 刘根菊,王君.刑事代理制度的理论基础[J].政法论坛,2003(4):65.

诉讼的当事人及其法定代理人,有权随时委托诉讼代理人。人民检察院自收到移送审查起诉的案件材料之日起三日以内,应当告知被害人及其法定代理人或者其近亲属、附带民事诉讼的当事人及其法定代理人有权委托诉讼代理人。人民法院自受理自诉案件之日起三日以内,应当告知自诉人及其法定代理人、附带民事诉讼的当事人及其法定代理人有权委托诉讼代理人。"

根据"最高法解释"的规定,诉讼代理人有权根据事实和法律,维护被害人、自诉人或者附带民事诉讼当事人的诉讼权利和其他合法权益。经人民法院许可,诉讼代理人可以查阅、摘抄、复制本案的案卷材料。

典型案例:王某某故意伤害案①

公诉机关钟祥市人民检察院。

附带民事诉讼原告人吴某。

委托诉讼代理人高强,湖北慧中律师事务所律师。代理权限为特别授权。

被告人王某某。因涉嫌犯故意伤害罪,于 2017 年 12 月 13 日被钟祥市公安局刑事拘留,2017 年 12 月 26 日被逮捕。现羁押于钟祥市看守所。

钟祥市人民检察院以钟检公诉刑诉(2018)42 号起诉书指控被告人王某某犯故意伤害罪,于 2018 年 4 月 23 日向本院提起公诉。在诉讼过程中,附带民事诉讼原告人吴某向本院提起附带民事诉讼。本院受理后,依法组成合议庭,适用简易程序,公开开庭进行了合并审理。钟祥市人民检察院指派检察员何小燕出庭支持公诉,附带民事诉讼原告人吴某的委托诉讼代理人高强、被告人王某某到庭参加了诉讼。本案经合议庭评议,现已审理终结。

本章测试:

1.我国辩护的种类有哪些?

2.我国辩护人的范围是什么?

3.辩护人有哪些诉讼权利和诉讼义务?

4.刑事代理的种类有哪些?

本章扩展阅读:

1.徐昕.无罪辩护[M].北京:清华大学出版社,2019.

---

① (2018)鄂 0881 刑初 94 号。

2.田文昌,陈瑞华.刑事辩护的中国经验[M].北京:北京大学出版社,2013.

3.[美]德肖维茨.最好的辩护[M].唐交东,译.北京:法律出版社,2014.

第五章
刑事证据制度

【学习要求】

通过本章学习,对刑事诉讼证据制度有基本的认知;重点掌握我国刑事证据的种类、特点及审查规则;明确非法证据排除规则等重要证据规则的适用情形;对刑事诉讼证明责任、证明标准等问题有初步的了解。

【重点法条】

《刑事诉讼法》第五十条至第六十五条

可以用于证明案件事实的材料,都是证据。证据是认定案件事实的基础。最高人民法院前首席大法官肖扬曾言:证据是实现司法公正的基石。对于检察官和律师来说,熟悉证据规则,掌握举证、质证和认证的方法,才能使审判结果具有可预测性。① 本章拟对刑事诉讼基本证据制度进行论述。

第一节 刑事证据种类

根据《刑事诉讼法》第五十条的规定,我国刑事证据主要有八种形式:物证;书证;证人证言;被害人陈述;犯罪嫌疑人、被告人供述和辩解;鉴定意见;勘验、检查、辨认、侦查实验等笔录;视听资料、电子数据。《刑事诉讼法》的规定,不是为了给证据做一个分类,而是一种提示性规范,区分的结果仅仅导致审查判断证据的手段不一样。②

一、物证与书证

物证是指以物质的存在状况、外部特征等证明案件事实的物品或痕迹。常见的物证包括犯罪工具、犯罪现场留下的物品等。书证是指以文字等表

---

① 张保生.证据法学[M].北京:中国政法大学出版社,2014:12.
② 易延友.证据法学:原则规则案例[M].北京:法律出版社,2017:17-18.

达的思想内容来证明案件事实的文字或者物品,表现形式多样。物证与书证的区分主要在于是否反映"思想内容",但有时物证和书证很难区分。

根据"最高法解释"的规定,对物证、书证应当着重审查以下内容:(1)物证、书证是否为原物、原件,是否经过辨认、鉴定;物证的照片、录像、复制品或者书证的副本、复制件是否与原物、原件相符,是否由二人以上制作,有无制作人关于制作过程以及原物、原件存放于何处的文字说明和签名。(2)物证、书证的收集程序、方式是否符合法律、有关规定;经勘验、检查、搜查提取、扣押的物证、书证,是否附有相关笔录、清单,笔录、清单是否经侦查人员、物品持有人、见证人签名,没有物品持有人签名的,是否注明原因;物品的名称、特征、数量、质量等是否注明清楚。(3)物证、书证在收集、保管、鉴定过程中是否受损或者改变。(4)物证、书证与案件事实有无关联;对现场遗留与犯罪有关的具备鉴定条件的血迹、体液、毛发、指纹等生物样本、痕迹、物品,是否已做 DNA 鉴定、指纹鉴定等,并与被告人或者被害人的相应生物检材、生物特征、物品等比对。(5)与案件事实有关联的物证、书证是否全面收集。

与此同时,物证、书证的收集程序、方式有下列瑕疵,经补正或者作出合理解释的,可以采用:(1)勘验、检查、搜查、提取笔录或者扣押清单上没有侦查人员、物品持有人、见证人签名,或者对物品的名称、特征、数量、质量等注明不详的;(2)物证的照片、录像、复制品,书证的副本、复制件未注明与原件核对无异,无复制时间,或者无被收集、调取人签名、盖章的;(3)物证的照片、录像、复制品,书证的副本、复制件没有制作人关于制作过程和原物、原件存放地点的说明,或者说明中无签名的;(4)有其他瑕疵的。

二、证人证言与被害人陈述

证人证言是指当事人以外了解案件有关情况的人,向公安司法机关所作的陈述。在我国,证人仅指事实证人。《刑事诉讼法》第六十二条规定:"凡是知道案件情况的人,都有作证的义务。生理上、精神上有缺陷或者年幼,不能辨别是非、不能正确表达的人,不能作证人。"被害人陈述是指刑事被害人就其所受的侵害及其所了解的情况向公安司法机关所作的陈述。

根据"最高法解释"的规定,对证人证言应当着重审查以下内容:(1)证言的内容是否为证人直接感知;(2)证人作证时的年龄,认知、记忆和表达能力,生理和精神状态是否影响作证;(3)证人与案件当事人、案件处理结果有无利害关系;(4)询问证人是否个别进行;(5)询问笔录的制作、修改是否符合法律、有关规定,是否注明询问的起止时间和地点,首次询问时是否告知证人有关作证的权利义务和法律责任,证人对询问笔录是否核对确认;(6)询问未成年证人时,是否通知其法定代理人或者有关人员到场,其法定代理人或者有关人员是否到场;(7)证人证言有无以暴力、威胁等非法方法收集的情形;(8)证言之间以及与其他证据之间能否相互印证,有无矛盾。

证人证言的收集程序、方式有下列瑕疵,经补正或者作出合理解释的,可以采用;不能补正或者作出合理解释的,不得作为定案的根据:(1)询问笔录没有填写询问人、记录人、法定代理人姓名以及询问的起止时间、地点的;(2)询问地点不符合规定的;(3)询问笔录没有记录告知证人有关作证的权利义务和法律责任的;(4)询问笔录反映出在同一时段、同一询问人员询问不同证人的;(5)询问未成年人,其法定代理人或者合适成年人不在场的。对被害人陈述的审查与认定,参照对证人证言的审查认定。

为保障证人的人身安全,《刑事诉讼法》第六十三条规定:"人民法院、人民检察院和公安机关应当保障证人及其近亲属的安全。对证人及其近亲属进行威胁、侮辱、殴打或者打击报复,构成犯罪的,依法追究刑事责任;尚不够刑事处罚的,依法给予治安管理处罚。"与此同时,《刑事诉讼法》第六十四条对特定案件中证人的保护措施进行了规定:"对于危害国家安全犯罪、恐怖活动犯罪、黑社会性质的组织犯罪、毒品犯罪等案件,证人、鉴定人、被害人因在诉讼中作证,本人或者其近亲属的人身安全面临危险的,人民法院、人民检察院和公安机关应当采取以下一项或者多项保护措施:(一)不公开真实姓名、住址和工作单位等个人信息;(二)采取不暴露外貌、真实声音等出庭作证措施;(三)禁止特定的人员接触证人、鉴定人、被害人及其近亲属;(四)对人身和住宅采取专门性保护措施;(五)其他必要的保护措施。"

三、犯罪嫌疑人、被告人供述和辩解

犯罪嫌疑人、被告人供述和辩解,是指犯罪嫌疑人、被告人就其被指控的事实,向公安司法机关所作的陈述。犯罪嫌疑人、被告人的供述和辩解具有不稳定性,还可能涉及刑讯逼供等情形的出现。

根据"最高法解释"第九十三条的规定,对被告人供述和辩解应当着重审查以下内容:(1)讯问的时间、地点,讯问人的身份、人数以及讯问方式等是否符合法律、有关规定。(2)讯问笔录的制作、修改是否符合法律、有关规定,是否注明讯问的具体起止时间和地点,首次讯问时是否告知被告人有关权利和法律规定,被告人是否核对确认。(3)讯问未成年被告人时,是否通

知其法定代理人或者合适成年人到场,有关人员是否到场。(4)讯问女性未成年被告人时,是否有女性工作人员在场。(5)有无以刑讯逼供等非法方法收集被告人供述的情形。(6)被告人的供述是否前后一致,有无反复以及出现反复的原因。(7)被告人的供述和辩解是否全部随案移送。(8)被告人的辩解内容是否符合案情和常理,有无矛盾。(9)被告人的供述和辩解与同案被告人的供述和辩解以及其他证据能否相互印证,有无矛盾;存在矛盾的,能否得到合理解释。必要时,可以结合现场执法音视频记录、讯问录音录像、被告人进出看守所的健康检查记录、笔录等,对被告人的供述和辩解进行审查。

与此同时,被告人供述具有下列情形之一的,不得作为定案的根据:(1)讯问笔录没有经被告人核对确认的;(2)讯问聋、哑人,应当提供通晓聋、哑手势的人员而未提供的;(3)讯问不通晓当地通用语言、文字的被告人,应当提供翻译人员而未提供的;(4)讯问未成年人,其法定代理人或者合适成年人不在场的。

四、鉴定意见

根据《全国人民代表大会常务委员会关于司法鉴定管理问题的决定》的规定,司法鉴定是指在诉讼活动中鉴定人运用科学技术或者专门知识对诉讼涉及的专门性问题进行鉴别和判断并提供鉴定意见的活动。刑事诉讼中的鉴定意见,是指公安司法机关就案件中的专门性问题,指派或聘请具有专门知识的人进行鉴定后出具的专业性意见。在我国,司法鉴定主要分为四大类:(1)法医类鉴定,包括法医病理鉴定、法医临床鉴定、法医精神病鉴定、法医物证鉴定和法医毒物鉴定;(2)物证类鉴定,包括文书鉴定、痕迹鉴定和微量鉴定;(3)声像资料鉴定,包括对录音带、录像带、磁盘、光盘、图片等载体上记录的声音、图像信息的真实性、完整性及其所反映的情况过程进行的鉴定和对记录的声音、图像中的语言、人体、物体作出种类或者同一认定;(4)根据诉讼需要由国务院司法行政部门商最高人民法院、最高人民检察院确定的其他应当对鉴定人和鉴定机构实行登记管理的鉴定事项。

根据"最高法解释"的规定,对鉴定意见应当着重审查以下内容:(1)鉴定机构和鉴定人是否具有法定资质。(2)鉴定人是否存在应当回避的情形。(3)检材的来源、取得、保管、送检是否符合法律、有关规定,与相关提取笔录、扣押清单等记载的内容是否相符,检材是否可靠。(4)鉴定意见的形式要件是否完备,是否注明提起鉴定的事由、鉴定委托人、鉴定机构、鉴定要求、鉴定过程、鉴定方法、鉴定日期等相关内容,是否由鉴定机构盖章并由鉴定人签名。(5)鉴定程序是否符合法律、有关规定。(6)鉴定的过程和方法是否符合相关专业的规范要求。(7)鉴定意见是否明确。(8)鉴定意见与案件事实有无关联。(9)鉴定意见与勘验、检查笔录及相关照片等其他证据是否矛盾;存在矛盾的,能否得到合理解释。(10)鉴定意见是否依法及时告知相关人员,当事人对鉴定意见有无异议。

鉴定意见具有下列情形之一的,不得作为定案的根据:(1)鉴定机构不具备法定资质,或者鉴定事项超出该鉴定机构业务范围、技术条件的;(2)鉴定人不具备法定资质,不具有相关专业技术或者职称,或者违反回避规定的;(3)送检材料、样本来源不明,或者因污染不具备鉴定条件的;(4)鉴定对象与送检材料、样本不一致的;(5)鉴定程序违反规定的;(6)鉴定过程和方法不符合相关专业的规范要求的;(7)鉴定文书缺少签名、盖章的;(8)鉴定意见与案件待证事实没有关联的;(9)违反有关规定的其他情形。

五、勘验、检查、辨认、侦查实验等笔录

(一)勘验、检查笔录

勘验、检查笔录是指公安司法人员对有关场所、尸体、人身等进行勘验、检查形成的笔录。其中,对场所、尸体等进行观察、测验形成的笔录称为勘验笔录;对犯罪嫌疑人、被告人、被害人人身进行检验形成的笔录称为检查笔录。

根据"最高法解释"的规定,对勘验、检查笔录应当着重审查以下内容:(1)勘验、检查是否依法进行,笔录的制作是否符合法律、有关规定,勘验、检查人员和见证人是否签名或者盖章;(2)勘验、检查笔录是否记录了提起勘验、检查的事由,勘验、检查的时间、地点,在场人员、现场方位、周围环境等,现场的物品、人身、尸体等的位置、特征等情况,勘验、检查的过程,文字记录与实物或者绘图、照片、录像是否相符,现场、物品、痕迹等是否伪造、有无破坏,人身特征、伤害情况、生理状态有无伪装或者变化等;(3)补充进行勘验、检查的,是否说明了再次勘验、检查的缘由,前后勘验、检查的情况是否矛盾。

(二)辨认笔录

辨认笔录是侦查人员对犯罪嫌疑人、被害人、证人对有关场所、物品等进行识别认定所作的记录。根据"最高法解释"的规定,对辨认笔录应当着

重审查辨认的过程、方法,以及辨认笔录的制作是否符合有关规定。辨认笔录具有下列情形之一的,不得作为定案的根据:(1)辨认不是在调查人员、侦查人员主持下进行的;(2)辨认前使辨认人见到辨认对象的;(3)辨认活动没有个别进行的;(4)辨认对象没有混杂在具有类似特征的其他对象中,或者供辨认的对象数量不符合规定的;(5)辨认中给辨认人明显暗示或者明显有指认嫌疑的;(6)违反有关规定,不能确定辨认笔录真实性的其他情形。

（三）侦查实验笔录

侦查实验笔录是指侦查人员对进行侦查实验的时间、地点及具体情况进行记载而形成的笔录。根据"最高法解释"的规定:对侦查实验笔录应当着重审查实验的过程、方法,以及笔录的制作是否符合有关规定。侦查实验的条件与事件发生时的条件有明显差异,或者存在影响实验结论科学性的其他情形的,侦查实验笔录不得作为定案的根据。

六、视听资料、电子数据

视听资料是指能够证明案件事实的音像和影像资料,其主要存储在录音带、录像带及计算机磁盘中。根据"最高法解释"的规定,对视听资料应当着重审查以下内容:(1)是否附有提取过程的说明,来源是否合法。(2)是否为原件,有无复制及复制份数;是复制件的,是否附有无法调取原件的原因、复制件制作过程和原件存放地点的说明,制作人、原视听资料持有人是否签名。(3)制作过程中是否存在威胁、引诱当事人等违反法律、有关规定的情形。(4)是否写明制作人、持有人的身份,制作的时间、地点、条件和方法。(5)内容和制作过程是否真实,有无剪辑、增加、删改等情形。(6)内容与案件事实有无关联。对视听资料有疑问的,应当进行鉴定。

根据《关于办理刑事案件收集提取和审查判断电子数据若干问题的规定》,电子数据是案件发生过程中形成的,以数字化形式储存、处理、传输的,能够证明案件事实的数据。根据"最高法解释"第一百一十条的规定,对电子证据真实性的审查,应当着重从以下五个方面展开:(1)是否移送原始存储介质;在原始存储介质无法封存、不便移动时,有无说明原因,并注明收集、提取过程及原始存储介质的存放地点或者电子数据的来源等情况。(2)是否具有数字签名、数字证书等特殊标识。(3)收集、提取的过程是否可以重现。(4)如有增加、删除、修改等情形的,是否附有说明。(5)完整性是否可以保证。

典型案例:聂某斌故意杀人、强奸妇女①

诉讼代理人李树亭提出,原审认定聂某斌强奸妇女、故意杀人的事实不清、证据不足,应当依法宣告聂某斌无罪。主要理由是:(1)公安机关在没有掌握聂某斌任何犯罪事实和犯罪线索的情况下,仅凭主观推断,就将骑一辆蓝色山地车的聂某斌锁定为犯罪嫌疑人,对聂某斌采取的监视居住,实际上是非法拘禁。(2)不能排除侦查人员采用刑讯逼供、指供、诱供方式收集聂某斌有罪供述的可能性。(3)聂某斌供述、证人证言和尸体检验报告均不能确定案发时间,被害人遇害时间不明,原审认定的聂某斌作案时间事实不清。(4)原审认定的作案工具事实不清,物证彩色照片上的半袖上衣极大可能在原始案发现场并不存在,是侦查人员为印证聂某斌供述的作案工具而编造出来的物证。(5)现场勘查笔录无见证人参与,不符合法律规定;尸体检验报告结论不具有科学性,真实性、合法性存疑,原审认定被害人系窒息死亡的证据不确实、不充分。(6)聂某斌1994年9月23日至9月27日的供述材料以及聂某斌的考勤表缺失,原办案人员的解释不合理,不排除公安机关隐匿了对聂某斌有利的证据。(7)证人余某某后来证明,被害人尸体被发现后公安机关立即展开调查,并形成了调查材料,但原审卷宗中余某某等人的多份初始证言缺失,去向不明,这些证言可能对聂某斌有利。(8)现有卷宗中存在签字造假等问题,不排除伪造或变造案卷的可能。(9)被害人落在案发现场的一串钥匙是本案中具有唯一性和排他性的隐蔽细节,聂某斌始终没有供出,使其所供作案过程真实性受到严重影响。(10)王某异地归案后即主动交代了石家庄西郊玉米地强奸、杀人的犯罪事实,特别是供述出案发现场所留的一串钥匙,且其供述的作案时间、作案地点、作案过程以及抛埋衣物地点等都与本案情况相符,王某的供述应视为本案出现了新证据,其作案的可能性远远大于聂某斌。李树亭还向本院提交了聂某斌的同学聂某某、仵某甲、仵某乙的证言,以证明聂某斌胆小、性格内向,思想比较保守,家庭经济状况较好,平时没有偷窃、打架等不良行为。

---

① (2016)最高法刑再3号。

第二节 刑事证明

司法活动中的证明,是指司法人员或司法活动的参与者运用证据明确或表明案件事实的活动。[①] 刑事诉讼中的证明,主要包括证明对象、证明责任、证明标准等要素。

一、证明对象

证明对象,是指在刑事诉讼中,公安司法机关需要用证据加以证明的待证事实。根据"最高法解释"第七十二条的规定,应当运用证据证明的案件事实包括:(1)被告人、被害人的身份;(2)被指控的犯罪是否存在;(3)被指控的犯罪是否为被告人所实施;(4)被告人有无刑事责任能力,有无罪过,实施犯罪的动机、目的;(5)实施犯罪的时间、地点、手段、后果以及案件起因等;(6)是否系共同犯罪或者犯罪事实存在关联,以及被告人在犯罪中的地位、作用;(7)被告人有无从重、从轻、减轻、免除处罚情节;(8)有关涉案财物处理的事实;(9)有关附带民事诉讼的事实;(10)有关管辖、回避、延期审理等的程序事实;(11)与定罪量刑有关的其他事实。

此外,还涉及免证事实,即不需要证据就可直接认定的事实。根据"最高检规则"的规定,在法庭审理中,下列事实不必提出证据进行证明:(1)为一般人共同知晓的常识性事实;(2)人民法院生效裁判所确认的并且未依审判监督程序重新审理的事实;(3)法律、法规的内容以及适用等属于审判人员履行职务所应当知晓的事实;(4)在法庭审理中不存在异议的程序事实;(5)法律规定的推定事实;(6)自然规律或者定律。

二、证明责任

证明责任规范的本质和价值就在于,在重要的事实主张的真实性不能被确认的情况下,指引方案作出何种内容的裁判。[②] 证明责任主要包括两个层面的含义:第一,在刑事案件中,应当由谁承担举证责任;第二,在案件事实真伪不明之时,不利后果应当由谁承担。

[①] 何家弘.司法证明方法与推定规则[M].北京:法律出版社,2018:134.
[②] [德]莱奥·罗森贝克.证明责任论[M].庄敬华,译.北京:中国法制出版社,2018:3.

我国《刑事诉讼法》第五十一条规定:"公诉案件中被告人有罪的举证责任由人民检察院承担,自诉案件中被告人有罪的举证责任由自诉人承担。"但是,在一些特定犯罪案件中,由被告人承担举证责任。如《刑法》第三百九十五条规定:"国家工作人员的财产、支出明显超过合法收入,差额巨大的,可以责令该国家工作人员说明来源,不能说明来源的,差额部分以非法所得论,处五年以下有期徒刑或者拘役;差额特别巨大的,处五年以上十年以下有期徒刑。财产的差额部分予以追缴。"

与此同时,犯罪嫌疑人、被告人对特定事项承担举证责任。如《刑事诉讼法》第四十二条规定:"辩护人收集的有关犯罪嫌疑人不在犯罪现场、未达到刑事责任年龄、属于依法不负刑事责任的精神病人的证据,应当及时告知公安机关、人民检察院。"

三、证明标准

证明标准,是指按照法律规定证明案件事实所应当达到的程度。根据我国《刑事诉讼法》第二百条的规定,我国刑事案件的证明标准是"案件事实清楚,证据确实、充分"。其中,"案件事实清楚"是从主观状态上而言的;"证据确实、充分"则是对证据质和量的要求。

根据《刑事诉讼法》第五十五条的规定,证据确实、充分,应当符合以下条件:(1)定罪量刑的事实都有证据证明;(2)据以定案的证据均经法定程序查证属实;(3)综合全案证据,对所认定事实已排除合理怀疑。2012年《刑事诉讼法》修改时,我国首次将"排除合理怀疑"引入《刑事诉讼法》。"排除合理怀疑"本身,是一个不甚清晰的法律概念。学者的研究发现:即使涉及死刑的案件,"排除合理怀疑"的证明标准也可以低于法律人通常所理解的90%或95%;更多时候,司法者只要有六七成把握相信被告有罪(而非无罪)或有七八成把握相信被告罪重(而非罪轻),即可做出相应判决。[①]

典型案例:黄某某侵占罪二审刑事裁定书[②]

原审法院经审查认为,自诉单位江苏健元塑业有限公司控告被告人黄某某犯侵占罪,缺乏罪证,且提不出补充证据,经劝说,自诉单位江苏健元塑业有限公司拒绝撤诉,故对其指控依法应予驳回。依照《中华人民共和国刑事诉讼法》第二百零五条第一款第(二)项及《关于适用〈中华人民共和国刑

---

① 桑本谦,戴昕.真相、后果与"排除合理怀疑"[J].法律科学,2017(3):27.

② (2018)苏03刑终215号。

事诉讼法〉的解释》第二百六十四条之规定,裁定:驳回自诉单位江苏健元塑业有限公司对被告人黄某某的指控。

经审理查明,上诉单位江苏健元塑业有限公司诉原审被告人黄某某犯侵占罪,提交了《股权转让协议》、徐州市新沂工商行政管理局公司准予变更登记通知书、银行转账记录复印件等证据。原审法院根据上诉单位江苏健元塑业有限公司调取证据的申请,依法制作了调取证据材料决定书,并向新沂市公安局送达,但新沂市公安局拒绝移送,原审法院调取证据未果。二审期间,上诉单位未提交新的证据。

本院认为,根据我国法律规定,刑事自诉案件中的自诉人负有举证责任,上诉单位指控黄某某犯侵占罪缺乏罪证。原裁定驳回上诉单位的自诉符合法律规定,上诉单位的上诉理由不能成立。依照《中华人民共和国刑事诉讼法》第二百二十九条、第二百二十五条第一款第(一)项之规定,裁定如下:驳回上诉,维持原裁定。

第三节　刑事证据规则

"证据法是一个规则和标准系统,用以调整诉讼审判中的证据的可采性。"①证据规则是指在刑事诉讼中规范证据审查及评价的规范。现代刑事诉讼的证据规则,大多起源于英美法系,但不少已经在我国的刑事诉讼中得以确立。

一、非法证据排除规则

非法证据排除规则,是指在刑事诉讼中,因证据取得方式违法而将其排除的证据规则。我国《刑事诉讼法》第五十二条规定:"审判人员、检察人员、侦查人员必须依照法定程序,收集能够证实犯罪嫌疑人、被告人有罪或者无罪、犯罪情节轻重的各种证据。严禁刑讯逼供和以威胁、引诱、欺骗以及其他非法方法收集证据,不得强迫任何人证实自己有罪。"

值得注意的是,我国非法证据排除规则的适用范围极为有限。我国《刑事诉讼法》第五十六条规定:"采用刑讯逼供等非法方法收集的犯罪嫌疑人、被告人供述和采用暴力、威胁等非法方法收集的证人证言、被害人陈述,应当予以排除。收集物证、书证不符合法定程序,可能严重影响司法公正的,应当予以补正或者作出合理解释;不能补正或者作出合理解释的,对该证据应当予以排除。"在我国,对非法言词证据,采用绝对排除的立场;但对于非法实物证据,则取相对排除的立场。

从具体的认定上来看,根据"最高法解释"第一百二十三条的规定,采用非法方法收集的被告人供述,应当予以排除:(1)采用殴打、违法使用戒具等暴力方法或者变相肉刑的恶劣手段,使被告人遭受难以忍受的痛苦而违背意愿作出的供述;(2)采用以暴力或者严重损害本人及其近亲属合法权益等相威胁的方法,使被告人遭受难以忍受的痛苦而违背意愿作出的供述;(3)采用非法拘禁等非法限制人身自由的方法收集的被告人供述。在认定"可能严重影响司法公正"时,应当综合考虑收集证据违反法定程序以及所造成后果的严重程度等情况。

---

① [美]麦考密克.麦考密克论证据[M].汤维建,等译.北京:中国政法大学出版社,2003:3.

二、传闻证据规则

传闻证据规则发源于英美法系国家。根据《美国联邦证据规则》的规定,"传闻"是指这样的陈述:(1)该陈述并非陈述人在当前审判或者听证作证时作出的;(2)当事人将其作为证据提出,用以证明该陈述所主张事项之真实性。① 传闻证据一般不可采信,除非法律另有规定。

我国《刑事诉讼法》并未明确规定传闻证据规则,但立法中的直接言词原则,事实上体现了传闻证据规则的部分内涵。我国《刑事诉讼法》第一百九十二条规定:"公诉人、当事人或者辩护人、诉讼代理人对证人证言有异议,且该证人证言对案件定罪量刑有重大影响,人民法院认为证人有必要出庭作证的,证人应当出庭作证。人民警察就其执行职务时目击的犯罪情况作为证人出庭作证,适用前款规定。公诉人、当事人或者辩护人、诉讼代理人对鉴定意见有异议,人民法院认为鉴定人有必要出庭的,鉴定人应当出庭作证。经人民法院通知,鉴定人拒不出庭作证的,鉴定意见不得作为定案的根据。"要求证人、鉴定人出庭作证,实际上就是对上述人员庭外证言的排除。

三、最佳证据规则

根据《美国联邦证据规则》第 1002 条的规定,为证明文书、录制品或者影像的内容,应当提供其原件,本证据规则或者国会立法中另有规定者除外。而后,《美国联邦证据规则》第 1003 条至第 1007 条对最佳证据规则的例外情况作出规定。

我国《刑事诉讼法》并未对最佳证据规则作出明确规定,但司法解释的一些条款体现了最佳证据规则的内涵和精神。"最高法解释"第八十三条规定:"据以定案的物证应当是原物。原物不便搬运、不易保存、依法应当返还或者依法应当由有关部门保管、处理的,可以拍摄、制作足以反映原物外形和特征的照片、录像、复制品。必要时,审判人员可以前往保管场所查看原物。物证的照片、录像、复制品,不能反映原物的外形和特征的,不得作为定案的根据。物证的照片、录像、复制品,经与原物核对无误、经鉴定或者以其他方式确认真实的,可以作为定案的根据。"对于书证而言,"据以定案的书

---

① 王进喜.美国《联邦证据规则》(2011 年重塑版)条解[M].北京:中国法制出版社,2012:238.

证应当是原件。取得原件确有困难的,可以使用副本、复制件。对书证的更改或者更改迹象不能作出合理解释,或者书证的副本、复制件不能反映原件及其内容的,不得作为定案的根据。书证的副本、复制件,经与原件核对无误、经鉴定或者以其他方式确认真实的,可以作为定案的根据"。

四、意见证据规则

意见证据规则,是指一般情况下,证人只能就其亲身感知的事实作出陈述,而不得发表推断性意见。"意见证据规则将证人证言分为两种:一种是体验性陈述,是指证人就自己感知的事实提供陈述;另一种是意见陈述,指证人陈述的内容仅仅是个人的意见、判断或者感想。"[①]但有时,"事实"和"意见"很难区分。

我国《刑事诉讼法》并未规定意见证据规则,但相关司法解释体现意见证据规则的精神。根据"最高法解释"的规定:"证人的猜测性、评论性、推断性的证言,不得作为证据使用,但根据一般生活经验判断符合事实的除外。"实证研究显示:不论从不同的审理级别还是从不同级别管辖的法院的角度而言,意见证据在一审法院中的出现及适用所占比重较大。[②] 在我国,意见证据规则亟待进一步完善。

五、补强证据规则

补强证据规则,是指对于某些证明力较弱的证据,必须有其他证据补强其证明力。补强证据规则一般适用于对言词证据的补强。如我国《刑事诉讼法》第五十五条规定:"对一切案件的判处都要重证据,重调查研究,不轻信口供。只有被告人供述,没有其他证据的,不能认定被告人有罪和处以刑罚;没有被告人供述,证据确实、充分的,可以认定被告人有罪和处以刑罚。"

我国"最高法解释"对其他言词证据的补强作出了规定。根据"最高法解释"的规定,下列证据应当慎重使用,有其他证据印证的,可以采信:(1)生理上、精神上有缺陷,对案件事实的认知和表达存在一定困难,但尚未丧失正确认知、表达能力的被害人、证人和被告人所作的陈述、证言和供述;(2)与被告人有亲属关系或者其他密切关系的证人所作的有利于被告人的

① 樊崇义.刑事证据规则立法建议报告[J].中外法学,2016(2):304.
② 李学军,张鸿绪.我国刑事诉讼中意见证据规则适用的实证分析[J].证据科学,2016(5):520.

证言,或者与被告人有利害冲突的证人所作的不利于被告人的证言。

典型案例:章某某受贿案①

浙江省宁波市鄞州区人民法院认为:被告人章某某身为国家工作人员,利用职务上的便利,非法收受他人贿赂 6000 元,并为他人谋取利益,其行为已构成受贿罪。侦查机关在 2010 年 7 月 22 日中午控制章某某到 23 日 22 时 55 分刑事传唤章某某期间,没有出具相关法律手续,也没有制作谈话笔录,至 7 月 24 日 10 时 55 分刑事拘留章某某,仍没有对章某某制作讯问笔录。故侦查机关的前期侦查行为存在瑕疵。审判过程中,章某某及其辩护人提出侦查机关违法获取章某某有罪供述,并提供相关证据和线索。公诉机关虽然出示、宣读了章某某的有罪供述笔录,播放了部分审讯录像片段,提交了没有违法审讯的情况说明等,但没有针对章某某及其辩护人提供的章某某在侦查机关审讯时受伤这一线索提出相应的反驳证据,无法合理解释章某某伤势的形成过程,其提出的证据不足以证明侦查机关获取章某某审判前有罪供述的合法性,故章某某审判前有罪供述不能作为定案根据。因此,起诉书指控章某某收受周某所送现金人民币 1 万元、史某所送现金人民币 2 万元、蔡某于 2008 年春节时所送银行卡价值人民币 2000 元、赵某于 2008 年春节时所送银行卡价值人民币 2000 元等事实,因仅有行贿人证词,且证词前后矛盾,又无其他证据印证,证据不足,故均不能认定。关于指控章某某因向宁波金某公司出借注册监理工程师证书并获得报酬 3.6 万元而构成受贿犯罪一节,原审法院认为,因违规出借证书在建筑行业普遍存在,章某某获取的报酬符合期间的"市场行情",属违法收入,但要认定章某某利用职务便利为宁波金某公司谋取利益的证据不充分,故章某某该节行为不构成受贿犯罪。侦查机关发现章某某收受史某 2 万元贿赂的线索而对章某某进行立案侦查,但该节事实未经查实,章某某在之后陆续交代不为侦查机关掌握的其他贿赂 6000 元,应以自首论。鉴于章某某受贿的数额刚达到犯罪的起点,且具有自首情节,根据其犯罪的事实,犯罪的性质、情节和对社会的危害程度,对其可免于刑事处罚,依照《刑法》第三百八十五条第一款,第三百八十六条,第三百八十三条第一款第(三)项、第二款,第六十七条第一款、第二款,第三十七条,第六十一条,第六十四条之规定,作出如下判决:一、被告人章某某犯受贿罪,免于刑事处罚;二、责令被告人章某某退缴违法所得 6000 元,上缴国库。

---

① （2011)甬鄞刑初字第 320 号。

本章测试：

1.我国证据的种类有哪些？

2.何谓"证明责任"与"证明标准"？

3.我国的证据规则有哪些？

4.非法证据排除规则的适用范围是什么？

本章扩展阅读：

1.达马斯卡.漂移的证据法[M].李学军,等译.北京:中国政法大学出版社,2003.

2.吴洪淇.证据法的理论面孔[M].北京:法律出版社,2018.

3.奥伦斯坦.证据法要义[M].汪诸豪,黄燕妮,译.北京:中国政法大学出版社,2018.

4.罗森贝克.证明责任论[M].庄敬华,译.北京:中国法制出版社,2018.

第六章
强制措施

【学习要求】

通过本章学习,重点掌握我国刑事诉讼强制措施的种类;学会区分刑事强制措施与强制性措施;对各类强制措施的适用条件、批准机关、适用时间等熟练掌握。

【重点法条】

《刑事诉讼法》第六十六条至第一百条

刑事诉讼中的强制措施,是指公安司法机关为了保障刑事诉讼的顺利进行,依法对犯罪嫌疑人、被告人的人身和自由加以限制的强制性方法。[①]强制措施不同于刑罚,也不同于行政处罚,其是一种预防性措施。在我国现有的立法体系下,强制措施有五种:拘传、取保候审、监视居住、拘留和逮捕。

第一节　拘　传

拘传是刑事强制措施中严厉程度最低的一种。但相对于羁押以及替代性羁押措施,其是一种典型的"到案"手段。从司法实践来看,在五种强制措施中,拘传的适用率最低。[②]

一、拘传的概念及特点

根据《刑事诉讼法》第六十六条的规定,人民法院、人民检察院和公安机关根据案件情况,对犯罪嫌疑人、被告人可以拘传。从概念上来看,拘传是指人民法院、人民检察院和公安机关对未到案的犯罪嫌疑人、被告人依法强制其到案的一种强制方法。拘传这一强制措施的适用主体是人民法院、人

---

①　陈光中.刑事诉讼法[M].北京:北京大学出版社,2017:224.
②　郭烁.中国刑事拘传存在的问题及其变革[J].比较法研究,2013(4):123.

民检察院和公安机关;适用对象是未到案的犯罪嫌疑人、被告人;其目的是强制其到案接受讯问。

拘传不同于传唤。《刑事诉讼法》第一百一十九条规定:"对不需要逮捕、拘留的犯罪嫌疑人,可以传唤到犯罪嫌疑人所在市、县内的指定地点或者到他的住处进行讯问,但是应当出示人民检察院或者公安机关的证明文件。对在现场发现的犯罪嫌疑人,经出示工作证件,可以口头传唤,但应当在讯问笔录中注明。"拘传和传唤,两者的强制力不一,拘传的强制力明显高于传唤,且一般在传唤后使用。

二、拘传与留置的区别

《人民警察法》和《监察法》均规定了留置这一措施。《人民警察法》第九条规定:"为维护社会治安秩序,公安机关的人民警察对有违法犯罪嫌疑的人员,经出示相应证件,可以当场盘问、检查;经盘问、检查,有下列情形之一的,可以将其带至公安机关,经该公安机关批准,对其继续盘问:(1)被指控有犯罪行为的;(2)有现场作案嫌疑的;(3)有作案嫌疑身份不明的;(4)携带的物品有可能是赃物的。对被盘问人的留置时间自带至公安机关之时起不超过二十四小时,在特殊情况下,经县级以上公安机关批准,可以延长至四十八小时,并应当留有盘问记录。对于批准继续盘问的,应当立即通知其家属或者其所在单位。对于不批准继续盘问的,应当立即释放被盘问人。经继续盘问,公安机关认为对被盘问人需要依法采取拘留或者其他强制措施的,应当在前款规定的期间作出决定;在前款规定的期间不能作出上述决定的,应当立即释放被盘问人。"

《监察法》第二十二条规定:"被调查人涉嫌贪污贿赂、失职渎职等严重职务违法或者职务犯罪,监察机关已经掌握其部分违法犯罪事实及证据,仍有重要问题需要进一步调查,并有下列情形之一的,经监察机关依法审批,可以将其留置在特定场所:(1)涉及案情重大、复杂的;(2)可能逃跑、自杀的;(3)可能串供或者伪造、隐匿、毁灭证据的;(4)可能有其他妨碍调查行为的。对涉嫌行贿犯罪或者共同职务犯罪的涉案人员,监察机关可以依照前款规定采取留置措施。留置场所的设置、管理和监督依照国家有关规定执行。"

拘传和留置的区分主要体现在以下几个方面:第一,拘传是刑事诉讼中规定的强制措施,而留置是《人民警察法》和《监察法》规定的强制性措施。第二,适用的主体不同。拘传由人民法院、人民检察院和公安机关适用,留置则由公安机关和监察机关适用。第三,适用的对象不同。拘传适用于犯罪嫌疑人、被告人,而留置适用于涉嫌违法或者犯罪的嫌疑人。

三、拘传的程序

根据《刑事诉讼法》、"公安部规定"及有关的司法解释,拘传应遵循如下程序。

(1)侦查人员认为需要拘传的,应当填写呈请拘传报告书,并附有关材料,报县级以上公安机关负责人批准。

(2)公安机关拘传犯罪嫌疑人应当出示拘传证,并责令其在拘传证上签名、捺指印。犯罪嫌疑人到案后,应当责令其在拘传证上填写到案时间;拘传结束后,应当由其在拘传证上填写拘传结束时间。犯罪嫌疑人拒绝填写的,侦查人员应当在拘传证上注明。

(3)拘传持续的时间不得超过十二小时;案情特别重大、复杂,需要采取拘留、逮捕措施的,经县级以上公安机关负责人批准,拘传持续的时间不得超过二十四小时。不得以连续拘传的形式变相拘禁犯罪嫌疑人。拘传期限届满,未作出采取其他强制措施决定的,应当立即结束拘传。

(4)拘传犯罪嫌疑人,应当保证犯罪嫌疑人的饮食和必要的休息时间。

典型案例:付某为境外窃取、非法提供国家秘密、情报案[①]

付某,男,1952年1月3日出生,汉族,大学文化,原系辽宁省锦州输油管理处党委书记、纪检书记、工会主席、副处长。因涉嫌为境外窃取、非法提供国家秘密、情报罪于2002年5月17日被辽宁省锦州市国家安全局拘传,5月18日被锦州市国家安全局监视居住,同年6月26日被刑事拘留,7月10日经辽宁省锦州市人民检察院批准,由辽宁省锦州市国家安全局依法对其执行逮捕。

被告人付某为境外窃取、非法提供国家秘密、情报一案,由锦州市国家安全局侦查终结,于2002年12月5日移送辽宁省锦州市人民检察院审查起诉。锦州市人民检察院于2002年12月16日依法向辽宁省锦州市中级人民法院提起公诉。

[①]　《最高人民检察院公报》2003年第5号(总第76号)。

第二节　取保候审

"取保候审作为一种重要的非羁押性刑事强制措施,是刑事诉讼程序中与无罪推定原则、人权保障理念关系最为密切的'制度设计'之一。"①我国的取保候审制度,不同于英美法系国家的保释制度。从司法实践来看,这一强制措施的适用率不高。

一、取保候审的概念和种类

我国《刑事诉讼法》第六十八条规定:"人民法院、人民检察院和公安机关决定对犯罪嫌疑人、被告人取保候审,应当责令犯罪嫌疑人、被告人提出保证人或者交纳保证金。"从概念上来看,取保候审是指人民法院、人民检察院和公安机关为防止犯罪嫌疑人、被告人逃避审判,责令其提出保证人或交纳保证金,从而保障刑事诉讼活动的顺利进行。

在我国,取保候审的种类有两种:保证人保证和保证金保证。根据《刑事诉讼法》第六十九条的规定,保证人必须符合下列条件:(1)与本案无牵连;(2)有能力履行保证义务;(3)享有政治权利,人身自由未受到限制;(4)有固定的住处和收入。与此同时,根据《刑事诉讼法》第七十条的规定,保证人应当履行以下义务:(1)监督被保证人遵守《刑事诉讼法》第七十一条的规定;(2)发现被保证人可能发生或者已经发生违反《刑事诉讼法》第七十一条规定的行为的,应当及时向执行机关报告。被保证人有违反《刑事诉讼法》第七十一条规定的行为,保证人未履行保证义务的,对保证人处以罚款,构成犯罪的,依法追究刑事责任。

关于保证金保证,《刑事诉讼法》第七十二条规定:"取保候审的决定机关应当综合考虑保证诉讼活动正常进行的需要,被取保候审人的社会危险性,案件的性质、情节,可能判处刑罚的轻重,被取保候审人的经济状况等情况,确定保证金的数额。提供保证金的人应当将保证金存入执行机关指定银行的专门账户。"根据"公安部规定",犯罪嫌疑人的保证金起点数额为人民币一千元;犯罪嫌疑人为未成年人的,保证金起点数额为人民币五百元。

---

① 郭烁.取保候审适用的影响性因素实证研究[J].政法论坛,2017(5):158.

二、取保候审的适用对象

根据我国《刑事诉讼法》第六十七条的规定，人民法院、人民检察院和公安机关对有下列情形之一的犯罪嫌疑人、被告人，可以取保候审：(1)可能判处管制、拘役或者独立适用附加刑的；(2)可能判处有期徒刑以上刑罚，采取取保候审不致发生社会危险性的；(3)患有严重疾病、生活不能自理，怀孕或者正在哺乳自己婴儿的妇女，采取取保候审不致发生社会危险性的；(4)羁押期限届满，案件尚未办结，需要采取取保候审的。此外，根据"公安部规定"，对拘留的犯罪嫌疑人，证据不符合逮捕条件，以及提请逮捕后，人民检察院不批准逮捕，需要继续侦查，并且符合取保候审条件的，可以依法取保候审。

从取保候审适用的限制来看，根据"公安部规定"，对累犯，犯罪集团的主犯，以自伤、自残办法逃避侦查的犯罪嫌疑人，严重暴力犯罪以及其他严重犯罪的犯罪嫌疑人不得取保候审。但如果上述人员符合如下条件之一，则仍可取保候审：(1)患有严重疾病、生活不能自理，怀孕或者正在哺乳自己婴儿的妇女，采取取保候审不致发生社会危险性；(2)羁押期限届满，案件尚未办结，需要继续侦查。

三、取保候审的程序

(一)取保候审的决定与执行

根据《刑事诉讼法》第六十六条的规定，人民法院、人民检察院和公安机关根据案件情况，对犯罪嫌疑人、被告人可以取保候审。以公安机关为例，根据"公安部规定"，侦查人员需要对犯罪嫌疑人取保候审的，应当制作呈请取保候审报告书，说明取保候审的理由、采取的保证方式以及应当遵守的规定，经县级以上公安机关负责人批准，制作取保候审决定书。取保候审决定书应当向犯罪嫌疑人宣读，由犯罪嫌疑人签名、捺指印。

根据《刑事诉讼法》第六十七条的规定，取保候审由公安机关执行。根据"公安部规定"："人民法院、人民检察院决定取保候审的，负责执行的县级公安机关应当在收到法律文书和有关材料后二十四小时以内，指定被取保候审人居住地派出所核实情况后执行。"

(二)被取保候审的人应遵守的规定

根据《刑事诉讼法》第七十一条，被取保候审的犯罪嫌疑人、被告人应当遵守以下规定:(1)未经执行机关批准不得离开所居住的市、县;(2)住址、工作单位和联系方式发生变动的,在二十四小时以内向执行机关报告;(3)在传讯的时候及时到案;(4)不得以任何形式干扰证人作证;(5)不得毁灭、伪造证据或者串供。人民法院、人民检察院和公安机关可以根据案件情况,责令被取保候审的犯罪嫌疑人、被告人遵守以下一项或者多项规定:(1)不得进入特定的场所;(2)不得与特定的人员会见或者通信;(3)不得从事特定的活动;(4)将护照等出入境证件、驾驶证件交执行机关保存。被取保候审的犯罪嫌疑人、被告人违反前两款规定,已交纳保证金的,没收部分或者全部保证金,并且区别情形,责令犯罪嫌疑人、被告人具结悔过,重新交纳保证金、提出保证人,或者监视居住、予以逮捕。对违反取保候审规定,需要予以逮捕的,可以对犯罪嫌疑人、被告人先行拘留。

(三)取保候审的期限及解除

根据《刑事诉讼法》第七十九条的规定,人民法院、人民检察院和公安机关对犯罪嫌疑人、被告人取保候审最长不得超过 12 个月。在取保候审期间,不得中断对案件的侦查、起诉和审理。对于发现不应当追究刑事责任或者取保候审期限届满的,应当及时解除取保候审。解除取保候审,应当及时通知被取保候审人和有关单位。值得注意的是,根据"最高法解释"和"最高检规则"的规定,这里的 12 个月是指三个机关可以分别使用 12 个月。

典型案例:孙某亮等人生产、销售有毒、有害食品案①

2011 年 5 月,被告人陈某、郝某旺、唐某庆、唐某明知盐酸克伦特罗(俗称"瘦肉精")属于国家禁止在饲料和动物饮用水中使用的药品而进行买卖,郝某旺从唐某庆、唐某处购买三箱盐酸克伦特罗片(每箱 100 袋,每袋 1000 片),后陈某从郝某旺处为自己购买一箱该药品,同时帮助被告人孙某亮购买一箱该药品。孙某亮在自己的养殖场内,使用陈某从郝某旺处购买的盐酸克伦特罗片喂养肉牛。2011 年 12 月 3 日,孙某亮将喂养过盐酸克伦特罗片的 9 头肉牛出售,被天津市宝坻区动物卫生监督所查获。经检测,其中 4 头肉牛尿液样品中所含盐酸克伦特罗超过国家规定标准。郝某旺、唐某庆、唐某主动到公安机关投案。

2011 年 12 月 14 日,孙某亮因涉嫌生产、销售有毒、有害食品罪被刑事拘留,2012 年 1 月 9 日被取保候审,10 月 25 日被逮捕。2011 年 12 月 21 日,

---

① 《最高人民检察院关于印发第四批指导性案例的通知》(高检发研究〔2014〕2 号)。

陈某因涉嫌生产、销售有毒、有害食品罪被刑事拘留,2012 年 1 月 9 日被取保候审,10 月 25 日被逮捕。2011 年 12 月 20 日,郝某旺因涉嫌生产、销售有毒、有害食品罪被取保候审,2012 年 10 月 25 日被逮捕。2011 年 12 月 28 日,唐某庆、唐某因涉嫌生产、销售有毒、有害食品罪被取保候审。

第三节　监视居住

监视居住,是指人民法院、人民检察院、公安机关在刑事诉讼中责令犯罪嫌疑人、被告人在规定的期限内不得离开住处或者指定的居所,并对其行为加以监视,限制其人身自由的强制措施。① 与取保候审一样,监视居住是降低强制羁押率的一种有效手段。

一、监视居住的适用对象

根据我国《刑事诉讼法》第七十四条的规定,人民法院、人民检察院和公安机关对符合逮捕条件,有下列情形之一的犯罪嫌疑人、被告人,可以监视居住:(1)患有严重疾病、生活不能自理的;(2)怀孕或者正在哺乳自己婴儿的妇女;(3)系生活不能自理的人的唯一扶养人;(4)因为案件的特殊情况或者办理案件的需要,采取监视居住措施更为适宜的;(5)羁押期限届满,案件尚未办结,需要采取监视居住措施的。对符合取保候审条件,但犯罪嫌疑人、被告人不能提出保证人,也不交纳保证金的,可以监视居住。

二、监视居住的适用程序

根据《刑事诉讼法》第六十六条的规定,人民法院、人民检察院和公安机关根据案件情况,对犯罪嫌疑人、被告人可以监视居住。以公安机关为例,根据"公安部规定",侦查人员对犯罪嫌疑人监视居住,应当制作呈请监视居住报告书,说明监视居住的理由、采取监视居住的方式以及应当遵守的规定,经县级以上公安机关负责人批准,制作监视居住决定书。监视居住决定书应当向犯罪嫌疑人宣读,由犯罪嫌疑人签名、捺指印。

监视居住由公安机关执行。根据"公安部规定"第一百一十七条和第一百一十八条的规定,公安机关决定监视居住的,由被监视居住人住处或者指定居所所在地的派出所执行,办案部门可以协助执行。必要时,也可以由办案部门负责执行,派出所或者其他部门协助执行。人民法院、人民检察院决定监视居住的,负责执行的县级公安机关应当在收到法律文书和有关材料

---

① 陈光中.《中华人民共和国刑事诉讼法》修改条文释义与点评[M].北京:人民法院出版社,2012:111.

后二十四小时以内,通知被监视居住人住处或者指定居所所在地的派出所,核实被监视居住人身份、住处或者居所等情况后执行。必要时,可以由人民法院、人民检察院协助执行。

三、指定居所监视居住

我国《刑事诉讼法》第七十五条规定:"监视居住应当在犯罪嫌疑人、被告人的住处执行;无固定住处的,可以在指定的居所执行。对于涉嫌危害国家安全犯罪、恐怖活动犯罪,在住处执行可能有碍侦查的,经上一级公安机关批准,也可以在指定的居所执行。但是,不得在羁押场所、专门的办案场所执行。指定居所监视居住的,除无法通知的以外,应当在执行监视居住后二十四小时以内,通知被监视居住人的家属。人民检察院对指定居所监视居住的决定和执行是否合法实行监督。"

根据"公安部规定",固定住处,是指被监视居住人在办案机关所在的市、县内生活的合法住处;指定的居所,是指公安机关根据案件情况,在办案机关所在的市、县内为被监视居住人指定的生活居所。指定的居所应当符合下列条件:(1)具备正常的生活、休息条件;(2)便于监视、管理;(3)保证安全。公安机关不得在羁押场所、专门的办案场所或者办公场所执行监视居住。

与此同时,"公安部规定"对"有碍侦查"的情形作出了明确限定,即(1)可能毁灭、伪造证据,干扰证人作证或者串供的;(2)可能引起犯罪嫌疑人自残、自杀或者逃跑的;(3)可能引起同案犯逃避、妨碍侦查的;(4)犯罪嫌疑人、被告人在住处执行监视居住有人身危险的;(5)犯罪嫌疑人、被告人的家属或者所在单位人员与犯罪有牵连的。

但从司法实践来看,指定居所监视居住问题不少:执法标准不统一、适用不规范;不少法律规定不知如何执行;规避法律的情形具有普遍性;法律滥用、异化问题突出并伴随着侵犯人权的重大风险。[①]

四、被监视居住人应当遵守的规定

《刑事诉讼法》第七十七条规定,被监视居住的犯罪嫌疑人、被告人应当遵守以下规定:(1)未经执行机关批准不得离开执行监视居住的处所;(2)未经执行机关批准不得会见他人或者通信;(3)在传讯的时候及时到案;(4)不

---

① 程雷.指定居所监视居住实施问题的解释论分析[J].中国法学,2016(3):226.

得以任何形式干扰证人作证;(5)不得毁灭、伪造证据或者串供;(6)将护照等出入境证件、身份证件、驾驶证件交执行机关保存。被监视居住的犯罪嫌疑人、被告人违反前款规定,情节严重的,可以予以逮捕;需要予以逮捕的,可以对犯罪嫌疑人、被告人先行拘留。

为确保被监视居住人遵守上述规定,我国《刑事诉讼法》第七十八条规定:"执行机关对被监视居住的犯罪嫌疑人、被告人,可以采取电子监控、不定期检查等监视方法对其遵守监视居住规定的情况进行监督;在侦查期间,可以对被监视居住的犯罪嫌疑人的通信进行监控。"

五、监视居住的期限及解除

根据我国《刑事诉讼法》第七十九条的规定,人民法院、人民检察院和公安机关对犯罪嫌疑人、被告人监视居住最长不得超过六个月。在监视居住期间,不得中断对案件的侦查、起诉和审理。对于发现不应当追究刑事责任或者监视居住期限届满的,应当及时解除监视居住。解除监视居住,应当及时通知被监视居住人和有关单位。需要明确的是,根据"最高法解释"和"最高检规则"的规定,这里的六个月是指三个机关可以分别使用六个月。

典型案例:胡某杰申请濮阳市中级人民法院重审无罪国家赔偿案[①]

胡某杰因涉嫌故意杀人罪于 2002 年 3 月 23 日被刑事拘留,同年 4 月 17 日被逮捕。在检察机关提起公诉后,濮阳市中级人民法院(下称濮阳中院)以犯故意杀人罪四次判处胡某杰死刑、缓期二年执行,但均被二审法院撤销原判,发回重审。在第四次重审期间,检察机关于 2010 年 12 月 29 日决定撤回起诉,濮阳中院裁定予以准许。获准撤诉后,检察机关又将案件退回公安机关补充侦查,公安机关随即将胡某杰释放并变更强制措施为监视居住。2011 年 7 月 19 日监视居住期满后,胡某杰未再被采取强制措施,实际被羁押 3225 天。

胡某杰于 2011 年 12 月 13 日向濮阳中级人民法院申请国家赔偿,该院不予受理。胡某杰向河南省高级人民法院赔偿委员会申请作出国家赔偿决定,该院赔偿委员会认为刑事案件发回重审过程中,检察机关撤回起诉后,没有在法定期限内再行起诉的,赔偿请求人有权依法申请国家赔偿,据此决定撤销濮阳中院不予受理案件通知,指令该院予以受理。濮阳中院受理后认为,"申请刑事赔偿要以刑事诉讼程序终结为先决条件……胡某杰是在刑

---

① 参见《最高人民法院、最高人民检察院公布 8 起刑事赔偿典型案例》之四。

事诉讼程序中因羁押期限内不能结案被释放,并因其案件不能在法定期限内办结,需要继续侦查被监视居住,后因监视居住期间届满又被解除监视居住,不能确认胡某杰所涉及的刑事案件程序已经终结,也不能确认胡某杰与其涉及的刑事案件无关。胡某杰不符合申请国家赔偿的条件"。据此,该院于 2013 年 3 月 21 日作出(2012)濮中法赔字第 3 号决定,驳回胡某杰的国家赔偿申请。胡某杰再次申请河南省高级人民法院赔偿委员会作出国家赔偿决定,该院赔偿委员会审理后于 2015 年 11 月 16 日作出决定:一、撤销濮阳中院(2012)濮中法赔字第 3 号决定书;二、濮阳中院按照 2014 年度国家职工日平均工资标准(219.72 元)赔偿胡某杰被羁押 3225 天的赔偿金 70.8597 万元;三、濮阳中院赔偿胡某杰精神损害抚慰金 15 万元;四、濮阳中院在胡某杰户籍所在乡以公告形式为其消除影响、恢复名誉、赔礼道歉。

第四节 拘 留

一般认为,刑事拘留是紧急状态下的临时强制措施。从当前司法实践来看,拘留适用存在普遍化的趋势,且由于检察机关逮捕采取了几乎等同于定罪的标准,逮捕标准过高使得刑事拘留完全不再以紧急状态为其前提条件。①

一、拘留的概念和特点

拘留,是指公安机关、人民检察院在侦查过程中,因紧急情况的出现,依法临时剥夺现行犯或者重大嫌疑分子的人身自由的一种强制措施。一般情况下,先行拘留由公安机关执行。

值得注意的是,作为刑事强制措施的拘留,不同于民事拘留和行政拘留。在《治安管理处罚法》中,行政拘留是治安管理处罚的一种;民事拘留由《民事诉讼法》规定,即人民法院对违反法庭规则的人,可以予以训诫,责令退出法庭或者予以罚款、拘留。

二、拘留的条件

我国《刑事诉讼法》第八十二条规定,公安机关对于现行犯或者重大嫌疑分子,如果有下列情形之一的,可以先行拘留:(1)正在预备犯罪、实行犯罪或者在犯罪后及时被发觉的;(2)被害人或者在场亲眼看见的人指认他犯罪的;(3)在身边或者住处发现有犯罪证据的;(4)犯罪后企图自杀、逃跑或者在逃的;(5)有毁灭、伪造证据或者串供可能的;(6)不讲真实姓名、住址,身份不明的;(7)有流窜作案、多次作案、结伙作案重大嫌疑的。

此外,根据《刑事诉讼法》第一百六十五条的规定,人民检察院直接受理的案件中符合第八十二条第四项、第五项规定情形,需要拘留犯罪嫌疑人的,由人民检察院作出决定,由公安机关执行。

三、拘留的程序

拘留由公安机关负责执行。根据《刑事诉讼法》和"公安部规定",我国

---

① 谢小剑.论我国刑事拘留的紧急性要件[J].现代法学,2016(4):113.

拘留的执行,遵循如下的程序。

(1)侦查人员拘留犯罪嫌疑人,应当填写呈请拘留报告书,经县级以上公安机关负责人批准,制作拘留证。执行拘留时,必须出示拘留证,并责令被拘留人在拘留证上签名、捺指印,拒绝签名、捺指印的,侦查人员应当注明。紧急情况下,应当将犯罪嫌疑人带至公安机关后立即审查,办理法律手续。

(2)公安机关在异地执行拘留的时候,应当通知被拘留人所在地的公安机关,被拘留人所在地的公安机关应当予以配合。

(3)拘留后,应当立即将被拘留人送看守所羁押,至迟不得超过二十四小时。异地执行拘留的,应当在到达管辖地后二十四小时以内将犯罪嫌疑人送看守所羁押。

(4)除无法通知或者涉嫌危害国家安全犯罪、恐怖活动犯罪通知可能有碍侦查的情形以外,应当在拘留后二十四小时以内制作拘留通知书,通知被拘留人的家属。拘留通知书应当写明拘留原因和羁押处所。

(5)对被拘留的人,应当在拘留后二十四小时以内进行讯问。发现不应当拘留的,应当经县级以上公安机关负责人批准,制作释放通知书,看守所凭释放通知书发给被拘留人释放证明书,将其立即释放。

(6)对被拘留的犯罪嫌疑人,经过审查认为需要逮捕的,应当在拘留后的三日以内,提请人民检察院审查批准。在特殊情况下,经县级以上公安机关负责人批准,提请审查批准逮捕的时间可以延长一日至四日。对流窜作案、多次作案、结伙作案的重大嫌疑分子,经县级以上公安机关负责人批准,提请审查批准逮捕的时间可以延长至三十日。

四、拘留与留置的衔接

为做好《刑事诉讼法》与《监察法》的衔接,2018年《刑事诉讼法》对留置和拘留之间的衔接问题作出了规定。《刑事诉讼法》第一百七十条规定:"人民检察院对于监察机关移送起诉的案件,依照本法和监察法的有关规定进行审查。人民检察院经审查,认为需要补充核实的,应当退回监察机关补充调查,必要时可以自行补充侦查。对于监察机关移送起诉的已采取留置措施的案件,人民检察院应当对犯罪嫌疑人先行拘留,留置措施自动解除。人民检察院应当在拘留后的十日以内作出是否逮捕、取保候审或者监视居住的决定。在特殊情况下,决定的时间可以延长一日至四日。人民检察院决定采取强制措施的期间不计入审查起诉期限。"

典型案例:顾某军等挪用资金、职务侵占、虚报注册资本、提供虚假财会报告案①

原审被告人顾某军。原系广东科龙电器股份有限公司(简称科龙电器)董事长、顺德格林柯某企业发展有限公司(后更名为广东格林柯某企业发展有限公司,简称顺德格林柯某)法定代表人、格林柯某制冷剂(中国)有限公司(简称天津格林柯某)法定代表人、江西格林柯某实业发展有限公司(简称江西格林柯某)董事长和法定代表人、扬州格林柯某创业投资有限公司(简称扬州格林柯某)法定代表人、扬州亚星客车股份有限公司(简称扬州亚星客车)法定代表人。2005年7月29日被刑事拘留,同年9月2日被逮捕。因本案被判处有期徒刑十年,并处罚金人民币六百八十万元。经减刑于2012年9月6日刑满释放。

---

① (2018)最高法刑再4号。

第五节　逮　捕

逮捕是五种强制措施中最严厉的一种。从概念上来看,逮捕是指公安机关、人民检察院和人民法院,为防止犯罪嫌疑人、被告人逃避侦查、起诉和审判,对其予以羁押,依法剥夺其人身自由的强制措施。

一、逮捕的权限

我国《刑事诉讼法》第八十条规定:"逮捕犯罪嫌疑人、被告人,必须经过人民检察院批准或者人民法院决定,由公安机关执行。"需要注意的是,在我国的强制措施体系中,逮捕是唯一一种批准或决定权与执行权相分离的措施。因逮捕直接涉及公民的基本人权,故在对逮捕进行审批时,需发挥各机关之间的制约作用。

二、逮捕的条件

我国《刑事诉讼法》第八十一条规定,对有证据证明有犯罪事实,可能判处徒刑以上刑罚的犯罪嫌疑人、被告人,采取取保候审尚不足以防止发生下列社会危险性的,应当予以逮捕:(1)可能实施新的犯罪的;(2)有危害国家安全、公共安全或者社会秩序的现实危险的;(3)可能毁灭、伪造证据,干扰证人作证或者串供的;(4)可能对被害人、举报人、控告人实施打击报复的;(5)企图自杀或者逃跑的。故此,要实施逮捕,必须符合证据条件、罪责条件及社会危险性条件。

此外,《刑事诉讼法》第八十一条第三款和第四款规定:"对有证据证明有犯罪事实,可能判处十年有期徒刑以上刑罚的,或者有证据证明有犯罪事实,可能判处徒刑以上刑罚,曾经故意犯罪或者身份不明的,应当予以逮捕。被取保候审、监视居住的犯罪嫌疑人、被告人违反取保候审、监视居住规定,情节严重的,可以予以逮捕。"

需要说明的是,《刑事诉讼法》第八十一条第一款是 2018 年《刑事诉讼法》修改时新增的条文,即"批准或者决定逮捕,应当将犯罪嫌疑人、被告人涉嫌犯罪的性质、情节、认罪认罚等情况,作为是否可能发生社会危险性的考虑因素"。

根据"公安部规定"和"最高检规则",有证据证明有犯罪事实,是指同时具备下列情形:(1)有证据证明发生了犯罪事实;(2)有证据证明该犯罪事实是犯罪嫌疑人实施的;(3)证明犯罪嫌疑人实施犯罪行为的证据已有查证属实的。"犯罪事实"既可以是单一犯罪行为的事实,也可以是数个犯罪行为中任何一个犯罪行为的事实。

三、逮捕的程序

(一)人民检察院审查批准逮捕

(1)侦查人员需要提请批准逮捕犯罪嫌疑人的,应当经县级以上公安机关负责人批准,制作提请批准逮捕书,连同案卷材料、证据,一并移送同级人民检察院审查批准。

(2)对公安机关提请批准逮捕的犯罪嫌疑人,已被拘留的,人民检察院应当在收到提请批准逮捕书后的七日以内作出是否批准逮捕的决定;未被拘留的,应当在收到提请批准逮捕书后的十五日以内作出是否批准逮捕的决定,重大、复杂的案件,不得超过二十日。

(3)人民检察院审查批准逮捕,可以讯问犯罪嫌疑人;有下列情形之一的,应当讯问犯罪嫌疑人:①对是否符合逮捕条件有疑问的;②犯罪嫌疑人要求向检察人员当面陈述的;③侦查活动可能有重大违法行为的。人民检察院审查批准逮捕,可以询问证人等诉讼参与人,听取辩护律师的意见;辩护律师提出要求的,应当听取辩护律师的意见。

(4)人民检察院对于公安机关提请批准逮捕的案件进行审查后,应当根据情况分别作出批准逮捕或者不批准逮捕的决定。对于批准逮捕的决定,公安机关应当立即执行,并且将执行情况及时通知人民检察院。对于不批准逮捕的,人民检察院应当说明理由,需要补充侦查的,应当同时通知公安机关。

(5)公安机关对人民检察院不批准逮捕的决定,认为有错误的时候,可以要求复议,但是必须将被拘留的人立即释放。如果意见不被接受,可以向上一级人民检察院提请复核。上级人民检察院应当立即复核,作出是否变更的决定,通知下级人民检察院和公安机关执行。

(二)人民检察院审查决定逮捕

(1)省级以下(不含省级)人民检察院直接受理立案侦查的案件,需要逮捕犯罪嫌疑人的,应当报请上一级人民检察院审查决定。监所、林业等派出人民检察院立案侦查的案件,需要逮捕犯罪嫌疑人的,应当报请上一级人民检察院审查决定。

（2）上一级人民检察院决定逮捕的,应当将逮捕决定书连同案卷材料一并交下级人民检察院,由下级人民检察院通知同级公安机关执行。必要时,下级人民检察院可以协助执行。

（3）上一级人民检察院决定不予逮捕的,应当将不予逮捕决定书连同案卷材料一并交下级人民检察院,同时书面说明不予逮捕的理由。犯罪嫌疑人已被拘留的,下级人民检察院应当通知公安机关立即释放,并报上一级人民检察院;案件需要继续侦查,犯罪嫌疑人符合取保候审、监视居住条件的,由下级人民检察院依法决定取保候审或者监视居住。

（三）人民法院决定逮捕

根据"最高法解释"第一百六十七条和第一百六十八条的规定,人民法院作出逮捕决定后,应当将逮捕决定书等相关材料送交同级公安机关执行,并将逮捕决定书抄送人民检察院。逮捕被告人后,人民法院应当将逮捕的原因和羁押的处所,在二十四小时内通知其家属;确实无法通知的,应当记录在案。人民法院对决定逮捕的被告人,应当在逮捕后二十四小时内讯问。发现不应当逮捕的,应当变更强制措施或者立即释放。

四、逮捕的执行与变更

（一）逮捕的执行

逮捕由公安机关执行。根据"公安部规定":

（1）执行逮捕时,必须出示逮捕证,并责令被逮捕人在逮捕证上签名、捺指印,拒绝签名、捺指印的,侦查人员应当注明。逮捕后,应当立即将被逮捕人送看守所羁押。执行逮捕的侦查人员不得少于二人。

（2）对被逮捕的人,必须在逮捕后的二十四小时以内进行讯问。发现不应当逮捕的,经县级以上公安机关负责人批准,制作释放通知书,送看守所和原批准逮捕的人民检察院。看守所凭释放通知书立即释放被逮捕人,并发给释放证明书。

（3）对犯罪嫌疑人执行逮捕后,除无法通知的情形以外,应当在逮捕后二十四小时以内,制作逮捕通知书,通知被逮捕人的家属。逮捕通知书应当写明逮捕原因和羁押处所。

（二）逮捕的变更

《刑事诉讼法》第九十四条至第九十九条规定:

（1）人民法院、人民检察院对于各自决定逮捕的人，公安机关对于经人民检察院批准逮捕的人，都必须在逮捕后的二十四小时以内进行讯问。在发现不应当逮捕的时候，必须立即释放，发给释放证明。

（2）犯罪嫌疑人、被告人被逮捕后，人民检察院仍应当对羁押的必要性进行审查。对不需要继续羁押的，应当建议予以释放或者变更强制措施。有关机关应当在十日以内将处理情况通知人民检察院。

（3）人民法院、人民检察院和公安机关如果发现对犯罪嫌疑人、被告人采取强制措施不当的，应当及时撤销或者变更。公安机关释放被逮捕的人或者变更逮捕措施的，应当通知原批准的人民检察院。

（4）犯罪嫌疑人、被告人及其法定代理人、近亲属或者辩护人有权申请变更强制措施。人民法院、人民检察院和公安机关收到申请后，应当在三日以内作出决定；不同意变更强制措施的，应当告知申请人，并说明不同意的理由。

（5）犯罪嫌疑人、被告人被羁押的案件，不能在本法规定的侦查羁押、审查起诉、一审、二审期限内办结的，对犯罪嫌疑人、被告人应当予以释放；需要继续查证、审理的，对犯罪嫌疑人、被告人可以取保候审或者监视居住。

（6）人民法院、人民检察院或者公安机关对被采取强制措施法定期限届满的犯罪嫌疑人、被告人，应当予以释放、解除取保候审、监视居住或者依法变更强制措施。犯罪嫌疑人、被告人及其法定代理人、近亲属或者辩护人对于人民法院、人民检察院或者公安机关采取强制措施法定期限届满的，有权要求解除强制措施。

典型案例：李某某合同诈骗案[①]

上诉人（原审被告人）李某某。2004 年 4 月因犯抢劫罪被判处有期徒刑一年，罚金人民币二千元；因涉嫌犯合同诈骗罪于 2017 年 10 月 16 日被羁押，同年 11 月 22 日被逮捕；现羁押在北京市朝阳区看守所。

北京市朝阳区人民法院审理北京市朝阳区人民检察院指控原审被告人李某某犯合同诈骗罪一案，于 2018 年 12 月 28 日作出（2018）京 0105 刑初 1285 号刑事判决。宣判后，李某某不服，提出上诉。本院依法组成合议庭，公开开庭审理了本案。北京市人民检察院第三分院指派检察员李凯、检察官助理米雪出庭履行职务，上诉人李某某及其辩护人到庭参加诉讼。现已审理终结。

---

① （2019）京 03 刑终 206 号。

本章测试：

1.我国刑事强制措施有哪几种？

2.取保候审的适用对象包括哪些？

3.被监视居住人应当遵守哪些规定？

4.逮捕的条件是什么？

本章扩展阅读：

1.黄京平.特殊强制措施司法化研究：轻罪案件快速审理的中外实践[M].北京：法律出版社，2018.

2.孙谦.刑事强制措施[M].北京：中国检察出版社，2017.

3.易延友.刑事强制措施体系及其完善[J].法学研究，2012(3).

4.马静华.公安机关适用指定监视居住措施的实证分析——以一个省会城市为例[J].法商研究，2015(2).

第七章
立案与侦查

【学习要求】

通过本章学习,熟练掌握刑事诉讼中立案的材料来源和立案的条件;明确我国侦查行为的种类;能准确区分各类侦查行为的不同;了解各类侦查行为的程序要件。

【重点法条】

《刑事诉讼法》第一百零九条至第一百六十八条

立案阶段决定了刑事诉讼开启的可能性。"刑事诉讼从立案到侦查到起诉到审判,通常被视为一个追诉犯罪的过程,但是我们还要看到这个诉讼程序的另一面,那就是这也是不断过滤掉不该追诉的案件的过程。"[①]实证数据显示,"在侦查阶段,侦查机关通过自身过滤机制,将大致 65.76% 的刑事立案过滤掉了"[②]。在以往侦查中心主义的诉讼制度下,侦查的结果事实上决定了案件的最终结果。侦查阶段因其具有的天然的对公民权利的侵害性,广受关注。

第一节　立　案

我国《刑事诉讼法》第一百零九条规定:"公安机关或者人民检察院发现犯罪事实或者犯罪嫌疑人,应当按照管辖范围,立案侦查。"《刑事诉讼法》第一百一十四条规定:"对于自诉案件,被害人有权向人民法院直接起诉。被害人死亡或者丧失行为能力的,被害人的法定代理人、近亲属有权向人民法院起诉。人民法院应当依法受理。"作为刑事诉讼的开端,一般认为,立案是指公安司法机关对于报案、控告、举报、自首以及自诉人起诉等材料,按照各自的职能管辖范围进行审查后,认为有犯罪事实发生并需要追究刑事责任

[①] 王敏远.刑事诉讼法修改重点问题探讨[J].法治研究,2019(2):7.

[②] 王禄生.刑事诉讼的案件过滤机制[M].北京:北京大学出版社,2014:22.

时,决定将其作为刑事案件进行侦查或审判的一种诉讼活动。[①]

一、立案的材料来源

(一)公安司法机关自行发现的线索

《刑事诉讼法》第一百零九条规定:"公安机关或者人民检察院发现犯罪事实或者犯罪嫌疑人,应当按照管辖范围,立案侦查。"

(二)单位和个人的报案或举报

《刑事诉讼法》第一百一十条第一款规定:"任何单位和个人发现有犯罪事实或者犯罪嫌疑人,有权利也有义务向公安机关、人民检察院或者人民法院报案或者举报。"

(三)被害人的报案或控告

《刑事诉讼法》第一百一十条第一款规定:"被害人对侵犯其人身、财产权利的犯罪事实或者犯罪嫌疑人,有权向公安机关、人民检察院或者人民法院报案或者控告。"

(四)犯罪人的自首

《刑事诉讼法》第一百一十条第四款规定:"犯罪人向公安机关、人民检察院或者人民法院自首的,适用第三款规定。"

(五)其他途径

主要包括群众的扭送、行政机关的移送、上级部门交办的案件等。

二、立案的条件

我国《刑事诉讼法》第一百一十二条规定:"人民法院、人民检察院或者公安机关对于报案、控告、举报和自首的材料,应当按照管辖范围,迅速进行审查,认为有犯罪事实需要追究刑事责任的时候,应当立案;认为没有犯罪事实,或者犯罪事实显著轻微,不需要追究刑事责任的时候,不予立案,并且将不立案的原因通知控告人。控告人如果不服,可以申请复议。"根据该条规定,立案的条件有三个。

第一,有犯罪事实。根据"公安部规定",有证据证明有犯罪事实,是指同时具备下列情形:(1)有证据证明发生了犯罪事实;(2)有证据证明该犯罪

---

① 陈光中.刑事诉讼法[M].北京:北京大学出版社,2017:273.

事实是犯罪嫌疑人实施的;(3)证明犯罪嫌疑人实施犯罪行为的证据已有查证属实的。前文规定的"犯罪事实"既可以是单一犯罪行为的事实,也可以是数个犯罪行为中任何一个犯罪行为的事实。

第二,需要追究刑事责任。有犯罪事实不一定需要追究刑事责任。根据我国《刑事诉讼法》第十六条的规定,有下列情形之一的,不追究刑事责任,已经追究的,应当撤销案件,或者不起诉,或者终止审理,或者宣告无罪:(1)情节显著轻微、危害不大,不认为是犯罪的;(2)犯罪已过追诉时效期限的;(3)经特赦令免除刑罚的;(4)依照刑法告诉才处理的犯罪,没有告诉或者撤回告诉的;(5)犯罪嫌疑人、被告人死亡的;(6)其他法律规定免予追究刑事责任的。

第三,符合管辖范围的规定。我国《刑事诉讼法》第一百一十条第三款规定:"公安机关、人民检察院或者人民法院对于报案、控告、举报,都应当接受。对于不属于自己管辖的,应当移送主管机关处理,并且通知报案人、控告人、举报人;对于不属于自己管辖而又必须采取紧急措施的,应当先采取紧急措施,然后移送主管机关。"

三、立案的程序

(一)立案材料的接收

《刑事诉讼法》第一百一十一条规定:"报案、控告、举报可以用书面或者口头提出。接受口头报案、控告、举报的工作人员,应当写成笔录,经宣读无误后,由报案人、控告人、举报人签名或者盖章。接受控告、举报的工作人员,应当向控告人、举报人说明诬告应负的法律责任。但是,只要不是捏造事实,伪造证据,即使控告、举报的事实有出入,甚至是错告的,也要和诬告严格加以区别。公安机关、人民检察院或者人民法院应当保障报案人、控告人、举报人及其近亲属的安全。报案人、控告人、举报人如果不愿公开自己的姓名和报案、控告、举报的行为,应当为他保守秘密。"

(二)立案材料的处理

《刑事诉讼法》第一百一十二条规定:"人民法院、人民检察院或者公安机关对于报案、控告、举报和自首的材料,应当按照管辖范围,迅速进行审查,认为有犯罪事实需要追究刑事责任的时候,应当立案;认为没有犯罪事实,或者犯罪事实显著轻微,不需要追究刑事责任的时候,不予立案,并且将不立案的原因通知控告人。控告人如果不服,可以申请复议。"

同时,根据"公安部规定",对接受的案件,或者发现的犯罪线索,公安机关应当迅速进行审查。对于在审查中发现案件事实或者线索不明的,必要时,经办案部门负责人批准,可以进行初查。初查过程中,公安机关可以依照有关法律和规定采取询问、查询、勘验、鉴定和调取证据材料等不限制被调查对象人身、财产权利的措施。

（三）立案监督

《刑事诉讼法》第一百一十三条规定:"人民检察院认为公安机关对应当立案侦查的案件而不立案侦查的,或者被害人认为公安机关对应当立案侦查的案件而不立案侦查,向人民检察院提出的,人民检察院应当要求公安机关说明不立案的理由。人民检察院认为公安机关不立案理由不能成立的,应当通知公安机关立案,公安机关接到通知后应当立案。"

典型案例:田某某诈骗案①

本院审查认为:自诉人杨某某曾于 2016 年 3 月向北京市公安局朝阳分局报案,称被告人田某某以合伙成立公司为由诈骗自诉人杨某某人民币 20 万元,要求公安机关立案侦查,并追究田某某的刑事责任。2016 年 4 月 22 日,北京市公安局朝阳分局向杨某某出具了《北京市公安局朝阳分局不予立案通知书》。2016 年 9 月 30 日杨某某申请行政复议,2016 年 10 月 27 日北京市公安局朝阳分局向杨某某出具了《北京市公安局朝阳分局复议决定书》,以没有犯罪事实为由,维持不予立案决定。2016 年 10 月 30 日,杨某某向北京市公安局刑事侦查总队提交行政复议申请书,2016 年 11 月 15 日北京市公安局出具《北京市公安局复核决定书》,维持了朝阳分局的复议决定。2016 年 10 月 1 日,杨某某还向北京市朝阳区人民检察院提出立案监督申请,要求对朝阳分局出具的不予立案通知书进行立案监督。2017 年 3 月 31 日,北京市朝阳区人民检察院作出《北京市朝阳区人民检察院不立案理由审查意见通知书》,认为朝阳分局不予立案理由成立。2017 年 5 月 15 日,杨某某向我院提起刑事自诉,指控田某某犯诈骗罪,要求追究田某某的刑事责任。我院立案庭经审查,认为杨某某的起诉符合《中华人民共和国刑事诉讼法》第二百零四条第（三）项的规定,属于"被害人有证据证明对被告人侵犯自己人身、财产权利的行为应当追究刑事责任,而公安机关或者人民检察院不予追究被告人刑事责任的案件",于 2017 年 5 月 17 日予以立案,但立案审查时,未能查明被告人田某某是否属于下落不明。

---

① （2017）京 0105 刑初 1008 号。

第二节　侦　查

根据《刑事诉讼法》第一百零八条的规定,"侦查"是指公安机关、人民检察院对于刑事案件,依照法律进行的收集证据、查明案情的工作和有关的强制性措施。侦查程序的目的在于,一是避免对不成立的犯罪嫌疑施以审判程序,二是收集及整理证据。① 但从整体上来看,我国侦查程序的设置,偏重对侦查机关的"授权"而非"限权"。

一、侦查行为

(一)讯问犯罪嫌疑人

讯问犯罪嫌疑人,是指侦查人员就案件有关事实向犯罪嫌疑人查问的一种侦查行为。根据《刑事诉讼法》和"公安部规定",其应当遵守如下规定。

1.讯问人员

讯问犯罪嫌疑人必须由人民检察院或者公安机关的侦查人员负责进行。讯问的时候,侦查人员不得少于二人。

2.讯问地点

犯罪嫌疑人被送交看守所羁押以后,侦查人员对其进行讯问,应当在看守所内进行。对不需要逮捕、拘留的犯罪嫌疑人,可以传唤到犯罪嫌疑人所在市、县内的指定地点或者到他的住处进行讯问,但是应当出示人民检察院或者公安机关的证明文件。对在现场发现的犯罪嫌疑人,经出示工作证件,可以口头传唤,但应当在讯问笔录中注明。

3.讯问时间

传唤、拘传持续的时间不得超过十二小时;案情特别重大、复杂,需要采取拘留、逮捕措施的,传唤、拘传持续的时间不得超过二十四小时。不得以连续传唤、拘传的形式变相拘禁犯罪嫌疑人。传唤、拘传犯罪嫌疑人,应当保证犯罪嫌疑人的饮食和必要的休息时间。

4.讯问步骤

侦查人员在讯问犯罪嫌疑人的时候,应当首先讯问犯罪嫌疑人是否有犯

---

① [德]克劳思·罗科信.刑事诉讼法[M].吴丽琪,译.北京:法律出版社,2003:354.

罪行,让他陈述有罪的情节或者无罪的辩解,然后向他提出问题。犯罪嫌疑人对侦查人员的提问,应当如实回答。但是对与本案无关的问题,有拒绝回答的权利。侦查人员在讯问犯罪嫌疑人的时候,应当告知犯罪嫌疑人享有的诉讼权利,如实供述自己的罪行可以从宽处理和认罪认罚的法律规定。

5.讯问笔录

讯问笔录应当交犯罪嫌疑人核对,对于没有阅读能力的,应当向他宣读。如果记载有遗漏或者差错,犯罪嫌疑人可以提出补充或者改正。犯罪嫌疑人承认笔录没有错误后,应当签名或者盖章。侦查人员也应当在笔录上签名。犯罪嫌疑人请求自行书写供述的,应当准许。必要的时候,侦查人员也可以让犯罪嫌疑人亲笔书写供词。

6.录音录像

侦查人员在讯问犯罪嫌疑人的时候,可以对讯问过程进行录音或者录像;对于可能判处无期徒刑、死刑的案件或者其他重大犯罪案件,应当对讯问过程进行录音或者录像。录音或者录像应当全程进行,保持完整性。

(二)询问证人、被害人

询问证人,是指侦查人员就案件情况向证人询问的一种侦查行为。根据《刑事诉讼法》第一百二十七条的规定,询问被害人,适用询问证人的规定。

1.询问地点

《刑事诉讼法》第一百二十四条第一款规定:"侦查人员询问证人,可以在现场进行,也可以到证人所在单位、住处或者证人提出的地点进行,在必要的时候,可以通知证人到人民检察院或者公安机关提供证言。在现场询问证人,应当出示工作证件,到证人所在单位、住处或者证人提出的地点询问证人,应当出示人民检察院或者公安机关的证明文件。"

2.询问方式

根据《刑事诉讼法》第一百二十四条第一款的规定,询问证人应当个别进行。

3.询问步骤

根据"公安部规定",侦查人员询问前,应当了解证人、被害人的身份,证人、犯罪嫌疑人、被害人之间的关系。询问时,应当告知证人、被害人必须如实地提供证据、证言和有意作伪证或者隐匿罪证应负的法律责任。侦查人员不得向证人、被害人泄露案情或者表示对案件的看法,严禁采用暴力、威胁等非法方法询问证人、被害人。

4.询问笔录

询问证人应当制作询问笔录。询问笔录应当交证人核对,对于没有阅读能力的,应当向他宣读。如果记载有遗漏或者差错,证人可以提出补充或者改正。证人承认笔录没有错误后,应当签名或者盖章。侦查人员也应当在笔录上签名。证人请求自行书写证词的,应当准许。必要的时候,侦查人员也可以要证人亲笔书写证词。

(三)勘验、检查

《刑事诉讼法》第一百二十八条规定:"侦查人员对于与犯罪有关的场所、物品、人身、尸体应当进行勘验或者检查。在必要的时候,可以指派或者聘请具有专门知识的人,在侦查人员的主持下进行勘验、检查。"需要注意的是,勘验的对象是场所、物品和尸体;检查的对象是人身。

1.现场勘查

我国《刑事诉讼法》第一百二十九条规定:"任何单位和个人,都有义务保护犯罪现场,并且立即通知公安机关派员勘验。"与此同时,根据"公安部规定",公安机关对案件现场进行勘查不得少于二人。勘查现场时,应当邀请与案件无关的公民作为见证人。勘查现场,应当拍摄现场照片,绘制现场图,制作笔录,由参加勘查的人和见证人签名。对重大案件的现场,应当录像。

2.物证检验

物证检验,是指侦查人员提取、采集与案件有关的痕迹、物证,在必要的时候,指派或者聘请具有专门知识的人进行检验的活动。

3.人身检查

我国《刑事诉讼法》第一百三十二条规定:"为了确定被害人、犯罪嫌疑人的某些特征、伤害情况或者生理状态,可以对人身进行检查,可以提取指纹信息,采集血液、尿液等生物样本。犯罪嫌疑人如果拒绝检查,侦查人员认为必要的时候,可以强制检查。检查妇女的身体,应当由女工作人员或者医师进行。"

4.尸体检验

我国《刑事诉讼法》第一百三十一条规定:"对于死因不明的尸体,公安机关有权决定解剖,并且通知死者家属到场。"根据"公安部规定":"为了确定死因,经县级以上公安机关负责人批准,可以解剖尸体,并且通知死者家属到场,让其在解剖尸体通知书上签名。死者家属无正当理由拒不到场或者拒绝签名的,侦查人员应当在解剖尸体通知书上注明。对身份不明的尸体,无法通知死者家属的,应当在笔录中注明。"

5.侦查实验

《刑事诉讼法》第一百三十五条规定:"为了查明案情,在必要的时候,经公安机关负责人批准,可以进行侦查实验。侦查实验的情况应当写成笔录,由参加实验的人签名或者盖章。侦查实验,禁止一切足以造成危险、侮辱人格或者有伤风化的行为。"

(四)搜查

我国《刑事诉讼法》第一百三十六条规定:"为了收集犯罪证据、查获犯罪人,侦查人员可以对犯罪嫌疑人以及可能隐藏罪犯或者犯罪证据的人的身体、物品、住处和其他有关的地方进行搜查。"

(1)进行搜查,必须向被搜查人出示搜查证。在执行逮捕、拘留的时候,遇有紧急情况,不另用搜查证也可以进行搜查。

(2)在搜查的时候,应当有被搜查人或者他的家属,邻居或者其他见证人在场。搜查妇女的身体,应当由女工作人员进行。

(3)搜查的情况应当写成笔录,由侦查人员和被搜查人或者他的家属,邻居或者其他见证人签名或者盖章。如果被搜查人或者他的家属在逃或者拒绝签名、盖章,应当在笔录上注明。

(五)查封、扣押物证、书证

《刑事诉讼法》第一百四十一条规定:"在侦查活动中发现的可用以证明犯罪嫌疑人有罪或者无罪的各种财物、文件,应当查封、扣押;与案件无关的财物、文件,不得查封、扣押。"

(1)对查封、扣押的财物、文件,要妥善保管或者封存,不得使用、调换或者损毁。

(2)对查封、扣押的财物、文件,应当会同在场见证人和被查封、扣押财物、文件持有人查点清楚,当场开列清单一式两份,由侦查人员、见证人和持有人签名或者盖章,一份交给持有人,另一份附卷备查。

(3)侦查人员认为需要扣押犯罪嫌疑人的邮件、电报的时候,经公安机关或者人民检察院批准,即可通知邮电机关将有关的邮件、电报检交扣押。

不需要继续扣押的时候,应立即通知邮电机关。

(4)对被害人的合法财产及其孳息权属明确无争议,并且涉嫌犯罪事实已经查证属实的,应当在登记、拍照或者录像、估价后及时返还,并在案卷中注明返还的理由,将原物照片、清单和被害人的领取手续存卷备查。查找不到被害人,或者通知被害人后,无人领取的,应当将有关财产及其孳息随案移送。

(六)查询、冻结

我国《刑事诉讼法》第一百四十四条规定:"人民检察院、公安机关根据侦查犯罪的需要,可以依照规定查询、冻结犯罪嫌疑人的存款、汇款、债券、股票、基金份额等财产。有关单位和个人应当配合。"

(1)向金融机构等单位查询犯罪嫌疑人的存款、汇款、债券、股票、基金份额等财产,应当经县级以上公安机关负责人批准,制作协助查询财产通知书,通知金融机构等单位执行。需要冻结犯罪嫌疑人在金融机构等单位的存款、汇款、债券、股票、基金份额等财产的,应当经县级以上公安机关负责人批准,制作协助冻结财产通知书,通知金融机构等单位执行。

(2)犯罪嫌疑人的存款、汇款、债券、股票、基金份额等财产已被冻结的,不得重复冻结。

(3)冻结存款、汇款等财产的期限为六个月。冻结债券、股票、基金份额等证券的期限为两年。有特殊原因需要延长期限的,公安机关应当在冻结期限届满前办理继续冻结手续。每次续冻存款、汇款等财产的期限最长不得超过六个月;每次续冻债券、股票、基金份额等证券的期限最长不得超过两年。继续冻结的,应当重新办理冻结手续。逾期不办理继续冻结手续的,视为自动解除冻结。

(4)对冻结的债券、股票、基金份额等财产,应当告知当事人或者其法定代理人、委托代理人有权申请出售。权利人书面申请出售被冻结的债券、股票、基金份额等财产,不损害国家利益、被害人、其他权利人利益,不影响诉讼正常进行的,以及冻结的汇票、本票、支票的有效期即将届满的,经县级以上公安机关负责人批准,可以依法出售或者变现,所得价款应当继续冻结在其对应的银行账户中;没有对应的银行账户的,所得价款由公安机关在银行指定专门账户保管,并及时告知当事人或者其近亲属。

(5)对查封、扣押的财物、文件、邮件、电报或者冻结的存款、汇款、债券、股票、基金份额等财产,经查明确实与案件无关的,应当在三日以内解除查封、扣押、冻结,予以退还。

(七)鉴定

《刑事诉讼法》第一百四十六条规定:"为了查明案情,需要解决案件中某些专门性问题的时候,应当指派、聘请有专门知识的人进行鉴定。"

(1)需要聘请有专门知识的人进行鉴定,应当经县级以上公安机关负责人批准后,制作鉴定聘请书。

(2)公安机关应当为鉴定人进行鉴定提供必要的条件,及时向鉴定人送交有关检材和对比样本等原始材料,介绍与鉴定有关的情况,并且明确提出要求鉴定解决的问题。禁止暗示或者强迫鉴定人作出某种鉴定意见。侦查人员应当做好检材的保管和送检工作,并注明检材送检环节的责任人,确保检材在流转环节中的同一性和不被污染。

(3)鉴定人应当按照鉴定规则,运用科学方法独立进行鉴定。鉴定后,应当出具鉴定意见,并在鉴定意见书上签名,同时附上鉴定机构和鉴定人的资质证明或者其他证明文件。多人参加鉴定,鉴定人有不同意见的,应当注明。

(4)经审查,发现有下列情形之一的,经县级以上公安机关负责人批准,应当补充鉴定:①鉴定内容有明显遗漏的;②发现新的有鉴定意义的证物的;③对鉴定证物有新的鉴定要求的;④鉴定意见不完整,委托事项无法确定的;⑤其他需要补充鉴定的情形。经审查,不符合上述情形的,经县级以上公安机关负责人批准,作出不准予补充鉴定的决定,并在作出决定后三日以内书面通知申请人。

(5)经审查,发现有下列情形之一的,经县级以上公安机关负责人批准,应当重新鉴定:①鉴定程序违法或者违反相关专业技术要求的;②鉴定机构、鉴定人不具备鉴定资质和条件的;③鉴定人故意作虚假鉴定或者违反回避规定的;④鉴定意见依据明显不足的;⑤检材虚假或者被损坏的;⑥其他应当重新鉴定的情形。重新鉴定,应当另行指派或者聘请鉴定人。经审查,不符合上述情形的,经县级以上公安机关负责人批准,作出不准予重新鉴定的决定,并在作出决定后三日以内书面通知申请人。

(八)辨认

根据"公安部规定":"为了查明案情,在必要的时候,侦查人员可以让被害人、证人或者犯罪嫌疑人对与犯罪有关的物品、文件、尸体、场所或者犯罪嫌疑人进行辨认。"

（1）辨认应当在侦查人员的主持下进行。主持辨认的侦查人员不得少于二人。几名辨认人对同一辨认对象进行辨认时,应当由辨认人个别进行。

（2）辨认时,应当将辨认对象混杂在特征相类似的其他对象中,不得给辨认人任何暗示。辨认犯罪嫌疑人时,被辨认的人数不得少于七人;对犯罪嫌疑人照片进行辨认的,不得少于十人的照片;辨认物品时,混杂的同类物品不得少于五件。对场所、尸体等特定辨认对象进行辨认,或者辨认人能够准确描述物品独有特征的,陪衬物不受数量的限制。

（3）对犯罪嫌疑人的辨认,辨认人不愿意公开进行时,可以在不暴露辨认人的情况下进行,并应当为其保守秘密。

（4）对辨认经过和结果,应当制作辨认笔录,由侦查人员、辨认人、见证人签名。必要时,应当对辨认过程进行录音或者录像。

（九）技术侦查措施

技术侦查措施是指由设区的市一级以上公安机关负责技术侦查的部门实施的记录监控、行踪监控、通信监控、场所监控等措施。《刑事诉讼法》第一百五十条规定:"公安机关在立案后,对于危害国家安全犯罪、恐怖活动犯罪、黑社会性质的组织犯罪、重大毒品犯罪或者其他严重危害社会的犯罪案件,根据侦查犯罪的需要,经过严格的批准手续,可以采取技术侦查措施。人民检察院在立案后,对于利用职权实施的严重侵犯公民人身权利的重大犯罪案件,根据侦查犯罪的需要,经过严格的批准手续,可以采取技术侦查措施,按照规定交有关机关执行。追捕被通缉或者批准、决定逮捕的在逃的犯罪嫌疑人、被告人,经过批准,可以采取追捕所必需的技术侦查措施。"

《刑事诉讼法》规定:"采取技术侦查措施,必须严格按照批准的措施种类、适用对象和期限执行。侦查人员对采取技术侦查措施过程中知悉的国家秘密、商业秘密和个人隐私,应当保密;对采取技术侦查措施获取的与案件无关的材料,必须及时销毁。采取技术侦查措施获取的材料,只能用于对犯罪的侦查、起诉和审判,不得用于其他用途。公安机关依法采取技术侦查措施,有关单位和个人应当配合,并对有关情况予以保密。"

此外,《刑事诉讼法》还规定了秘密侦查和控制下交付,即"为了查明案情,在必要的时候,经公安机关负责人决定,可以由有关人员隐匿其身份实施侦查。但是,不得诱使他人犯罪,不得采用可能危害公共安全或者发生重大人身危险的方法。对涉及给付毒品等违禁品或者财物的犯罪活动,公安机关根据侦查犯罪的需要,可以依照规定实施控制下交付"。

（十）通缉

《刑事诉讼法》第一百五十五条规定："应当逮捕的犯罪嫌疑人如果在逃，公安机关可以发布通缉令，采取有效措施，追捕归案。"

（1）县级以上公安机关在自己管辖的地区内，可以直接发布通缉令；超出自己管辖的地区，应当报请有权决定的上级公安机关发布。通缉令的发送范围，由签发通缉令的公安机关负责人决定。

（2）通缉令中应当尽可能写明被通缉人的姓名、别名、曾用名、绰号、性别、年龄、民族、籍贯、出生地、户籍所在地、居住地、职业、身份证号码、衣着和体貌特征、口音、行为习惯，并附被通缉人近期照片，可以附指纹及其他物证的照片。除了必须保密的事项以外，应当写明发案的时间、地点和简要案情。

（3）通缉令发出后，如果发现新的重要情况可以补发通报。通报必须注明原通缉令的编号和日期。

（4）公安机关接到通缉令后，应当及时布置查缉。抓获犯罪嫌疑人后，报经县级以上公安机关负责人批准，凭通缉令或者相关法律文书羁押，并通知通缉令发布机关进行核实，办理交接手续。

（5）经核实，犯罪嫌疑人已经自动投案、被击毙或者被抓获，以及发现有其他不需要采取通缉、边控、悬赏通告的情形的，发布机关应当在原通缉、通知、通告范围内，撤销通缉令、边控通知、悬赏通告。

二、侦查终结

（一）侦查终结的条件

根据"公安部规定"，侦查终结的案件，应当同时符合以下条件：（1）案件事实清楚；（2）证据确实、充分；（3）犯罪性质和罪名认定正确；（4）法律手续完备；（5）依法应当追究刑事责任。

（二）侦查终结的处理

（1）侦查终结的案件，侦查人员应当制作结案报告。结案报告应当包括以下内容：①犯罪嫌疑人的基本情况；②是否采取了强制措施及其理由；③案件的事实和证据；④法律依据和处理意见。

（2）侦查终结案件的处理，由县级以上公安机关负责人批准；重大、复杂、疑难的案件应当经过集体讨论。对侦查终结的案件，应当制作起诉意见书，经县级以上公安机关负责人批准后，连同全部案卷材料、证据，以及辩护律师提出的意见,一并移送同级人民检察院审查决定;同时将案件移送情况告知犯罪嫌疑人及其辩护律师。犯罪嫌疑人自愿认罪的,应当记录在案,随案移送,并在起诉意见书中写明有关情况。

(3)对查封、扣押的犯罪嫌疑人的财物及其孳息、文件或者冻结的财产,作为证据使用的,应当随案移送,并制作随案移送清单一式两份,一份留存,一份交人民检察院。对于实物不宜移送的,应当将其清单、照片或者其他证明文件随案移送。待人民法院作出生效判决后,按照人民法院的通知,上缴国库或者依法予以返还,并向人民法院送交回执。人民法院未作出处理的,应当征求人民法院意见,并根据人民法院的决定依法作出处理。

(4)人民检察院作出不起诉决定的,如果犯罪嫌疑人在押,公安机关应当立即办理释放手续,并根据人民检察院解除查封、扣押、冻结财物的书面通知,及时解除查封、扣押、冻结。对人民检察院提出对被不起诉人给予行政处罚、行政处分或者没收其违法所得的检察意见,移送公安机关处理的,公安机关应当将处理结果及时通知人民检察院。

(三)侦查的期限问题

(1)对犯罪嫌疑人逮捕后的侦查羁押期限不得超过两个月。案情复杂、期限届满不能终结的案件,可以经上一级人民检察院批准延长一个月。因为特殊原因,在较长时间内不宜交付审判的特别重大复杂的案件,由最高人民检察院报请全国人民代表大会常务委员会批准延期审理。

(2)下列案件在规定的期限届满不能侦查终结的,经省、自治区、直辖市人民检察院批准或者决定,可以延长两个月:①交通十分不便的边远地区的重大复杂案件;②重大的犯罪集团案件;③流窜作案的重大复杂案件;④犯罪涉及面广,取证困难的重大复杂案件。

(3)在侦查期间,发现犯罪嫌疑人另有重要罪行的,自发现之日起应重新计算侦查羁押期限。犯罪嫌疑人不讲真实姓名、住址,身份不明的,应当对其身份进行调查,侦查羁押期限自查清其身份之日起计算,但是不得停止对其犯罪行为的侦查取证。对于犯罪事实清楚,证据确实、充分,确实无法查明其身份的,也可以按其自报的姓名起诉、审判。

三、人民检察院对直接受理案件的侦查

根据《刑事诉讼法》的规定,人民检察院对直接受理的案件的侦查适用侦查的一般规定。

（1）人民检察院对直接受理的案件中被拘留的人，应当在拘留后的二十四小时以内进行讯问。在发现不应当拘留的时候，必须立即释放，发给释放证明。

（2）人民检察院对直接受理的案件中被拘留的人，认为需要逮捕的，应当在十四日以内作出决定。在特殊情况下，决定逮捕的时间可以延长一日至三日。对不需要逮捕的，应当立即释放；对需要继续侦查，并且符合取保候审、监视居住条件的，依法取保候审或者监视居住。

（3）人民检察院侦查终结的案件，应当作出提起公诉、不起诉或者撤销案件的决定。

四、补充侦查

根据"公安部规定"："侦查终结，移送人民检察院审查起诉的案件，人民检察院退回公安机关补充侦查的，公安机关接到人民检察院退回补充侦查的法律文书后，应当按照补充侦查提纲在一个月以内补充侦查完毕。补充侦查以二次为限。"

对人民检察院退回补充侦查的案件，根据不同情况，报县级以上公安机关负责人批准，分别作如下处理：（1）原认定犯罪事实清楚，证据不够充分的，应当在补充证据后，制作补充侦查报告书，移送人民检察院审查；对无法补充的证据，应当作出说明。（2）在补充侦查过程中，发现新的同案犯或者新的罪行，需要追究刑事责任的，应当重新制作起诉意见书，移送人民检察院审查。（3）发现原认定的犯罪事实有重大变化，不应当追究刑事责任的，应当重新提出处理意见，并将处理结果通知退查的人民检察院。（4）原认定犯罪事实清楚，证据确实、充分，人民检察院退回补充侦查不当的，应当说明理由，移送人民检察院审查。

五、侦查监督

人民检察院依法对公安机关的侦查活动是否合法实行监督。根据"最高检规则"第五百六十七条的规定，人民检察院应当对侦查活动中是否存在以下违法行为进行监督：（1）采用刑讯逼供以及其他非法方法收集犯罪嫌疑人供述的；（2）讯问犯罪嫌疑人依法应当录音或者录像而没有录音或者录像，或者未在法定羁押场所讯问犯罪嫌疑人的；（3）采用暴力、威胁以及非法限制人身自由等非法方法收集证人证言、被害人陈述，或者以暴力、威胁等方法阻止证人作证或者指使他人作伪证的；（4）伪造、隐匿、销毁、调换、私自涂改证据,或者帮助当事人毁灭、伪造证据的;(5)违反刑事诉讼法关于决定、执行、变更、撤销强制措施的规定,或者强制措施法定期限届满,不予释放、解除或者变更的;(6)应当退还取保候审保证金不退还的;(7)违反刑事诉讼法关于讯问、询问、勘验、检查、搜查、鉴定、采取技术侦查措施等规定的;(8)对与案件无关的财物采取查封、扣押、冻结措施,或者应当解除查封、扣押、冻结而不解除的;(9)贪污、挪用、私分、调换、违反规定使用查封、扣押、冻结的财物及其孳息的;(10)不应当撤案而撤案的;(11)侦查人员应当回避而不回避的;(12)依法应当告知犯罪嫌疑人诉讼权利而不告知,影响犯罪嫌疑人行使诉讼权利的;(13)对犯罪嫌疑人拘留、逮捕、指定居所监视居住后依法应当通知家属而未通知的;(14)阻碍当事人、辩护人、诉讼代理人、值班律师依法行使诉讼权利的;(15)应当对证据收集的合法性出具说明或者提供证明材料而不出具、不提供的;(16)侦查活动中的其他违反法律规定的行为。

典型案例:何某某贩卖毒品案①

武汉市硚口区人民检察院指控,2016 年 9 月 21 日,被告人何某某与王某乙在本市硚口区常码头"77"宾馆门前见面后约定,以人民币 200 元的价格为王某乙购买"麻果"2 颗、"冰"1 包,余款由被告人何某某获得。当日 13 时许,被告人何某某在上述地点将红色片状物 2 颗、透明晶体 1 包交付给王某乙后,被公安民警当场抓获,并从被告人何某某处收缴赃款 15 元。经武汉市公安毒品司法鉴定中心鉴定,被告人何某某交付的物品均为毒品甲基苯丙胺,称重结果分别为 0.18 克、0.14 克。

被告人何某某的辩护人何晓岚认为:一、在程序方面,本案诱惑侦查超出合理限度范围,不具备合法性;王某甲系特勤人员,其证言可信度极低;公安机关侦查人员取证程序严重违法,尤其是 2016 年 9 月 22 日制作的被告人何某某的有罪供述笔录,是虚假笔录,依法应当排除;被告人何某某的获利供述都是受公安机关采取刑讯逼供等非法取证行为的延续影响而作出的重复性供述,也未依法告知其认罪的法律后果,依法应予排除;六角亭派出所对本案不具有管辖权;对《武汉市精神病医院司法鉴定所司法鉴定意见书》不予认可。二、在实体方面,被告人何某某涉案定性应为为吸毒者代购毒品;其代购毒品没有牟利的动机和目的,毒品数量未达到非法持有毒品罪的定罪标准,不应认定为犯罪。综上,公安机关指控被告人何某某涉嫌贩卖毒

---

① (2017)鄂 0104 刑初 435 号。

品罪事实不清,证据不足,适用法律不准,取证程序违法,因此指控被告人何某某犯贩卖毒品罪罪名不能成立。

法院认为:关于被告人何某某的辩护人认为本案诱惑侦查超出合理限度范围,不具备合法性,王某甲系特勤人员,其证言可信度极低的辩护意见,经查,该起犯罪虽然存在犯意引诱,但不影响被告人何某某贩卖毒品罪的成立,故该辩护意见不予采信。

本章测试:

1.我国立案的材料来源包括哪些?

2.我国立案的条件是什么?

3.我国侦查行为有哪几种?

4.技术侦查措施包括哪些?

本章扩展阅读:

1.程雷.秘密侦查的中国问题研究[M].北京:中国检察出版社,2018.

2.杜志淳.司法鉴定概论[M].北京:法律出版社,2018.

3.陈晓云.目击证人辨认问题研究[M].北京:中国检察出版社,2015.

4.朱孝清.侦查阶段是否可以适用认罪认罚从宽制度[J].中国刑事法杂志,2018(1).

第八章
起　诉

【学习要求】

通过本章学习,重点掌握提起公诉的条件;明确刑事诉讼中不起诉的种类;再次熟悉刑事自诉案件的条件和范围。

【重点法条】

《刑事诉讼法》第一百六十九条至第一百八十二条

刑事起诉作为联结侦查和审判阶段的桥梁,直接决定特定案件是否能进入审判程序。刑事起诉是指有起诉权的主体,依照法律规定向有管辖权的法院提起诉讼,要求法院对被告人进行刑事制裁的诉讼活动。在审查起诉过程中,检察人员拥有一定的自由裁量权,证据强度、司法利益和可获得的资源,被视为决定检察官是否提起公诉的重要因素。①

第一节　审查起诉

审查起诉是刑事公诉案件的必经程序。《刑事诉讼法》第一百六十九条规定:"凡需要提起公诉的案件,一律由人民检察院审查决定。"为更好地实现与《监察法》的衔接,2018 年《刑事诉讼法》规定:"人民检察院对于监察机关移送起诉的案件,依照本法和监察法的有关规定进行审查。人民检察院经审查,认为需要补充核实的,应当退回监察机关补充调查,必要时可以自行补充侦查。"

一、审查的内容

根据《刑事诉讼法》第一百七十一条的规定,人民检察院审查案件的时

---

① ［美］爱伦·豪切斯泰勒·斯黛丽,南希·弗兰克.美国刑事法院诉讼程序[M].陈卫东,徐美君,译.北京:中国人民大学出版社,2009:251.

候,必须查明:(1)犯罪事实、情节是否清楚,证据是否确实、充分,犯罪性质和罪名的认定是否正确;(2)有无遗漏罪行和其他应当追究刑事责任的人;(3)是否属于不应追究刑事责任的;(4)有无附带民事诉讼;(5)侦查活动是否合法。

具体而言,根据"最高检规则"第三百三十条,人民检察院审查移送起诉的案件,应当查明:(1)犯罪嫌疑人身份状况是否清楚,包括姓名、性别、国籍、出生年月日、职业和单位等;单位犯罪的,单位的相关情况是否清楚。(2)犯罪事实、情节是否清楚;实施犯罪的时间、地点、手段、危害后果是否明确。(3)认定犯罪性质和罪名的意见是否正确;有无法定的从重、从轻、减轻或者免除处罚情节及酌定从重、从轻情节;共同犯罪案件的犯罪嫌疑人在犯罪活动中的责任认定是否恰当。(4)犯罪嫌疑人是否认罪认罚。(5)证明犯罪事实的证据材料是否随案移送;证明相关财产系违法所得的证据材料是否随案移送;不宜移送的证据的清单、复制件、照片或者其他证明文件是否随案移送。(6)证据是否确实、充分,是否依法收集,有无应当排除非法证据的情形。(7)采取侦查措施包括技术侦查措施的法律手续和诉讼文书是否完备。(8)有无遗漏罪行和其他应当追究刑事责任的人。(9)是否属于不应当追究刑事责任的。(10)有无附带民事诉讼;对于国家财产、集体财产遭受损失的,是否需要由人民检察院提起附带民事诉讼;对于破坏生态环境和资源保护,食品药品安全领域侵害众多消费者合法权益,侵害英雄烈士的姓名、肖像、名誉、荣誉等损害社会公共利益的行为,是否需要由人民检察院提起附带民事公益诉讼。(11)采取的强制措施是否适当,对于已经逮捕的犯罪嫌疑人,有无继续羁押的必要。(12)侦查活动是否合法。(13)涉案财物是否查封、扣押、冻结并妥善保管,清单是否齐备;对被害人合法财产的返还和对违禁品或者不宜长期保存的物品的处理是否妥当,移送的证明文件是否完备。

二、审查的期限

《刑事诉讼法》第一百七十二条规定:"人民检察院对于监察机关、公安机关移送起诉的案件,应当在一个月以内作出决定,重大、复杂的案件,可以延长十五日;犯罪嫌疑人认罪认罚,符合速裁程序适用条件的,应当在十日以内作出决定,对可能判处的有期徒刑超过一年的,可以延长至十五日。人民检察院审查起诉的案件,改变管辖的,从改变后的人民检察院收到案件之日起计算审查起诉期限。"

与此同时,《刑事诉讼法》第一百七十条规定:"对于监察机关移送起诉的已采取留置措施的案件,人民检察院应当对犯罪嫌疑人先行拘留,留置措施自动解除。人民检察院应当在拘留后的十日以内作出是否逮捕、取保候审或者监视居住的决定。在特殊情况下,决定的时间可以延长一日至四日。人民检察院决定采取强制措施的期间不计入审查起诉期限。"

三、审查的步骤

《刑事诉讼法》第一百七十三条规定:"人民检察院审查案件,应当讯问犯罪嫌疑人,听取辩护人或者值班律师、被害人及其诉讼代理人的意见,并记录在案。辩护人或者值班律师、被害人及其诉讼代理人提出书面意见的,应当附卷。"

关于认罪认罚的审查,根据《刑事诉讼法》的规定,犯罪嫌疑人认罪认罚的,人民检察院应当告知其享有的诉讼权利和认罪认罚的法律规定,听取犯罪嫌疑人、辩护人或者值班律师、被害人及其诉讼代理人对下列事项的意见,并记录在案:(1)涉嫌的犯罪事实、罪名及适用的法律规定;(2)从轻、减轻或者免除处罚等从宽处罚的建议;(3)认罪认罚后案件审理适用的程序;(4)其他需要听取意见的事项。人民检察院依照前两款规定听取值班律师意见的,应当提前为值班律师了解案件有关情况提供必要的便利。

此外,还涉及认罪认罚具结书的签署。根据《刑事诉讼法》第一百七十四条的规定,犯罪嫌疑人自愿认罪,同意量刑建议和程序适用的,应当在辩护人或者值班律师在场的情况下签署认罪认罚具结书。犯罪嫌疑人认罪认罚,有下列情形之一的,不需要签署认罪认罚具结书:(1)犯罪嫌疑人是盲、聋、哑人,或者是尚未完全丧失辨认或者控制自己行为能力的精神病人的;(2)未成年犯罪嫌疑人的法定代理人、辩护人对未成年人认罪认罚有异议的;(3)其他不需要签署认罪认罚具结书的情形。

四、审查后的处理

根据《刑事诉讼法》第一百七十六条和第一百七十七条的规定,人民检察院认为犯罪嫌疑人的犯罪事实已经查清,证据确实、充分,依法应当追究刑事责任的,应当作出起诉决定,按照审判管辖的规定,向人民法院提起公诉,并将案卷材料、证据移送人民法院。犯罪嫌疑人认罪认罚的,人民检察院应当就主刑、附加刑、是否适用缓刑等提出量刑建议,并随案移送认罪认罚具结书等材料。

犯罪嫌疑人没有犯罪事实,或者有《刑事诉讼法》第十六条规定的情形之一的,人民检察院应当作出不起诉决定。对于犯罪情节轻微,依照刑法规定不需要判处刑罚或者免除刑罚的,人民检察院可以作出不起诉决定。

典型案例:秦某某犯寻衅滋事罪[①]

经审理查明,2017 年三四月始,被告人秦某某所在×××小区的部分业主因停车位权属及收费问题与该小区开发商和物业产生纠纷。后政府有关部门与物业、开发商及被告人秦某某等部分业主曾就上述事宜开会讨论、协调未果。2017 年 6 月 30 日,被告人秦某某因不满小区物业加装地下车库车位锁的行为,遂组织部分业主持扳手等工具于当晚将该小区地下车库约 200 个车位锁拆除,且于 2017 年 7 月 2 日联系邵某某前来将车位锁装置运出处置。后邵某某将前述绝大部分车位锁以每斤人民币 0.33 元的价格出售,得款人民币 502 元。经称重,单个车位锁重 3.94 千克。经鉴定,单个车位锁价值人民币 27 元。至 2017 年 11 月,在开发商、物业张贴停车位收费公告,且相关部门就停车位收费问题进行联合解答的情形下,被告人秦某某仍多次在小区业主群内言语煽动强行抬杆。其间,部分业主驾车外出上班、就医时,小区物业门卫以未交停车费为由拒绝开启道杆,不予放行车辆,被阻拦的部分业主交涉未果后遂强行抬杆,造成小区道闸、道杆损坏(经鉴定,物损价值合计人民币 4260 元)。

2017 年 12 月 6 日,被告人秦某某主动至公安机关投案,到案后初始阶段未如实供述罪行,至审查起诉阶段如实供述了上述基本犯罪事实,但庭审中辩称审查起诉阶段的供述并非其真实意思表示,否认有组织拆除地锁、煽动抬杆等言行,否认联系邵某某拉走地锁。

---

① (2018)沪 0115 刑初 3259 号。

第二节　提起公诉

提起公诉,是指人民检察院经审查,向人民法院提起诉讼,要求人民法院追究被告人刑事责任的行为。我国《刑事诉讼法》和"最高检规则"对提起公诉的条件、起诉书的制作、案卷材料的移送等问题作出了规定。

一、提起公诉的条件

《刑事诉讼法》第一百七十六条规定:"人民检察院认为犯罪嫌疑人的犯罪事实已经查清,证据确实、充分,依法应当追究刑事责任的,应当作出起诉决定,按照审判管辖的规定,向人民法院提起公诉,并将案卷材料、证据移送人民法院。犯罪嫌疑人认罪认罚的,人民检察院应当就主刑、附加刑、是否适用缓刑等提出量刑建议,并随案移送认罪认罚具结书等材料。"从这一条的规定可以看出,在我国提起公诉的条件有两个:第一,犯罪事实已经查清,证据确实、充分;第二,依法应当追究刑事责任。

二、起诉书的制作

根据"最高检规则"第三百五十八条的规定,人民检察院决定起诉的,应当制作起诉书。起诉书的主要内容包括以下五点。

(1)被告人的基本情况,包括姓名、性别、出生年月日、出生地和户籍地、居民身份证号码、民族、文化程度、职业、工作单位及职务、住址,是否受过刑事处分及处分的种类和时间,采取强制措施的情况等;如果是单位犯罪,应当写明犯罪单位的名称和组织机构代码、所在地址、联系方式,法定代表人和诉讼代表人的姓名、职务、联系方式;如果还有应当负刑事责任的直接负责的主管人员或其他直接责任人员,应当按上述被告人基本情况的内容叙写。

(2)案由和案件来源。

(3)案件事实,包括犯罪的时间、地点、经过、手段、动机、目的、危害后果等与定罪量刑有关的事实要素。起诉书叙述的指控犯罪事实的必备要素应当明晰、准确。被告人被控有多项犯罪事实的,应当逐一列举,对于犯罪手段相同的同一犯罪可以概括叙写。

(4)起诉的根据和理由,包括被告人触犯的刑法条款、犯罪的性质及认定的罪名、处罚条款、法定从轻、减轻或者从重处罚的情节,共同犯罪各被告人应负的罪责等。

(5)被告人认罪认罚情况,包括认罪认罚的内容、具结书签署情况等。

三、案卷材料的移送

根据"最高检规则"的规定,人民检察院提起公诉的案件,应当向人民法院移送起诉书、案卷材料、证据和认罪认罚具结书等材料。起诉书应当一式八份,每增加一名被告人增加起诉书五份。关于被害人姓名、住址、联系方式、被告人被采取强制措施的种类、是否在案及羁押处所等问题,人民检察院应当在起诉书中列明,不再单独移送材料;对于涉及被害人隐私或者为保护证人、鉴定人、被害人人身安全,而不宜公开证人、鉴定人、被害人姓名、住址、工作单位和联系方式等个人信息的,可以在起诉书中使用化名。但是应当另行书面说明使用化名的情况并标明密级,单独成卷。

对于犯罪嫌疑人、被告人或者证人等翻供、翻证的材料以及对犯罪嫌疑人、被告人有利的其他证据材料,人民检察院应当移送人民法院。人民法院向人民检察院提出书面意见要求补充移送材料,人民检察院认为有必要移送的,应当自收到通知之日起三日以内补送。对提起公诉后,在人民法院宣告判决前补充收集的证据材料,人民检察院应当及时移送人民法院。

典型案例:吴某成等贪污案①

永登县人民检察院以永检公诉刑诉(2018)33 号起诉书指控被告人吴某成、吴某年、李某林犯贪污罪,于 2018 年 2 月 12 日向本院提起公诉,因缺少部分证据,于 2018 年 4 月 21 日建议公诉机关补充侦查。2018 年 9 月 11日,公诉机关补充侦查后再次将本案移送我院,2018 年 11 月 12 日,本院依法组成合议庭公开开庭进行了审理,在开庭审理的过程中,公诉机关发现该案仍有部分证据不足,故建议休庭后补充侦查。经公诉机关补证后本院于2018 年 12 月 5 日再次开庭审理,永登县人民检察院指派检察员张济民出庭支持公诉,被告人吴某成、吴某年、李某林及其辩护人均到庭参加诉讼,本案现已审理终结。

---

① (2018)甘 0121 刑初 185 号。

第三节　不起诉

刑事不起诉,是指检察机关对案件审查后,决定不向人民法院提起公诉的处理决定。在不起诉决定作出过程中,检察机关具有司法裁量权。"不起诉裁量权是与起诉便宜主义密切相连的、法律特别授予或认可的检察官对于起诉与否的选择权。"[1]

一、不起诉的种类

在我国,不起诉的种类有五种:法定不起诉、酌定不起诉、证据不足不起诉、特殊不起诉及附条件不起诉。

(一)法定不起诉

法定不起诉,又称绝对不起诉。《刑事诉讼法》第一百七十七条第一款规定:"犯罪嫌疑人没有犯罪事实,或者有本法第十六条规定的情形之一的,人民检察院应当作出不起诉决定。"

(二)酌定不起诉

酌定不起诉,又称相对不起诉。《刑事诉讼法》第一百七十七条第一款规定:"对于犯罪情节轻微,依照刑法规定不需要判处刑罚或者免除刑罚的,人民检察院可以作出不起诉决定。"

(三)证据不足不起诉

《刑事诉讼法》第一百七十五条第四款规定:"对于二次补充侦查的案件,人民检察院仍然认为证据不足,不符合起诉条件的,应当作出不起诉的决定。"

根据"最高检规则"的规定,具有下列情形之一,不能确定犯罪嫌疑人构成犯罪和需要追究刑事责任的,属于证据不足,不符合起诉条件:(1)犯罪构成要件事实缺乏必要的证据予以证明的;(2)据以定罪的证据存在疑问,无法查证属实的;(3)据以定罪的证据之间、证据与案件事实之间的矛盾不能合理排除的;(4)根据证据得出的结论具有其他可能性,不能排除合理怀疑的;(5)根据证据认定案件事实不符合逻辑和经验法则,得出的结论明显不

---

[1]　宋英辉,吴宏耀. 不起诉裁量权研究[J]. 政法论坛,2000(5):116.

符合常理的。

（四）特殊不起诉

《刑事诉讼法》第一百八十二条第一款规定："犯罪嫌疑人自愿如实供述涉嫌犯罪的事实，有重大立功或者案件涉及国家重大利益的，经最高人民检察院核准，公安机关可以撤销案件，人民检察院可以作出不起诉决定，也可以对涉嫌数罪中的一项或者多项不起诉。"特殊不起诉制度的设立，为宽严相济刑事政策的适用提供了广阔的空间。

（五）附条件不起诉

《刑事诉讼法》第二百八十二条规定："对于未成年人涉嫌刑法分则第四章、第五章、第六章规定的犯罪，可能判处一年有期徒刑以下刑罚，符合起诉条件，但有悔罪表现的，人民检察院可以作出附条件不起诉的决定。人民检察院在作出附条件不起诉的决定以前，应当听取公安机关、被害人的意见。"

二、不起诉的程序

（一）不起诉书的制作

根据"最高检规则"，人民检察院决定不起诉的，应当制作不起诉决定书。不起诉决定书的主要内容包括：(1)被不起诉人的基本情况，包括姓名、性别、出生年月日、出生地和户籍地、居民身份证号码、民族、文化程度、职业、工作单位及职务、住址，是否受过刑事处分，采取强制措施的情况以及羁押处所等；如果是单位犯罪，应当写明犯罪单位的名称和组织机构代码、所在地址、联系方式，法定代表人和诉讼代表人的姓名、职务、联系方式。(2)案由和案件来源。(3)案件事实，包括否定或者指控被不起诉人构成犯罪的事实以及作为不起诉决定根据的事实。(4)不起诉的法律根据和理由，写明作出不起诉决定适用的法律条款。(5)查封、扣押、冻结的涉案款物的处理情况。(6)有关告知事项。

（二）被不起诉人和涉案财物的处理

(1)人民检察院决定不起诉的案件，应当同时书面通知作出查封、扣押、冻结决定的机关或者执行查封、扣押、冻结决定的机关解除查封、扣押、冻结。人民检察院决定不起诉的案件，需要没收违法所得的，经检察长批准，应当提出检察意见，移送有关主管机关处理，并要求有关主管机关及时通报处理情况。

（2）不起诉的决定，由人民检察院公开宣布。公开宣布不起诉决定的活动应当记录在案。不起诉决定书自公开宣布之日起生效。被不起诉人在押的，应当立即释放；被采取其他强制措施的，应当通知执行机关解除。

（三）对不起诉决定的救济

（1）监察机关认为不起诉的决定有错误，向上一级人民检察院提请复议的，上一级人民检察院应当在收到提请复议意见书后三十日以内，经检察长批准，作出复议决定，通知监察机关。

（2）对于公安机关移送起诉的案件，人民检察院决定不起诉的，应当将不起诉决定书送达公安机关。公安机关认为不起诉的决定有错误的时候，可以要求复议，如果意见不被接受，可以向上一级人民检察院提请复核。

（3）对于有被害人的案件，决定不起诉的，人民检察院应当将不起诉决定书送达被害人。被害人如果不服，可以自收到决定书后七日以内向上一级人民检察院申诉，请求提起公诉。人民检察院应当将复查决定告知被害人。对人民检察院维持不起诉决定的，被害人可以向人民法院起诉。被害人也可以不经申诉，直接向人民法院起诉。人民法院受理案件后，人民检察院应当将有关案件材料移送人民法院。

（4）对于人民检察院依照《刑事诉讼法》第一百七十七条第二款规定作出的不起诉决定，被不起诉人如果不服，可以自收到决定书后七日以内向人民检察院申诉。人民检察院应当作出复查决定，通知被不起诉人，同时抄送公安机关。

典型案例：张某某等妨害公务案①

河北省唐县人民检察院以唐检公诉刑诉〔2018〕35 号起诉书指控被告人张某某犯妨害公务罪，于 2018 年 2 月 7 日向本院提起公诉。在诉讼过程中，附带民事诉讼原告人卢某于 2018 年 3 月 19 日向本院提起附带民事诉讼。本院受理后，依法组成合议庭，对本案进行了合并审理。河北省唐县人民检察院指派检察员田某出庭支持公诉。附带民事诉讼原告人卢某的委托诉讼代理人刘涛、被告人张某某、附带民事诉讼被告人赵某某、贾某某、赵某甲、贺某某的委托诉讼代理人王双奇均到庭参加了诉讼。现已审理终结。

河北省唐县人民检察院指控，2017 年 9 月 29 日晚 10 时许，某某镇党委书记卢某带领某某镇政府工作人员对唐县某某石料厂进行环保巡逻检查时

---

① （2018）冀 0627 刑初 41 号。

发现某某石料厂矿山有挖掘机工作,在拦截某某石料厂工作人员过程中,卢某被被告人张某某、赵某某(相对不起诉)、贾某某(相对不起诉)、赵某甲(相对不起诉)、贺某某(相对不起诉)打伤。

本章测试:

1. 我国不起诉的种类有哪些?

2. 我国提起公诉的条件是什么?

3. 人民检察院审查起诉的步骤有哪些?

本章扩展阅读:

1. 孙谦. 刑事起诉制度[M]. 北京:中国检察出版社,2017.

2. 最高人民检察院公诉厅. 公诉案件证据参考标准[M]. 北京:法律出版社,2017.

3. 陈瑞华. 论检察机关的法律职能[J]. 政法论坛,2018(1).

4. 李奋飞. "调查—公诉"模式研究[J]. 法学杂志,2018(6).

第九章 审判程序

【学习要求】

通过本章学习,能准确区分第一审程序、第二审程序、死刑复核程序及审判监督程序的不同;明确各个审判程序的主要任务及其中重要的原则;重点关注刑事速裁程序。

【重点法条】

《刑事诉讼法》第一百八十六条到第二百五十八条

在以审判为中心的诉讼制度改革背景下,审判程序的重要性日益突显。"'以审判为中心'是基于特定历史背景和司法规律而提出的重大命题,其实质是对侦查、起诉、审判职能之间关系的反思与重构,意在建立科学合理的刑事诉讼构造。"[①]刑事审判是指人民法院在控辩双方及其他诉讼参与人的参加下,依照法定程序,对刑事案件进行审理和裁判的过程。在我国,审判程序包括四种:第一审程序、第二审程序、死刑复核程序和审判监督程序。

第一节 第一审程序

第一审程序是人民法院初次对案件进行审判的程序。根据案件的类型,其程序包括公诉案件的第一审程序和自诉案件的第一审程序。此外,为提高案件的审理效率,对一些符合特定条件的简单案件,《刑事诉讼法》还规定了简易程序和速裁程序。其中,速裁程序是 2018 年《刑事诉讼法》修改新增的程序。

一、公诉案件的第一审程序

(一)审查受理与庭前准备

根据"最高法解释"第二百一十八条的规定,对提起公诉的案件,人民法

---

① 陈卫东.以审判为中心:当代中国刑事司法改革的基点[J].法学家,2016(4):1.

院应当在收到起诉书(一式八份,每增加一名被告人增加起诉书五份)和案卷、证据后,审查以下内容:(1)是否属于本院管辖。(2)起诉书是否写明被告人的身份,是否受过或者正在接受刑事处罚、行政处罚、处分,被采取留置措施的情况,被采取强制措施的时间、种类、羁押地点,犯罪的时间、地点、手段、后果以及其他可能影响定罪量刑的情节;有多起犯罪事实的,是否在起诉书中将事实分别列明。(3)是否移送证明指控犯罪事实及影响量刑的证据材料,包括采取技术调查、侦查措施的法律文书和所收集的证据材料。(4)是否查封、扣押、冻结被告人的违法所得或者其他涉案财物,查封、扣押、冻结是否逾期;是否随案移送涉案财物、附涉案财物清单;是否列明涉案财物权属情况;是否就涉案财物处理提供相关证据材料。(5)是否列明被害人的姓名、住址、联系方式;是否附有证人、鉴定人名单;是否申请法庭通知证人、鉴定人、有专门知识的人出庭,并列明有关人员的姓名、性别、年龄、职业、住址、联系方式;是否附有需要保护的证人、鉴定人、被害人名单。(6)当事人已委托辩护人、诉讼代理人或者已接受法律援助的,是否列明辩护人、诉讼代理人的姓名、住址、联系方式。(7)是否提起附带民事诉讼;提起附带民事诉讼的,是否列明附带民事诉讼当事人的姓名、住址、联系方式等,是否附有相关证据材料。(8)监察调查、侦查、审查起诉程序的各种法律手续和诉讼文书是否齐全。(9)被告人认罪认罚的,是否提出量刑建议、移送认罪认罚具结书等材料。(10)有无《刑事诉讼法》第十六条第二项至第六项规定的不追究刑事责任的情形。

与此同时,根据"最高法解释"的规定,开庭审理前,人民法院应当进行下列工作:(1)确定审判长及合议庭组成人员。(2)开庭十日前将起诉书副本送达被告人、辩护人。(3)通知当事人、法定代理人、辩护人、诉讼代理人在开庭五日前提供证人、鉴定人名单,以及拟当庭出示的证据;申请证人、鉴定人、有专门知识的人出庭的,应当列明有关人员的姓名、性别、年龄、职业、住址、联系方式。(4)开庭三日前将开庭的时间、地点通知人民检察院。(5)开庭三日前将传唤当事人的传票和通知辩护人、诉讼代理人、法定代理人、证人、鉴定人等出庭的通知书送达;通知有关人员出庭,也可以采取电话、短信、传真、电子邮件、即时通信等能够确认对方收悉的方式。(6)公开审理的案件,在开庭三日前公布案由、被告人姓名、开庭时间和地点。

此外,还涉及庭前会议的召开。根据"最高法解释"第二百二十六条的规定,案件具有下列情形之一的,人民法院可以决定召开庭前会议:(1)证据材料较多、案情重大复杂的;(2)控辩双方对事实、证据存在较大争议的;(3)

社会影响重大的;(4)需要召开庭前会议的其他情形。

召开庭前会议,审判人员可以就下列问题向控辩双方了解情况,听取意见:(1)是否对案件管辖有异议;(2)是否申请有关人员回避;(3)是否申请不公开审理;(4)是否申请排除非法证据;(5)是否提供新的证据材料;(6)是否申请重新鉴定或者勘验;(7)是否申请收集、调取证明被告人无罪或者罪轻的证据材料;(8)是否申请证人、鉴定人、有专门知识的人、调查人员、侦查人员或者其他人员出庭,是否对出庭人员名单有异议;(9)是否对涉案财物的权属情况和人民检察院的处理建议有异议;(10)与审判相关的其他问题。

(二)宣布开庭与法庭调查

1. 开庭

(1)审判长宣布开庭,传被告人到庭后,应当查明被告人的姓名、出生日期、民族、出生地、文化程度、职业、住址,或者被告单位的名称、住所地、法定代表人、实际控制人以及诉讼代表人的姓名、职务等情况。

(2)审判长宣布案件的来源、起诉的案由、附带民事诉讼当事人的姓名及是否公开审理;不公开审理的,应当宣布理由。

(3)审判长宣布合议庭组成人员、法官助理、书记员、公诉人的名单,以及辩护人、诉讼代理人、鉴定人、翻译人员等诉讼参与人的名单。

(4)审判长应当告知当事人及其法定代理人、辩护人、诉讼代理人在法庭审理过程中依法享有下列诉讼权利:可以申请合议庭组成人员、法官助理、书记员、公诉人、鉴定人和翻译人员回避;可以提出证据,申请通知新的证人到庭、调取新的证据,申请重新鉴定或者勘验;被告人可以自行辩护;被告人可以在法庭辩论终结后作最后陈述。

(5)审判长应当询问当事人及其法定代理人、辩护人、诉讼代理人是否申请回避、申请何人回避和申请回避的理由。

(6)被告人认罪认罚的,审判长应当告知被告人享有的诉讼权利和认罪认罚的法律规定,审查认罪认罚的自愿性和认罪认罚具结书内容的真实性、合法性。

2. 法庭调查

(1)公诉人宣读起诉书;有附带民事诉讼的,再由附带民事诉讼原告人或者其法定代理人、诉讼代理人宣读附带民事起诉状。

(2)被告人、被害人可以就起诉书指控的犯罪事实分别陈述。

(3)公诉人可以就起诉书指控的犯罪事实讯问被告人。经审判长准许,被害人及其法定代理人、诉讼代理人可以就公诉人讯问的犯罪事实补充发问；附带民事诉讼原告人及其法定代理人、诉讼代理人可以就附带民事部分的事实向被告人发问；被告人的法定代理人、辩护人，附带民事诉讼被告人及其法定代理人、诉讼代理人可以在控诉一方就某一问题讯问完毕后向被告人发问。

（4）询问证人、鉴定人。《刑事诉讼法》第一百九十二条规定："公诉人、当事人或者辩护人、诉讼代理人对证人证言有异议，且该证人证言对案件定罪量刑有重大影响，人民法院认为证人有必要出庭作证的，证人应当出庭作证。公诉人、当事人或者辩护人、诉讼代理人对鉴定意见有异议，人民法院认为鉴定人有必要出庭的，鉴定人应当出庭作证。经人民法院通知，鉴定人拒不出庭作证的，鉴定意见不得作为定案的根据。"

（5）出示物证、宣读鉴定意见和有关笔录。《刑事诉讼法》第一百九十五条规定："公诉人、辩护人应当向法庭出示物证，让当事人辨认，对未到庭的证人的证言笔录、鉴定人的鉴定意见、勘验笔录和其他作为证据的文书，应当当庭宣读。审判人员应当听取公诉人、当事人和辩护人、诉讼代理人的意见。"

（6）调取新的证据。《刑事诉讼法》第一百九十七条规定："法庭审理过程中，当事人和辩护人、诉讼代理人有权申请通知新的证人到庭，调取新的物证，申请重新鉴定或者勘验。"

（三）法庭辩论与最后陈述

1.法庭辩论

（1）合议庭认为案件事实已经调查清楚的，应当由审判长宣布法庭调查结束，开始就定罪、量刑、涉案财物处理的事实、证据、适用法律等问题进行法庭辩论。

（2）法庭辩论应当在审判长的主持下，按照下列顺序进行：公诉人发言；被害人及其诉讼代理人发言；被告人自行辩护；辩护人辩护；控辩双方进行辩论。

（3）人民检察院可以提出量刑建议并说明理由；建议判处管制、宣告缓刑的，一般应当附有调查评估报告，或者附有委托调查函。当事人及其辩护人、诉讼代理人可以对量刑提出意见并说明理由。

（4）对被告人认罪的案件，法庭辩论时，应当指引控辩双方主要围绕量刑和其他有争议的问题进行。对被告人不认罪或者辩护人作无罪辩护的案件,法庭辩论时,可以指引控辩双方先辩论定罪问题,后辩论量刑和其他问题。

2.被告人最后陈述

《刑事诉讼法》第一百九十八条第三款规定:"审判长在宣布辩论终结后,被告人有最后陈述的权利。"此外,根据"最高法解释"的规定,被告人在最后陈述中提出新的事实、证据,合议庭认为可能影响正确裁判的,应当恢复法庭调查;被告人提出新的辩解理由,合议庭认为可能影响正确裁判的,应当恢复法庭辩论。

(四)评议案件与宣告判决

1.评议案件

根据"最高法解释"的规定,被告人最后陈述后,审判长应当宣布休庭,由合议庭进行评议。合议庭评议案件,应当根据已经查明的事实、证据和有关法律规定,在充分考虑控辩双方意见的基础上,确定被告人是否有罪、构成何罪,有无从重、从轻、减轻或者免除处罚情节,应否处以刑罚、判处何种刑罚,附带民事诉讼如何解决,查封、扣押、冻结的财物及其孳息如何处理等,并依法作出判决、裁定。

根据《刑事诉讼法》第二百条的规定,在被告人最后陈述后,审判长宣布休庭,合议庭进行评议,根据已经查明的事实、证据和有关的法律规定,分别作出以下判决:(1)案件事实清楚,证据确实、充分,依据法律认定被告人有罪的,应当作出有罪判决;(2)依据法律认定被告人无罪的,应当作出无罪判决;(3)证据不足,不能认定被告人有罪的,应当作出证据不足、指控的犯罪不能成立的无罪判决。

对于认罪认罚从宽案件,根据《刑事诉讼法》第二百零一条的规定,人民法院依法作出判决时,一般应当采纳人民检察院指控的罪名和量刑建议,但有下列情形的除外:(1)被告人的行为不构成犯罪或者不应当追究其刑事责任的;(2)被告人违背意愿认罪认罚的;(3)被告人否认指控的犯罪事实的;(4)起诉指控的罪名与审理认定的罪名不一致的;(5)其他可能影响公正审判的情形。人民法院经审理认为量刑建议明显不当,或者被告人、辩护人对量刑建议提出异议的,人民检察院可以调整量刑建议。人民检察院不调整量刑建议或者调整量刑建议后仍然明显不当的,人民法院应当依法作出判决。

2.宣告判决

《刑事诉讼法》第二百零二条规定:"宣告判决,一律公开进行。当庭宣告判决的,应当在五日以内将判决书送达当事人和提起公诉的人民检察院;定期宣告判决的,应当在宣告后立即将判决书送达当事人和提起公诉的人民检察院。判决书应当同时送达辩护人、诉讼代理人。"

(五)法庭纪律与其他规定

1.法庭纪律

根据"最高法解释"第三百零六条的规定,庭审期间,全体人员应当服从法庭指挥,遵守法庭纪律,尊重司法礼仪,不得实施下列行为:(1)鼓掌、喧哗、随意走动;(2)吸烟、进食;(3)拨打、接听电话,或者使用即时通信工具;(4)对庭审活动进行录音、录像、拍照或者使用即时通信工具等传播庭审活动;(5)其他危害法庭安全或者扰乱法庭秩序的行为。旁听人员不得进入审判活动区,不得随意站立、走动,不得发言和提问。记者经许可实施上述第四类规定的行为,应当在指定的时间及区域进行,不得干扰庭审活动。

2.延期审理

根据《刑事诉讼法》第二百零四条的规定,在法庭审判过程中,遇有下列情形之一,影响审判进行的,可以延期审理:(1)需要通知新的证人到庭,调取新的物证,重新鉴定或者勘验的;(2)检察人员发现提起公诉的案件需要补充侦查,提出建议的;(3)由于申请回避而不能进行审判的。

3.中止审理

根据《刑事诉讼法》第二百零六条的规定,在审判过程中,有下列情形之一,致使案件在较长时间内无法继续审理的,可以中止审理:(1)被告人患有严重疾病,无法出庭的;(2)被告人脱逃的;(3)自诉人患有严重疾病,无法出庭,未委托诉讼代理人出庭的;(4)由于不能抗拒的原因。中止审理的原因消失后,应当恢复审理。中止审理的期间不计入审理期限。

4.审理期限

我国《刑事诉讼法》第二百零八条规定:"人民法院审理公诉案件,应当在受理后两个月以内宣判,至迟不得超过三个月。对于可能判处死刑的案件或者附带民事诉讼的案件,以及有本法第一百五十八条规定情形之一的,经上一级人民法院批准,可以延长三个月;因特殊情况还需要延长的,报请最高人民法院批准。人民法院改变管辖的案件,从改变后的人民法院收到案件之日起计算审理期限。人民检察院补充侦查的案件,补充侦查完毕移送人民法院后,人民法院重新计算审理期限。"

二、自诉案件的第一审程序

(一)自诉案件的范围

根据《刑事诉讼法》第二百一十条的规定,自诉案件包括下列案件:(1)告诉才处理的案件;(2)被害人有证据证明的轻微刑事案件;(3)被害人有证据证明对被告人侵犯自己人身、财产权利的行为应当依法追究刑事责任,而公安机关或者人民检察院不予追究被告人刑事责任的案件。

(二)自诉案件的受理

根据"最高法解释"的规定,人民法院受理自诉案件必须符合下列条件:(1)符合刑事诉讼法自诉案件范围的规定;(2)属于本院管辖;(3)被害人告诉;(4)有明确的被告人、具体的诉讼请求和证明被告人犯罪事实的证据。

(三)人民法院对自诉案件的处理

(1)人民法院对于自诉案件进行审查后,按照下列情形分别处理:①犯罪事实清楚,有足够证据的案件,应当开庭审判;②缺乏罪证的自诉案件,如果自诉人提不出补充证据,应当说服自诉人撤回自诉,或者裁定驳回。自诉人经两次依法传唤,无正当理由拒不到庭的,或者未经法庭许可中途退庭的,按撤诉处理。法庭审理过程中,审判人员对证据有疑问,需要调查核实的,适用《刑事诉讼法》第一百九十六条的规定。

(2)人民法院对自诉案件,可以进行调解;自诉人在宣告判决前,可以同被告人自行和解或者撤回自诉。《刑事诉讼法》第二百一十条第三项规定的案件不适用调解。人民法院审理自诉案件的期限,被告人被羁押的,适用该法第二百零八条第一款、第一款的规定;未被羁押的,应当在受理后六个月以内宣判。

(3)自诉案件的被告人在诉讼过程中,可以对自诉人提起反诉。反诉适用自诉的规定。

三、简易程序

(一)简易程序的范围

根据《刑事诉讼法》第二百一十四条的规定,基层人民法院管辖的案件,符合下列条件的,可以适用简易程序审判:(1)案件事实清楚、证据充分的;(2)被告人承认自己所犯罪行,对指控的犯罪事实没有异议的;(3)被告人对适用简易程序没有异议的。人民检察院在提起公诉的时候,可以建议人民法院适用简易程序。

但在特定情形下,简易程序不适用。根据《刑事诉讼法》第二百一十五条的规定,有下列情形之一的,不适用简易程序:(1)被告人是盲、聋、哑人,或者是尚未完全丧失辨认或者控制自己行为能力的精神病人的;(2)有重大社会影响的;(3)共同犯罪案件中部分被告人不认罪或者对适用简易程序有异议的;(4)其他不宜适用简易程序审理的。

(二)简易程序的特点

(1)简易程序只适用于基层人民法院的第一审程序。

(2)适用简易程序审理案件,对可能判处三年有期徒刑以下刑罚的,可以组成合议庭进行审判,也可以由审判员一人独任审判;对可能判处的有期徒刑超过三年的,应当组成合议庭进行审判。

(3)适用简易程序审理案件,不受第一审普通程序关于送达期限,讯问被告人,询问证人、鉴定人,出示证据,法庭辩论程序规定的限制。但在判决宣告前应当听取被告人的最后陈述意见。

(4)适用简易程序审理案件,人民法院应当在受理后二十日以内审结;对可能判处的有期徒刑超过三年的,可以延长至一个半月。

(5)人民法院在审理过程中,发现不宜适用简易程序的,应当按照普通程序的规定重新审理。

四、速裁程序

(一)刑事速裁程序的范围

《刑事诉讼法》第二百二十二条规定:"基层人民法院管辖的可能判处三年有期徒刑以下刑罚的案件,案件事实清楚,证据确实、充分,被告人认罪认罚并同意适用速裁程序的,可以适用速裁程序,由审判员一人独任审判。人民检察院在提起公诉的时候,可以建议人民法院适用速裁程序。"

当特定情形出现时,则不适用刑事速裁程序。根据《刑事诉讼法》第二百二十三条的规定,这些情形包括:(1)被告人是盲、聋、哑人,或者是尚未完全丧失辨认或者控制自己行为能力的精神病人的;(2)被告人是未成年人的;(3)案件有重大社会影响的;(4)共同犯罪案件中部分被告人对指控的犯罪事实、罪名、量刑建议或者适用速裁程序有异议的；(5)被告人与被害人或者其法定代理人没有就附带民事诉讼赔偿等事项达成调解或者和解协议的；(6)其他不宜适用速裁程序审理的。

(二)刑事速裁程序的特点

(1)适用速裁程序审理案件，不受普通程序关于送达期限的限制，一般不进行法庭调查、法庭辩论，但在判决宣告前应当听取辩护人的意见和被告人的最后陈述意见。适用速裁程序审理案件，应当当庭宣判。

(2)适用速裁程序审理案件，人民法院应当在受理后十日以内审结；对可能判处的有期徒刑超过一年的，可以延长至十五日。

(3)人民法院在审理过程中，发现有被告人的行为不构成犯罪或者不应当追究其刑事责任、被告人违背意愿认罪认罚、被告人否认指控的犯罪事实或者其他不宜适用速裁程序审理的情形的，应当按照普通程序或者简易程序的规定重新审理。

典型案例：海某某盗窃案[①]

公诉机关以沪铁检诉刑诉(2018)393号起诉书指控被告人海某某犯盗窃罪。本院适用刑事案件速裁程序，实行独任审判，公开开庭审理了本案。公诉机关指控：2017年11月22日13时10分许，被告人海某某与玛某某某(另案处理)经事先预谋，共同至本市地铁一号线人民广场站。当一辆开往莘庄方向的列车进站后，由被告人海某某在旁掩护望风，玛某某某则趁被害人梁某某上车不备，窃得其上衣右侧口袋内的华为牌手机一部。得手后，玛某某某被反扒民警当场人赃俱获。被告人海某某随列车离开，在得知玛某某某被抓后主动回到人民广场站投案，并如实供述了自己的犯罪事实。经鉴定，涉案华为牌MHA-AL00型手机价值人民币2562元，现已依法发还被害人。公诉机关认为被告人海某某犯罪后能自动投案，如实供述自己的罪行，系自首，可以从轻处罚，建议判处被告人海某某拘役五个月至六个月，并处罚金人民币一千元，可以适用缓刑。

---

① (2018)沪7101刑初362号。

第二节 第二审程序

根据《刑事诉讼法》的规定,我国实行两审终审制。这意味着,上一级人民法院审理第二审案件作出的判决、裁定,都是终审的判决、裁定,立即发生法律效力。从整体上来看,"我国刑事二审程序在惩罚犯罪和保障人权方面发挥了重要作用,但在权利救济和保障公正方面的功能尚未完全发挥出来"①。

一、第二审程序的提起

(一)提起第二审程序的主体

根据《刑事诉讼法》的规定,我国提起第二审程序的主体包括如下几种。

(1)被告人、自诉人和他们的法定代理人,不服地方各级人民法院第一审的判决、裁定,有权用书状或者口头向上一级人民法院上诉。被告人的辩护人和近亲属,经被告人同意,可以提出上诉。附带民事诉讼的当事人和他们的法定代理人,可以对地方各级人民法院第一审的判决、裁定中的附带民事诉讼部分,提出上诉。对被告人的上诉权,不得以任何借口加以剥夺。

(2)地方各级人民检察院认为本级人民法院第一审的判决、裁定确有错误的时候,应当向上一级人民法院提出抗诉。

(3)被害人及其法定代理人不服地方各级人民法院第一审的判决的,自收到判决书后五日以内,有权请求人民检察院提出抗诉。人民检察院自收到被害人及其法定代理人的请求后五日以内,应当作出是否抗诉的决定并且答复请求人。

(二)提起第二审程序的期限

《刑事诉讼法》第二百三十条规定:"不服判决的上诉和抗诉的期限为十日,不服裁定的上诉和抗诉的期限为五日,从接到判决书、裁定书的第二日起算。"与此同时,对附带民事判决、裁定的上诉、抗诉期限,应当按照刑事部分的上诉、抗诉期限确定。

---

① 陈光中,曾新华.刑事诉讼法再修改视野下的二审程序改革[J].中国法学,2011(5):5.

（三）提起第二审程序的方式

根据《刑事诉讼法》第二百三十一条和第二百三十二条的规定，被告人、自诉人、附带民事诉讼的原告人和被告人通过原审人民法院提出上诉的，原审人民法院应当在三日以内将上诉状连同案卷、证据移送上一级人民法院，同时将上诉状副本送交同级人民检察院和对方当事人。被告人、自诉人、附带民事诉讼的原告人和被告人直接向第二审人民法院提出上诉的，第二审人民法院应当在三日以内将上诉状交原审人民法院送交同级人民检察院和对方当事人。

地方各级人民检察院对同级人民法院第一审判决、裁定的抗诉，应当通过原审人民法院提出抗诉书，并且将抗诉书抄送上一级人民检察院。原审人民法院应当将抗诉书连同案卷、证据移送上一级人民法院，并且将抗诉书副本送交当事人。上级人民检察院如果认为抗诉不当，可以向同级人民法院撤回抗诉，并且通知下级人民检察院。

二、第二审程序的审理和裁判

（一）对第二审案件的审查

根据"最高法解释"的规定，第二审人民法院对第一审人民法院移送的上诉、抗诉案卷、证据，应当审查是否包括下列内容：(1)移送上诉、抗诉案件函；(2)上诉状或者抗诉书；(3)第一审判决书、裁定书八份（每增加一名被告人增加一份）及其电子文本；(4)全部案卷、证据，包括案件审理报告和其他应当移送的材料。前款所列材料齐全的，第二审人民法院应当收案；材料不全的，应当通知第一审人民法院及时补送。

（二）全面审查原则

《刑事诉讼法》第二百三十三条规定："第二审人民法院应当就第一审判决认定的事实和适用法律进行全面审查，不受上诉或者抗诉范围的限制。共同犯罪的案件只有部分被告人上诉的，应当对全案进行审查，一并处理。"

（三）对第二审案件的审理

根据《刑事诉讼法》第二百三十四条的规定，第二审人民法院对于下列案件，应当组成合议庭，开庭审理：(1)被告人、自诉人及其法定代理人对第一审认定的事实、证据提出异议，可能影响定罪量刑的上诉案件；(2)被告人被判处死刑的上诉案件；(3)人民检察院抗诉的案件；(4)其他应当开庭审理的案件。

第二审人民法院决定不开庭审理的,应当讯问被告人,听取其他当事人、辩护人、诉讼代理人的意见。第二审人民法院开庭审理上诉、抗诉案件,可以到案件发生地或者原审人民法院所在地进行。

（四）对第二审案件的处理

（1）第二审人民法院对不服第一审判决的上诉、抗诉案件,经过审理后,应当按照下列情形分别处理:①原判决认定事实和适用法律正确、量刑适当的,应当裁定驳回上诉或者抗诉,维持原判。②原判决认定事实没有错误,但适用法律有错误,或者量刑不当的,应当改判。③原判决事实不清楚或者证据不足的,可以在查清事实后改判;也可以裁定撤销原判,发回原审人民法院重新审判。原审人民法院对于依照前款第三项规定发回重新审判的案件作出判决后,被告人提出上诉或者人民检察院提出抗诉的,第二审人民法院应当依法作出判决或者裁定,不得再发回原审人民法院重新审判。

（2）上诉不加刑原则。第二审人民法院审理被告人或者他的法定代理人、辩护人、近亲属上诉的案件,不得加重被告人的刑罚。第二审人民法院发回原审人民法院重新审判的案件,除有新的犯罪事实,人民检察院补充起诉的以外,原审人民法院也不得加重被告人的刑罚。人民检察院提出抗诉或者自诉人提出上诉的,不受前款规定的限制。

（3）第二审人民法院发现第一审人民法院的审理有下列违反法律规定的诉讼程序的情形之一的,应当裁定撤销原判,发回原审人民法院重新审判:①违反《刑事诉讼法》有关公开审判的规定的;②违反回避制度的;③剥夺或者限制了当事人的法定诉讼权利,可能影响公正审判的;④审判组织的组成不合法的;⑤其他违反法律规定的诉讼程序,可能影响公正审判的。

（五）第二审案件的审判期限

《刑事诉讼法》第二百四十三条规定:"第二审人民法院受理上诉、抗诉案件,应当在两个月以内审结。对于可能判处死刑的案件或者附带民事诉讼的案件,以及有本法第一百五十八条规定情形之一的,经省、自治区、直辖市高级人民法院批准或者决定,可以延长两个月;因特殊情况还需要延长的,报请最高人民法院批准。最高人民法院受理上诉、抗诉案件的审理期限,由最高人民法院决定。"

三、对涉案财物的处理

《刑事诉讼法》第二百四十五条规定:"公安机关、人民检察院和人民法院对查封、扣押、冻结的犯罪嫌疑人、被告人的财物及其孳息,应当妥善保管,以供核查,并制作清单,随案移送。任何单位和个人不得挪用或者自行处理。对被害人的合法财产,应当及时返还。对违禁品或者不宜长期保存的物品,应当依照国家有关规定处理。

"对作为证据使用的实物应当随案移送,对不宜移送的,应当将其清单、照片或者其他证明文件随案移送。

"人民法院作出的判决,应当对查封、扣押、冻结的财物及其孳息作出处理。

"人民法院作出的判决生效以后,有关机关应当根据判决对查封、扣押、冻结的财物及其孳息进行处理。对查封、扣押、冻结的赃款赃物及其孳息,除依法返还被害人的以外,一律上缴国库。

"司法工作人员贪污、挪用或者私自处理查封、扣押、冻结的财物及其孳息的,依法追究刑事责任;不构成犯罪的,给予处分。"

典型案例:辛某某等妨害信用卡管理罪[①]

本院认为,原审被告人辛某某雇佣原审被告徐某某、上诉人张某某买卖银行卡,三人构成共同犯罪,辛某某授意安排原审被告人刘某、刘某某各自从北京携带收购的银行卡到郑州,辛某某与刘某、刘某某分别构成共同犯罪,上诉人张某某、原审被告人辛某某、徐某某非法持有他人信用卡,数量巨大;原审被告人刘某、刘某某非法持有他人信用卡,数量较大,其行为均已构成妨害信用卡管理罪。本案原审被告人辛某某在共同犯罪中起主要作用,系主犯;上诉人张某某、原审被告人徐某某、刘某、刘某某在共同犯罪中起次要作用,系从犯,应从轻、减轻处罚。原审被告人辛某某、徐某某、刘某、刘某某到案后能如实供述自己的罪行,依法可从轻处罚。上诉人张某某认罪认罚,依法可从轻处罚。原审被告人辛某某曾因犯罪受过刑事处罚,现再次犯罪,依法可酌情从重处罚。原审被告人徐某某曾因犯罪被判处有期徒刑以上刑罚,刑罚执行完毕后五年内再犯应当判处有期徒刑以上刑罚之罪,系累犯,应当从重处罚,原审未认定其累犯情节,属量刑事实认定有误,但原审对其量刑尚在法定刑幅度内,本着"上诉不加刑"原则,本院维持原审对徐某某的定罪量刑。在二审期间上诉人张某某认罪认罚,结合其相对于辛某某、徐某某在共同犯罪中的地位作用,对其改判较轻刑罚。

---

① (2018)鄂 71 刑终 3 号。

第三节　死刑复核程序

死刑复核程序,是指人民法院对判处死刑的案件进行核准的特别程序。在我国,自 2007 年 1 月 1 日起,统一由最高人民法院行使死刑案件核准权,从而结束了死刑案件核准权下放的历史。"中国现阶段虽不能在立法上废除死刑,但可以通过司法严格控制死刑的适用,并最大限度地避免误判错杀。"①死刑复核程序的存在,有利于确保统一死刑规格,落实"少杀慎杀"的刑事政策。

一、死刑案件的报请核准

《刑事诉讼法》第二百四十七条规定:"中级人民法院判处死刑的第一审案件,被告人不上诉的,应当由高级人民法院复核后,报请最高人民法院核准。高级人民法院不同意判处死刑的,可以提审或者发回重新审判。高级人民法院判处死刑的第一审案件被告人不上诉的,和判处死刑的第二审案件,都应当报请最高人民法院核准。"

二、死刑缓期二年执行案件的报请核准

《刑事诉讼法》第二百四十八条规定:"中级人民法院判处死刑缓期二年执行的案件,由高级人民法院核准。"

三、对死刑、死刑缓期执行案件的审查

根据"最高法解释"的规定,复核死刑、死刑缓期执行案件,应当全面审查以下内容:(1)被告人的年龄,被告人有无刑事责任能力、是否系怀孕的妇女;(2)原判认定的事实是否清楚,证据是否确实、充分;(3)犯罪情节、后果及危害程度;(4)原判适用法律是否正确,是否必须判处死刑,是否必须立即执行;(5)有无法定、酌定从重、从轻或者减轻处罚情节;(6)诉讼程序是否合法;(7)应当审查的其他情况。

---

① 李奋飞.最高人民法院死刑复核程序新探[J].国家检察官学院学报,2014(5):24.

四、对死刑、死刑缓期执行案件的处理

(1)高级人民法院复核死刑缓期执行案件,应当按照下列情形分别处理:①原判认定事实和适用法律正确、量刑适当、诉讼程序合法的,应当裁定核准;②原判认定的某一具体事实或者引用的法律条款等存在瑕疵,但判处被告人死刑缓期执行并无不当的,可以在纠正后作出核准的判决、裁定;③原判认定事实正确,但适用法律有错误,或者量刑过重的,应当改判;④原判事实不清、证据不足的,可以裁定不予核准,并撤销原判,发回重新审判,或者依法改判;⑤复核期间出现新的影响定罪量刑的事实、证据的,可以裁定不予核准,并撤销原判,发回重新审判,或者审理后依法改判;⑥原审违反法定诉讼程序,可能影响公正审判的,应当裁定不予核准,并撤销原判,发回重新审判。高级人民法院复核死刑缓期执行案件,不得加重被告人的刑罚。

(2)最高人民法院复核死刑案件,应当按照下列情形分别处理:①原判认定事实和适用法律正确、量刑适当、诉讼程序合法的,应当裁定核准。②原判认定的某一具体事实或者引用的法律条款等存在瑕疵,但判处被告人死刑并无不当的,可以在纠正后作出核准的判决、裁定。③原判事实不清、证据不足的,应当裁定不予核准,并撤销原判,发回重新审判。④复核期间出现新的影响定罪量刑的事实、证据的,应当裁定不予核准,并撤销原判,发回重新审判。⑤原判认定事实正确、证据充分,但依法不应当判处死刑的,应当裁定不予核准,并撤销原判,发回重新审判;根据案件情况,必要时,也可以依法改判。⑥原审违反法定诉讼程序,可能影响公正审判的,应当裁定不予核准,并撤销原判,发回重新审判。

(3)最高人民法院裁定不予核准死刑的,根据案件情况,可以发回第二审人民法院或者第一审人民法院重新审判。对最高人民法院发回第二审人民法院重新审判的案件,第二审人民法院一般不得发回第一审人民法院重新审判。第一审人民法院重新审判的,应当开庭审理。第二审人民法院重新审判的,可以直接改判;必须通过开庭查清事实、核实证据或者纠正原审程序违法的,应当开庭审理。

(4)死刑复核期间,辩护律师要求当面反映意见的,最高人民法院有关合议庭应当在办公场所听取其意见,并制作笔录;辩护律师提出书面意见的,应当附卷。死刑复核期间,最高人民检察院提出意见的,最高人民法院应当审查,并将采纳情况及理由反馈最高人民检察院。

典型案例:唐某某故意杀人案死刑复核裁定书案①

湖南省郴州市中级人民法院审理湖南省郴州市人民检察院指控被告人唐某某犯故意杀人罪一案,于 2017 年 8 月 14 日作出(2017)湘 10 刑初 25 号刑事判决:被告人唐某某犯故意杀人罪,判处死刑,缓期二年执行,剥夺政治权利终身。宣判后,在法定期限内没有抗诉、上诉,湖南省郴州市中级人民法院依法将对被告人唐某某的刑事判决报送本院核准。本院于 2017 年 10 月 12 日受理后,依法组成合议庭对本案进行复核。现已复核终结。

本院认为,被告人唐某某故意非法剥夺他人生命,其行为构成故意杀人罪。唐某某故意杀人犯罪情节恶劣,后果严重,依法应当判处死刑,但鉴于唐某某归案后如实供述自己的罪行,依法可以从轻处罚,对其判处死刑可不立即执行。原审判决认定的犯罪事实清楚,证据确实充分,定罪准确,量刑适当,审判程序合法。依照《中华人民共和国刑法》第二百三十二条、第六十七条第三款、第四十八条第一款、第五十七条第一款和《中华人民共和国刑事诉讼法》第二百三十七条、《最高人民法院关于适用〈中华人民共和国刑事诉讼法〉的解释》第三百四十九条第一款第(一)项之规定,裁定如下:

核准湖南省郴州市中级人民法院(2017)湘 10 刑初 25 号以故意杀人罪,判处被告人唐某某死刑,缓期二年执行,剥夺政治权利终身的刑事判决。

本裁定送达后即发生法律效力。

---

① (2017)湘刑核 59863874 号。

第四节　审判监督程序

审判监督程序,又称"再审程序",是指人民法院对已经生效的判决、裁定,在符合特定条件下,重新进行审理的特别程序。但我国目前的审判监督程序仍存在诸多问题,"我国现行刑事审判监督程序由于缺乏禁止双重危险原则的指导而存在启动审判监督程序诸多困境,导致再审的价值功能难以实现,究其原因在于立法上没有真正树立现代刑事诉讼人权保障理念以及多元的刑事诉讼价值"①。

一、提起审判监督程序的材料来源

根据"最高法解释"的规定,当事人及其法定代理人、近亲属对已经发生法律效力的判决、裁定提出申诉的,人民法院应当审查处理。案外人认为已经发生法律效力的判决、裁定侵害其合法权益,提出申诉的,人民法院应当审查处理。申诉可以委托律师代为进行。除了申诉作为材料来源外,还包括新闻媒体的报道、公安司法机关自行发现等方式。

二、申诉的理由

根据"最高法解释"的规定,对立案审查的申诉案件,应当在三个月内作出决定,至迟不得超过六个月。经审查,具有下列情形之一的,应当决定重新审判:(1)有新的证据证明原判决、裁定认定的事实确有错误,可能影响定罪量刑的;(2)据以定罪量刑的证据不确实、不充分、依法应当排除的;(3)证明案件事实的主要证据之间存在矛盾的;(4)主要事实依据被依法变更或者撤销的;(5)认定罪名错误的;(6)量刑明显不当的;(7)对违法所得或者其他涉案财物的处理确有明显错误的;(8)违反法律关于溯及力规定的;(9)违反法定诉讼程序,可能影响公正裁判的;(10)审判人员在审理该案件时有贪污受贿、徇私舞弊、枉法裁判行为的。申诉不具有上述情形的,应当说服申诉人撤回申诉;对仍然坚持申诉的,应当书面通知驳回。

---

① 卞建林,桂梦美.启动刑事审判监督程序的困境与出路[J].法学,2016(4):42.

三、提起审判监督程序的主体

《刑事诉讼法》第二百五十四条规定："各级人民法院院长对本院已经发生法律效力的判决和裁定,如果发现在认定事实上或者在适用法律上确有错误,必须提交审判委员会处理。

"最高人民法院对各级人民法院已经发生法律效力的判决和裁定,上级人民法院对下级人民法院已经发生法律效力的判决和裁定,如果发现确有错误,有权提审或者指令下级人民法院再审。

"最高人民检察院对各级人民法院已经发生法律效力的判决和裁定,上级人民检察院对下级人民法院已经发生法律效力的判决和裁定,如果发现确有错误,有权按照审判监督程序向同级人民法院提出抗诉。"

四、按照审判监督程序对案件进行重新审判

(一)重新审判的方式

根据"最高法解释"的规定,原审人民法院审理依照审判监督程序重新审判的案件,应当另行组成合议庭。原来是第一审案件,应当依照第一审程序进行审判,所作的判决、裁定可以上诉、抗诉;原来是第二审案件,或者是上级人民法院提审的案件,应当依照第二审程序进行审判,所作的判决、裁定是终审的判决、裁定。开庭审理的再审案件,再审决定书或者抗诉书只针对部分原审被告人,其他同案原审被告人不出庭不影响审理的,可以不出庭参加诉讼。

(二)重新审判的处理

根据"最高法解释"的规定,再审案件经过重新审理后,应当按照下列情形分别处理:(1)原判决、裁定认定事实和适用法律正确、量刑适当的,应当裁定驳回申诉或者抗诉,维持原判决、裁定;(2)原判决、裁定定罪准确、量刑适当,但在认定事实、适用法律等方面有瑕疵的,应当裁定纠正并维持原判决、裁定;(3)原判决、裁定认定事实没有错误,但适用法律错误或者量刑不当的,应当撤销原判决、裁定,依法改判;(4)依照第二审程序审理的案件,原判决、裁定事实不清、证据不足的,可以在查清事实后改判,也可以裁定撤销原判,发回原审人民法院重新审判。原判决、裁定事实不清或者证据不足,经审理事实已经查清的,应当根据查清的事实依法裁判;事实仍无法查清,证据不足,不能认定被告人有罪的,应当撤销原判决、裁定,判决宣告被告人

无罪。

（三）重新审判的期限

《刑事诉讼法》第二百五十八条规定："人民法院按照审判监督程序重新审判的案件,应当在作出提审、再审决定之日起三个月以内审结,需要延长期限的,不得超过六个月。接受抗诉的人民法院按照审判监督程序审判抗诉的案件,审理期限适用前款规定;对需要指令下级人民法院再审的,应当自接受抗诉之日起一个月以内作出决定,下级人民法院审理案件的期限适用前款规定。"

典型案例:齐某强奸、猥亵儿童案①

某省人民检察院认为该案终审判决确有错误,提请最高人民检察院抗诉。最高人民检察院经审查,认为该案适用法律错误,量刑不当,应予纠正。2017年3月3日,最高人民检察院依照审判监督程序向最高人民法院提出抗诉。

2017年12月4日,最高人民法院依法不公开开庭审理本案,最高人民检察院指派检察员出席法庭,辩护人出庭为原审被告人进行辩护。

2018年6月11日,最高人民法院召开审判委员会会议审议本案,最高人民检察院检察长列席会议并发表意见:一是最高人民检察院抗诉书认定的齐某犯罪事实、情节符合客观实际。性侵害未成年人案件具有客观证据、直接证据少,被告人往往不认罪等特点。本案中,被害人家长与原审被告人之间不存在矛盾,案发过程自然。被害人陈述及同学证言符合案发实际和儿童心理,证明力强。综合全案证据看,足以排除合理怀疑,能够认定原审被告人强奸、猥亵儿童的犯罪事实。二是原审被告人在女生宿舍猥亵儿童的犯罪行为属于在"公共场所当众"猥亵。考虑本案具体情节,原审被告人猥亵儿童的犯罪行为应当判处十年有期徒刑以上刑罚。三是某省高级人民法院二审判决确有错误,依法应当改判。

2018年7月27日,最高人民法院作出终审判决,认定原审被告人齐某犯强奸罪,判处无期徒刑,剥夺政治权利终身;犯猥亵儿童罪,判处有期徒刑十年;决定执行无期徒刑,剥夺政治权利终身。

---

① 《最高人民检察院关于印发最高人民检察院第十一批指导性案例的通知》(高检发研字〔2018〕27号)。

本章测试：

1.我国法庭审判程序包括哪些步骤？

2.刑事速裁程序的适用范围是什么？

3.如何理解"上诉不加刑"原则？

4.审判监督程序与第二审程序的区别何在？

本章扩展阅读：

1.陈光中.公正审判与认罪协商[M].北京:法律出版社,2018.

2.兰跃军.以审判为中心的刑事诉讼制度改革[M].北京:社会科学文献出版社,2019.

3.崔亚东.人工智能与司法现代化[M].上海:上海人民出版社,2019.

4.陈卫东."以审判为中心"与审前程序改革[J].法学,2016(12).

第十章
执行程序

【学习要求】

通过本章学习,重点掌握刑事诉讼中各种判决、裁定的执行机关和执行程序;对执行的变更程序有所了解;重点关注社区矫正制度的内容。

【重点法条】

《刑事诉讼法》第二百五十九条至第二百七十六条

刑事诉讼中的执行,是指公安司法机关及其他的刑罚执行机关就生效的判决、裁定确定的内容付诸实施的程序。"基于我国刑事执行权配置的现状和问题,需要遵循权力制衡与效率相协调、惩罚犯罪与保障人权相统一、刑事执行权行使公开化和社会化等原则,予以进一步优化。"①

第一节 各种判决、裁定的执行

根据《刑事诉讼法》第二百五十九条的规定,判决和裁定在发生法律效力后执行。下列判决和裁定是发生法律效力的判决和裁定:(1)已过法定期限没有上诉、抗诉的判决和裁定;(2)终审的判决和裁定;(3)最高人民法院核准的死刑的判决和高级人民法院核准的死刑缓期二年执行的判决。

一、死刑立即执行判决的执行

(一)死刑命令的签发

《刑事诉讼法》第二百六十一条规定:"最高人民法院判处和核准的死刑立即执行的判决,应当由最高人民法院院长签发执行死刑的命令。"

---

① 谭世贵,郭林林.我国刑事执行权配置:现状、问题与优化[J].浙江工商大学学报,2014(1):65.

（二）执行死刑的机关

根据"最高法解释"的规定，最高人民法院的执行死刑命令，由高级人民法院交付第一审人民法院执行。第一审人民法院接到执行死刑命令后，应当在七日内执行。在死刑缓期执行期间故意犯罪，最高人民法院核准执行死刑的，由罪犯服刑地的中级人民法院执行。

（三）与近亲属的会见

第一审人民法院在执行死刑前，应当告知罪犯有权会见其近亲属。罪犯申请会见并提供具体联系方式的，人民法院应当通知其近亲属。罪犯近亲属申请会见的，人民法院应当准许，并及时安排会见。

（四）死刑执行的方式

死刑采用枪决或者注射等方法执行。采用注射方法执行死刑的，应当在指定的刑场或者羁押场所内执行。采用枪决、注射以外的其他方法执行死刑的，应当事先层报最高人民法院批准。

（五）执行死刑后的处理

执行死刑后，应当由法医验明罪犯确实死亡，在场书记员制作笔录。负责执行的人民法院应当在执行死刑后十五日内将执行情况，包括罪犯被执行死刑前后的照片，上报最高人民法院。执行死刑后，负责执行的人民法院应当办理以下事项：（1）对罪犯的遗书、遗言笔录，应当及时审查；涉及财产继承、债务清偿、家事嘱托等内容的，将遗书、遗言笔录交给家属，同时复制附卷备查；涉及案件线索等问题的，抄送有关机关。（2）通知罪犯家属在限期内领取罪犯骨灰；没有火化条件或者因民族、宗教等原因不宜火化的，通知领取尸体；过期不领取的，由人民法院通知有关单位处理，并要求有关单位出具处理情况的说明；对罪犯骨灰或者尸体的处理情况，应当记录在案。（3）对外国籍罪犯执行死刑后，通知外国驻华使领馆的程序和时限，根据有关规定办理。

二、死刑缓期二年执行、无期徒刑、有期徒刑和拘役判决的执行

《刑事诉讼法》第二百六十四条规定："罪犯被交付执行刑罚的时候，应当由交付执行的人民法院在判决生效后十日以内将有关的法律文书送达公安机关、监狱或者其他执行机关。对被判处死刑缓期二年执行、无期徒刑、有期徒刑的罪犯，由公安机关依法将该罪犯送交监狱执行刑罚。对被判处

有期徒刑的罪犯,在被交付执行刑罚前,剩余刑期在三个月以下的,由看守所代位执行。对被判处拘役的罪犯,由公安机关执行。对未成年犯应当在未成年犯管教所执行刑罚。执行机关应当将罪犯及时收押,并且通知罪犯家属。判处有期徒刑、拘役的罪犯,执行期满,应当由执行机关发给释放证明书。"

三、管制、缓刑、剥夺政治权利的执行

根据"最高法解释"的规定,对被判处管制、宣告缓刑的罪犯,人民法院应当依法确定社区矫正执行地。社区矫正执行地为罪犯的居住地;罪犯在多个地方居住的,可以确定其经常居住地为执行地;罪犯的居住地、经常居住地无法确定或者不适宜执行社区矫正的,应当根据有利于罪犯接受矫正、更好地融入社会的原则,确定执行地。宣判时,应当告知罪犯自判决、裁定生效之日起十日以内到执行地社区矫正机构报到,以及不按期报到的后果。人民法院应当自判决、裁定生效之日起五日以内通知执行地社区矫正机构,并在十日以内将判决书、裁定书、执行通知书等法律文书送达执行地社区矫正机构,同时抄送人民检察院和执行地公安机关。人民法院与社区矫正执行地不在同一地方的,由执行地社区矫正机构将法律文书转送所在地的人民检察院和公安机关。对单处剥夺政治权利的罪犯,人民法院应当在判决、裁定生效后十日内,将判决书、裁定书、执行通知书等法律文书送达罪犯居住地的县级公安机关,并抄送罪犯居住地的县级人民检察院。

四、罚金、没收财产判决的执行

《刑事诉讼法》第二百七十一条规定:"被判处罚金的罪犯,期满不缴纳的,人民法院应当强制缴纳;如果由于遭遇不能抗拒的灾祸等原因缴纳确实有困难的,经人民法院裁定,可以延期缴纳、酌情减少或者免除。"

《刑事诉讼法》第二百七十二条规定:"没收财产的判决,无论附加适用或者独立适用,都由人民法院执行;在必要的时候,可以会同公安机关执行。"

五、无罪判决和免除刑罚判决的执行

《刑事诉讼法》第二百六十条规定:"第一审人民法院判决被告人无罪、免除刑事处罚的,如果被告人在押,在宣判后应当立即释放。"

典型案例：王某某非法经营案①

内蒙古自治区巴彦淖尔市临河区人民检察院指控被告人王某某犯非法经营罪一案，内蒙古自治区巴彦淖尔市临河区人民法院经审理认为，2014年11月至2015年1月间，被告人王某某未办理粮食收购许可证，未经工商行政管理机关核准登记并颁发营业执照，擅自在临河区白脑包镇附近村组无证照违法收购玉米，将所收购的玉米卖给巴彦淖尔市粮油公司杭锦后旗蛮会分库，非法经营数额218288.6元，非法获利6000元。案发后，被告人王某某主动退缴非法获利6000元。2015年3月27日，被告人王某某主动到巴彦淖尔市临河区公安局经侦大队投案自首。原审法院认为，被告人王某某违反国家法律和行政法规规定，未经粮食主管部门许可及工商行政管理机关核准登记并颁发营业执照，非法收购玉米，非法经营数额218288.6元，数额较大，其行为构成非法经营罪。鉴于被告人王某某案发后主动到公安机关投案自首，主动退缴全部违法所得，有悔罪表现，对其适用缓刑确实不致再危害社会，决定对被告人王某某依法从轻处罚并适用缓刑。宣判后，王某某未上诉，检察机关未抗诉，判决发生法律效力。

内蒙古自治区巴彦淖尔市临河区人民法院于2016年4月15日作出(2016)内0802刑初54号刑事判决，认定被告人王某某犯非法经营罪，判处有期徒刑一年，缓刑二年，并处罚金人民币二万元；被告人王某某退缴的非法获利款人民币六千元，由侦查机关上缴国库。最高人民法院于2016年12月16日作出(2016)最高法刑监6号再审决定，指令内蒙古自治区巴彦淖尔市中级人民法院对本案进行再审。内蒙古自治区巴彦淖尔市中级人民法院于2017年2月14日作出(2017)内08刑再1号刑事判决：一、撤销内蒙古自治区巴彦淖尔市临河区人民法院(2016)内0802刑初54号刑事判决；二、原审被告人王某某无罪。

---

① (2017)内08刑再1号。

第二节　刑罚执行的变更

刑罚执行的变更,是指由于法定情形的出现,人民法院对刑罚种类或执行方法予以变更的行为。"由于刑罚执行的变更涉及对原裁判内容的改变,这应该通过严格的司法程序完成。而现有的执行变更程序却仅是一种类似行政化的报批程序,且法律监督基本失效。"①

一、死刑执行的变更

根据《刑事诉讼法》第二百六十二条的规定,下级人民法院接到最高人民法院执行死刑的命令后,应当在七日以内交付执行。但是发现有下列情形之一的,应当停止执行,并且立即报告最高人民法院,由最高人民法院作出裁定:(1)在执行前发现判决可能有错误的;(2)在执行前罪犯揭发重大犯罪事实或者有其他重大立功表现,可能需要改判的;(3)罪犯怀孕。前款第一项、第二项停止执行的原因消失后,必须报请最高人民法院院长再签发执行死刑的命令才能执行;由于前款第三项原因停止执行的,应当报请最高人民法院依法改判。

下级人民法院接到最高人民法院停止执行死刑的裁定后,应当会同有关部门调查核实停止执行死刑的事由,并及时将调查结果和意见层报最高人民法院审核。对下级人民法院报送的停止执行死刑的调查结果和意见,由最高人民法院原作出核准死刑判决、裁定的合议庭负责审查,必要时,另行组成合议庭进行审查。

根据"最高法解释"的规定,最高人民法院对停止执行死刑的案件,应当按照下列情形分别处理:(1)确认罪犯怀孕的,应当改判;(2)确认罪犯有其他犯罪,依法应当追诉的,应当裁定不予核准死刑,撤销原判,发回重新审判;(3)确认原判决、裁定有错误或者罪犯有重大立功表现,需要改判的,应当裁定不予核准死刑,撤销原判,发回重新审判;(4)确认原判决、裁定没有错误,罪犯没有重大立功表现,或者重大立功表现不影响原判决、裁定执行的,应当裁定继续执行死刑,并由院长重新签发执行死刑的命令。

---

①　叶青.对刑罚执行权的法律监督和制约[J].探索与争鸣,2010(10):56.

二、死刑缓期二年执行的变更

《刑事诉讼法》第二百六十一条规定:"被判处死刑缓期二年执行的罪犯,在死刑缓期执行期间,如果没有故意犯罪,死刑缓期执行期满,应当予以减刑的,由执行机关提出书面意见,报请高级人民法院裁定;如果故意犯罪,情节恶劣,查证属实,应当执行死刑的,由高级人民法院报请最高人民法院核准;对于故意犯罪未执行死刑的,死刑缓期执行的期间重新计算,并报最高人民法院备案。"

三、暂予监外执行

根据《刑事诉讼法》第二百六十五条的规定,对被判处有期徒刑或者拘役的罪犯,有下列情形之一的,可以暂予监外执行:(1)有严重疾病需要保外就医的;(2)怀孕或者正在哺乳自己婴儿的妇女;(3)生活不能自理,适用暂予监外执行不致危害社会的。对被判处无期徒刑的罪犯,有前款第二项规定情形的,可以暂予监外执行。对适用保外就医可能有社会危险性的罪犯,或者自伤自残的罪犯,不得保外就医。对罪犯确有严重疾病,必须保外就医的,由省级人民政府指定的医院诊断并开具证明文件。在交付执行前,暂予监外执行由交付执行的人民法院决定;在交付执行后,暂予监外执行由监狱或者看守所提出书面意见,报省级以上监狱管理机关或者设区的市一级以上公安机关批准。

此外,根据《刑事诉讼法》第二百六十八条的规定,对暂予监外执行的罪犯,有下列情形之一的,应当及时收监:(1)发现不符合暂予监外执行条件的;(2)严重违反有关暂予监外执行监督管理规定的;(3)暂予监外执行的情形消失后,罪犯刑期未满的。对于人民法院决定暂予监外执行的罪犯应当予以收监的,由人民法院作出决定,将有关的法律文书送达公安机关、监狱或者其他执行机关。不符合暂予监外执行条件的罪犯通过贿赂等非法手段被暂予监外执行的,在监外执行的时间不计入执行刑期。罪犯在暂予监外执行期间脱逃的,脱逃的时间不计入执行刑期。罪犯在暂予监外执行期间死亡的,执行机关应当及时通知监狱或者看守所。

四、减刑和假释

根据"最高法解释"的规定,被判处死刑缓期执行的罪犯,在死刑缓期执行期间,没有故意犯罪的,死刑缓期执行期满后,应当裁定减刑;死刑缓期执行期满后,尚未裁定减刑前又犯罪的,应当在依法减刑后,对其所犯新罪另行审判。

对减刑、假释案件,应当按照下列情形分别处理:(1)对被判处死刑缓期执行的罪犯的减刑,由罪犯服刑地的高级人民法院在收到同级监狱管理机关审核同意的减刑建议书后一个月以内作出裁定;(2)对被判处无期徒刑的罪犯的减刑、假释,由罪犯服刑地的高级人民法院,在收到同级监狱管理机关审核同意的减刑、假释建议书后一个月内作出裁定,案情复杂或者情况特殊的,可以延长一个月;(3)对被判处有期徒刑和被减为有期徒刑的罪犯的减刑、假释,由罪犯服刑地的中级人民法院,在收到执行机关提出的减刑、假释建议书后一个月内作出裁定,案情复杂或者情况特殊的,可以延长一个月;(4)对被判处管制、拘役的罪犯的减刑,由罪犯服刑地的中级人民法院,在收到同级执行机关审核同意的减刑建议书后一个月内作出裁定。

人民法院收到社区矫正机构的撤销缓刑建议书后,经审查,确认罪犯在缓刑考验期限内具有以下情形之一的,应当作出撤销缓刑的裁定:(1)违反禁止令,情节严重的;(2)无正当理由不按规定时间报到或者接受社区矫正期间脱离监管,超过一个月的;(3)因违反监督管理规定受到治安管理处罚,仍不改正的;(4)受到执行机关二次警告仍不改正的;(5)违反法律、行政法规和监督管理规定,情节严重的其他情形。

五、对新罪、漏罪和申诉的处理

(1)罪犯在服刑期间又犯罪的,或者发现了判决的时候所没有发现的罪行,由执行机关移送人民检察院处理。

(2)监狱和其他执行机关在刑罚执行中,如果认为判决有错误或者罪犯提出申诉,应当转请人民检察院或者原判人民法院处理。

典型案例:戴某某非法持有毒品案[①]

上诉人(原审被告人)戴某某。曾于2016年因犯贩卖毒品罪被连山区人民法院判处有期徒刑一年零三个月,并处罚金人民币5000元(暂予监外执行)。因本案于2017年6月15日被葫芦岛市公安局取保候审。葫芦岛市连山区人民检察院于2017年9月14日决定对其取保候审。经本院决定于2018年1月20日对其逮捕。现羁押于葫芦岛市看守所。

另查明,戴某某于2016年5月13日因贩卖毒品罪被判处有期徒刑一年

---

① (2018)辽14刑终82号。

三个月,并处罚金人民币 5000 元。戴某某在该案审理期间羁押一个月。2016 年 8 月 18 日,戴某某因怀孕被暂予监外执行,期限自 2016 年 8 月 18 日起至 2017 年 8 月 17 日止。2017 年 6 月 15 日,戴某某因本案被公安机关取保候审。戴某某系在暂予监外执行期间重新犯罪,前罪未执行刑期为四个月二天。

本院认为,上诉人张某某、戴某某明知是毒品而非法持有,数量较大,其行为已构成非法持有毒品罪,应受刑罚处罚。原审根据二上诉人的犯罪性质、情节、毒品再犯、危害社会程度等方面以及张某某系累犯及其认罪等情形,对二上诉人量刑,量刑并无不当。另二上诉人系夫妻关系,共同拥有并持有毒品,不宜区分主从犯。故二上诉人的上诉理由及辩护人的辩护意见无相关事实和法律依据,不予采纳。

第三节　人民检察院对判决、裁定执行的监督

《刑事诉讼法》第二百七十六条规定："人民检察院对执行机关执行刑罚的活动是否合法实行监督。如果发现有违法的情况,应当通知执行机关纠正。""当前我国刑罚执行监督中存在的问题主要来源于刑罚执行立法层面上的不完善,以及监督体制本身的理念滞后和职能分配不合理等原因。"①

一、对执行死刑的监督

根据"最高检规则"的规定,被判处死刑立即执行的罪犯在被执行死刑时,人民检察院应当指派检察官临场监督。死刑执行临场监督由人民检察院负责刑事执行检察的部门承担。人民检察院派驻看守所、监狱的检察人员应当予以协助,负责捕诉的部门应当提供有关情况。在执行死刑过程中,人民检察院临场监督人员根据需要可以进行拍照、录像。执行死刑后,人民检察院临场监督人员应当检查罪犯是否确已死亡,并填写死刑执行临场监督笔录,签名后入卷归档。

人民检察院收到同级人民法院执行死刑临场监督通知后,应当查明同级人民法院是否收到最高人民法院核准死刑的裁定或者作出的死刑判决、裁定和执行死刑的命令。

执行死刑前,人民检察院发现具有下列情形之一的,应当建议人民法院立即停止执行,并层报最高人民检察院负责死刑复核监督的部门:(1)被执行人并非应当执行死刑的罪犯的;(2)罪犯犯罪时不满十八周岁,或者审判的时候已满七十五周岁,依法不应当适用死刑的;(3)罪犯正在怀孕的;(4)共同犯罪的其他犯罪嫌疑人到案,共同犯罪的其他罪犯被暂停或者停止执行死刑,可能影响罪犯量刑的;(5)罪犯可能有其他犯罪的;(6)罪犯揭发他人重大犯罪事实或者有其他重大立功表现,可能需要改判的;(7)判决、裁定可能有影响定罪量刑的其他错误的。

二、对暂予监外执行的监督

根据"最高检规则"的规定,人民检察院接到决定或者批准机关抄送的

---

① 单民.刑罚执行监督中的问题和对策[J].政治与法律,2012(11):155.

暂予监外执行决定书后,应当进行审查。审查的内容包括:(1)是否属于被判处有期徒刑或者拘役的罪犯;(2)是否属于有严重疾病需要保外就医的罪犯;(3)是否属于怀孕或者正在哺乳自己婴儿的妇女;(4)是否属于生活不能自理,适用暂予监外执行不致危害社会的罪犯;(5)是否属于适用保外就医可能有社会危险性的罪犯,或者自伤自残的罪犯;(6)决定或者批准机关是否符合《刑事诉讼法》的规定;(7)办理暂予监外执行是否符合法定程序。

对于暂予监外执行的罪犯,人民检察院发现罪犯不符合暂予监外执行条件、严重违反有关暂予监外执行的监督管理规定或者暂予监外执行的情形消失而罪犯刑期未满的,应当通知执行机关收监执行,或者建议决定或者批准暂予监外执行的机关作出收监执行决定。

三、对减刑、假释的监督

根据"最高检规则"的规定,人民检察院收到执行机关抄送的减刑、假释建议书副本后,应当逐案进行审查。发现减刑、假释建议不当或者提请减刑、假释违反法定程序的,应当在十日以内报经检察长批准,向审理减刑、假释案件的人民法院提出书面检察意见,同时也可以向执行机关提出书面纠正意见。案情复杂或者情况特殊的,可以延长十日。

人民检察院发现监狱等执行机关提请人民法院裁定减刑、假释的活动有下列情形之一的,应当依法提出纠正意见:(1)将不符合减刑、假释法定条件的罪犯,提请人民法院裁定减刑、假释的;(2)对依法应当减刑、假释的罪犯,不提请人民法院裁定减刑、假释的;(3)提请对罪犯减刑、假释违反法定程序,或者没有完备的合法手续的;(4)提请对罪犯减刑的减刑幅度、起始时间、间隔时间或者减刑后又假释的间隔时间不符合有关规定的;(5)被提请减刑、假释的罪犯被减刑后实际执行的刑期或者假释考验期不符合有关法律规定的;(6)其他违法情形。

人民检察院收到人民法院减刑、假释的裁定书副本后,应当及时进行审查。审查的内容包括:(1)被减刑、假释的罪犯是否符合法定条件,对罪犯减刑的减刑幅度、起始时间、间隔时间或者减刑后又假释的间隔时间、罪犯被减刑后实际执行的刑期或者假释考验期是否符合有关规定;(2)执行机关提请减刑、假释的程序是否合法;(3)人民法院审理、裁定减刑、假释的程序是否合法;(4)人民法院对罪犯裁定不予减刑、假释是否符合有关规定;(5)人民法院减刑、假释裁定书是否依法送达执行并向社会公布。

四、对其他刑罚执行活动的监督

（1）人民检察院发现监狱、看守所对服刑期满或者依法应当予以释放的人员没有按期释放，对被裁定假释的罪犯依法应当交付罪犯居住地社区矫正机构实行社区矫正而不交付，对主刑执行完毕仍然需要执行附加剥夺政治权利的罪犯依法应当交付罪犯居住地公安机关执行而不交付，或者对服刑期未满又无合法释放根据的罪犯予以释放等违法行为的，应当依法提出纠正意见。

（2）人民检察院发现公安机关未依法执行拘役、剥夺政治权利，拘役执行期满未依法发给释放证明，或者剥夺政治权利执行期满未书面通知本人及其所在单位、居住地基层组织等违法情形的，应当依法提出纠正意见。

（3）人民检察院发现人民法院执行刑事裁判涉财产部分具有下列情形之一的，应当依法提出纠正意见：①执行立案活动违法的；②延期缴纳、酌情减少或者免除罚金违法的；③中止执行或者终结执行违法的；④被执行人有履行能力，应当执行而不执行的；⑤损害被执行人、被害人、利害关系人或者案外人合法权益的；⑥刑事裁判全部或者部分被撤销后未依法返还或者赔偿的；⑦执行的财产未依法上缴国库的；⑧其他违法情形。

典型案例：彭某某故意伤害刑罚变更案①

2017年4月11日，本院作出了（2017）川0923刑初32号刑事判决书，以彭某某故意伤害罪，判处有期徒刑一年，缓刑二年。原判决已发生法律效力并交付执行。执行机关大英县司法局于2017年10月18日以罪犯彭某某在缓刑考验期限内，违反法律、行政法规关于缓刑的监督管理规定，因吸食毒品被大英县公安局处以行政拘留十日，并且拒不履行本案民事调解协议。建议本院撤销对罪犯彭某某的缓刑部分，收监执行原判处的有期徒刑。本院依法组成合议庭进行了公开开庭审理，执行监督机关大英县人民检察院指派检察员陆献华出庭，执行机关大英县司法局指派执行人员胡德勇出庭参加诉讼。现已审理终结。

本章测试：

1.死刑停止执行的条件是什么？

2.假释的条件是什么？

---

① （2017）川0923刑更1号。

3.暂予监外执行的适用条件是什么？

本章扩展阅读：

1.吴宗宪.社区矫正比较研究[M].北京:中国人民大学出版社,2011.

2.王平.刑罚执行现代化:观念、制度与技术[M].北京:北京大学出版社,2018.

3.刘仁文.死刑的温度[M].北京:生活·读书·新知三联书店,2019.

4.张明楷.终身监禁的性质与适用[J].现代法学,2017(3).

第十一章
特别程序

【学习要求】

通过本章学习,熟练掌握刑事诉讼中五种特别程序的概念和适用条件;明确未成年人刑事案件诉讼程序的重要制度保障;区分刑事缺席审判制度的类型及意义;理解当事人和解制度与调解、恢复性司法等的不同。

【重点法条】

《刑事诉讼法》第二百七十七条至第三百零七条

2012 年《刑事诉讼法》修改时,新增特别程序一编。其时,我国的刑事特别程序有四个:未成年人刑事案件特别程序;当事人和解的公诉案件特别程序;犯罪嫌疑人、被告人逃匿、死亡案件违法所得的没收程序;依法不负刑事责任的精神病人的强制医疗程序。2018 年《刑事诉讼法》修改时,考虑到打击腐败案件的客观需要及贪官外逃的客观现实,新设"缺席审判程序"。迄今为止,我国《刑事诉讼法》中共规定了五个特别程序。

第一节　未成年人刑事案件诉讼程序

未成年人刑事案件诉讼程序,是指适用于已满十四周岁、未满十八周岁的犯罪嫌疑人、被告人的特别程序。"'未成年人犯罪案件诉讼程序'的规定,不论是相对于原刑事诉讼法新增加的内容,还是修改的部分,多数内容与这些年来我国司法实务界关于未成年人刑事诉讼程序的实践相关,并注意吸收理论界关于未成年人刑事诉讼程序的许多研究成果,因此,可以说这是相关实践经验和理论探讨的结晶。"[①]

---

① 王敏远.论未成年人刑事诉讼程序[J].中国法学,2011(6):61.

一、未成年人刑事案件诉讼程序的原则与重要制度

《刑事诉讼法》第二百七十七条规定:"对犯罪的未成年人实行教育、感化、挽救的方针,坚持教育为主、惩罚为辅的原则。"未成年人刑事案件诉讼程序的重要制度包括如下几个。

（一）分案处理制度

《刑事诉讼法》第二百八十条规定:"对被拘留、逮捕和执行刑罚的未成年人与成年人应当分别关押、分别管理、分别教育。"根据"最高法解释"的规定,对分案起诉至同一人民法院的未成年人与成年人共同犯罪案件,可以由同一个审判组织审理;不宜由同一个审判组织审理的,可以分别审理。未成年人与成年人共同犯罪案件,由不同人民法院或者不同审判组织分别审理的,有关人民法院或者审判组织应当互相了解共同犯罪被告人的审判情况,注意全案的量刑平衡。

（二）审理不公开制度

《刑事诉讼法》第二百八十五条规定:"审判的时候被告人不满十八周岁的案件,不公开审理。但是,经未成年被告人及其法定代理人同意,未成年被告人所在学校和未成年人保护组织可以派代表到场。"

（三）社会调查制度

《刑事诉讼法》第二百七十九条规定:"公安机关、人民检察院、人民法院办理未成年人刑事案件,根据情况可以对未成年犯罪嫌疑人、被告人的成长经历、犯罪原因、监护教育等情况进行调查。"

根据"最高法解释"的规定,对人民检察院移送的关于未成年被告人性格特点、家庭情况、社会交往、成长经历、犯罪原因、犯罪前后的表现、监护教育等情况的调查报告,以及辩护人提交的反映未成年被告人上述情况的书面材料,法庭应当接受。必要时,人民法院可以委托社区矫正机构、共青团、社会组织等对未成年被告人的上述情况进行调查,或者自行调查。

（四）犯罪记录封存制度

《刑事诉讼法》第二百八十六条规定:"犯罪的时候不满十八周岁,被判处五年有期徒刑以下刑罚的,应当对相关犯罪记录予以封存。犯罪记录被封存的,不得向任何单位和个人提供,但司法机关为办案需要或者有关单位根据国家规定进行查询的除外。依法进行查询的单位,应当对被封存的犯

罪记录的情况予以保密。"

二、未成年人刑事案件诉讼程序

(一)立案程序

根据"公安部规定",公安机关办理未成年人刑事案件时,应当重点查清未成年犯罪嫌疑人实施犯罪行为时是否已满十四周岁、十六周岁、十八周岁的临界年龄。

(二)侦查程序

《刑事诉讼法》第二百八十条规定:"对未成年犯罪嫌疑人、被告人应当严格限制适用逮捕措施。人民检察院审查批准逮捕和人民法院决定逮捕,应当讯问未成年犯罪嫌疑人、被告人,听取辩护律师的意见。"

与此同时,《刑事诉讼法》第二百八十一条规定:"对于未成年人刑事案件,在讯问和审判的时候,应当通知未成年犯罪嫌疑人、被告人的法定代理人到场。无法通知、法定代理人不能到场或者法定代理人是共犯的,也可以通知未成年犯罪嫌疑人、被告人的其他成年亲属,所在学校、单位、居住地基层组织或者未成年人保护组织的代表到场,并将有关情况记录在案。到场的法定代理人可以代为行使未成年犯罪嫌疑人、被告人的诉讼权利。到场的法定代理人或者其他人员认为办案人员在讯问、审判中侵犯未成年人合法权益的,可以提出意见。讯问笔录、法庭笔录应当交给到场的法定代理人或者其他人员阅读或者向他宣读。"

(三)起诉程序

1. 附条件不起诉决定

根据《刑事诉讼法》第二百八十二条的规定,对于未成年人涉嫌刑法分则第四章、第五章、第六章规定的犯罪,可能判处一年有期徒刑以下刑罚,符合起诉条件,但有悔罪表现的,人民检察院可以作出附条件不起诉的决定。人民检察院在作出附条件不起诉的决定以前,应当听取公安机关、被害人的意见。对附条件不起诉的决定,公安机关要求复议、提请复核或者被害人申诉的,适用《刑事诉讼法》第一百七十九条、第一百八十条的规定。未成年犯罪嫌疑人及其法定代理人对人民检察院决定附条件不起诉有异议的,人民检察院应当作出起诉的决定。

2. 附条件不起诉的监督

根据《刑事诉讼法》第二百八十三条的规定,在附条件不起诉的考验期内,由人民检察院对被附条件不起诉的未成年犯罪嫌疑人进行监督考察。未成年犯罪嫌疑人的监护人,应当对未成年犯罪嫌疑人加强管教,配合人民检察院做好监督考察工作。附条件不起诉的考验期为六个月以上一年以下,从人民检察院作出附条件不起诉的决定之日起计算。被附条件不起诉的未成年犯罪嫌疑人,应当遵守下列规定:(1)遵守法律法规,服从监督;(2)按照考察机关的规定报告自己的活动情况;(3)离开所居住的市、县或者迁居,应当报经考察机关批准;(4)按照考察机关的要求接受矫治和教育。

3.附条件不起诉的撤销

根据《刑事诉讼法》第二百八十四条的规定,被附条件不起诉的未成年犯罪嫌疑人,在考验期内有下列情形之一的,人民检察院应当撤销附条件不起诉的决定,提起公诉:(1)实施新的犯罪或者发现决定附条件不起诉以前还有其他犯罪需要追诉的;(2)违反治安管理规定或者考察机关有关附条件不起诉的监督管理规定,情节严重的。被附条件不起诉的未成年犯罪嫌疑人,在考验期内没有上述情形,考验期满的,人民检察院应当作出不起诉的决定。

(四)审判程序

1.审判人员

根据"最高法解释"第五百四十九条的规定,人民法院应当确定专门机构或者指定专门人员,负责审理未成年人刑事案件。审理未成年人刑事案件的人员应当经过专门培训,熟悉未成年人身心特点、善于做未成年人思想教育工作。参加审理未成年人刑事案件的人民陪审员,可以从熟悉未成年人身心特点、关心未成年人保护工作的人民陪审员名单中随机抽取确定。

2.未成年人案件审判组织

根据"最高法解释"第五百五十条的规定,被告人实施被指控的犯罪时不满十八周岁、人民法院立案时不满二十周岁的案件,由未成年人案件审判组织审理。下列案件可以由未成年人案件审判组织审理:(1)人民法院立案时不满二十二周岁的在校学生犯罪案件;(2)强奸、猥亵、虐待、遗弃未成年人等侵害未成年人人身权利的犯罪案件;(3)由未成年人案件审判组织审理更为适宜的其他案件。共同犯罪案件有未成年被告人的或者其他涉及未成年人的刑事案件,是否由未成年人案件审判组织审理,由院长根据实际情况决定。

3. 开庭准备

(1)人民法院向未成年被告人送达起诉书副本时,应当向其讲明被指控的罪行和有关法律规定,并告知其审判程序和诉讼权利、义务。(2)对未成年人刑事案件,人民法院决定适用简易程序审理的,应当征求未成年被告人及其法定代理人、辩护人的意见。上述人员提出异议的,不适用简易程序。(3)对人民检察院移送的关于未成年被告人性格特点、家庭情况、社会交往、成长经历、犯罪原因、犯罪前后的表现、监护教育等情况的调查报告,以及辩护人提交的反映未成年被告人上述情况的书面材料,法庭应当接受。

4. 审判

(1)法庭审理过程中,审判人员应当根据未成年被告人的智力发育程度和心理状态,使用适合未成年人的语言表达方式。发现有对未成年被告人威胁、训斥、诱供或者讽刺等情形的,审判长应当制止。(2)控辩双方提出对未成年被告人判处管制、宣告缓刑等量刑建议的,应当向法庭提供有关未成年被告人能够获得监护、帮教以及对所居住社区无重大不良影响的书面材料。

(五)执行程序

(1)将未成年罪犯送监执行刑罚或者送交社区矫正时,人民法院应当将有关未成年罪犯的调查报告及其在案件审理中的表现材料,连同有关法律文书,一并送达执行机关。

(2)人民法院可以与未成年犯管教所等服刑场所建立联系,了解未成年罪犯的改造情况,协助做好帮教、改造工作,并可以对正在服刑的未成年罪犯进行回访考察。

(3)人民法院可以适时走访被判处管制、宣告缓刑、免予刑事处罚、裁定假释、决定暂予监外执行等的未成年罪犯及其家庭,了解未成年罪犯的管理和教育情况,引导未成年罪犯的家庭承担管教责任,为未成年罪犯改过自新创造良好环境。

(4)被判处管制、宣告缓刑、免予刑事处罚、裁定假释、决定暂予监外执行等的未成年罪犯,具备就学、就业条件的,人民法院可以就其安置问题向有关部门提出建议,并附送必要的材料。

典型案例：谢某甲故意伤害案①

经审理查明：2016 年 11 月 1 日凌晨 5 时许，被告人谢某甲在邵阳市大祥区红星社区夜宵一条街的休闲网吧上网时与同在该网吧上网的未成年被害人雷某甲发生身体碰撞，两人发生口角，被告人谢某甲便要同伴刘某甲去喊住在附近的胡某甲来帮忙。几分钟后，刘某甲携带一把水果刀、胡某甲携带一根钢管来到网吧，被告人谢某甲从刘某甲手中拿过水果刀，胡某甲用钢管对雷某甲头部敲了一下，被告人谢某甲持刀对雷某甲头部砍，被雷某甲用手挡住，致被害人雷某甲左手腕部被砍伤。伤人后，谢、胡、刘三人逃离了现场。经法医鉴定：被害人雷某甲所受损伤构成轻伤二级。2017 年 9 月 10 日被告人谢某甲在新邵县宏峰宾馆被抓获归案。

上述事实，被告人谢某甲在开庭审理过程中无异议，并有被害人雷某甲的陈述，证人张某甲、刘某甲、胡某甲的证言，抓获经过，辨认笔录，法医鉴定意见，调解协议，领条，谅解书，工作说明，对未成年人谢某甲建议适用社区矫正的刑事案件社会调查报告，被告人谢某甲的供述与辩解及被告人谢某甲的户籍证明等经庭审质证并查证属实的证据予以证实，足以认定。

---

① （2017）湘 0503 刑初 299 号。

第二节　当事人和解的公诉案件诉讼程序

当事人和解的公诉案件诉讼程序是指对于特定的公诉案件,犯罪嫌疑人、被告人真诚悔罪,通过向被害人赔偿损失、赔礼道歉等方式获得被害人谅解,被害人自愿和解的,双方当事人可以和解,从而获得从宽处理的程序。"考虑到公诉案件的国家追诉性质和刑法的严肃性,防止出现以罚代刑或者放纵一些严重犯罪等新的不公正,对建立这一新的诉讼制度应审慎把握。"①

一、当事人和解公诉案件的适用范围

根据《刑事诉讼法》第二百八十八条的规定,下列公诉案件,犯罪嫌疑人、被告人真诚悔罪,通过向被害人赔偿损失、赔礼道歉等方式获得被害人谅解,被害人自愿和解的,双方当事人可以和解:(1)因民间纠纷引起,涉嫌刑法分则第四章、第五章规定的犯罪案件,可能判处三年有期徒刑以下刑罚的;(2)除渎职犯罪以外的可能判处七年有期徒刑以下刑罚的过失犯罪案件。犯罪嫌疑人、被告人在五年以内曾经故意犯罪的,不适用本章规定的程序。

二、当事人和解公诉案件的诉讼程序

（一）和解协议书的制作

《刑事诉讼法》第二百八十九条规定:"双方当事人和解的,公安机关、人民检察院、人民法院应当听取当事人和其他有关人员的意见,对和解的自愿性、合法性进行审查,并主持制作和解协议书。"根据"最高法解释",和解协议书应当包括以下内容:(1)被告人承认自己所犯罪行,对犯罪事实没有异议,并真诚悔罪。(2)被告人通过向被害人赔礼道歉、赔偿损失等方式获得被害人谅解;涉及赔偿损失的,应当写明赔偿的数额、方式等;提起附带民事诉讼的,由附带民事诉讼原告人撤回起诉。(3)被害人自愿和解,请求或者同意对被告人依法从宽处罚。对和解协议中的赔偿损失内容,双方当事人

要求保密的,人民法院应当准许,并采取相应的保密措施。

（二）对达成和解协议的案件的处理

《刑事诉讼法》第二百九十条规定:"对于达成和解协议的案件,公安机关可以向人民检察院提出从宽处理的建议。人民检察院可以向人民法院提出从宽处罚的建议;对于犯罪情节轻微,不需要判处刑罚的,可以作出不起诉的决定。人民法院可以依法对被告人从宽处罚。"

典型案例:朱某某故意伤害案[①]

上海市青浦区人民检察院指控,2018 年 6 月 12 日 21 时 28 分许,被告人朱某某驾驶牌号为沪 D81583 的厢式货车送货至上海市青浦区公园路 461 号肯德基餐厅公园路店,并将该货车停靠于车站路、公园路路口南侧。被害人潘某某为方便其搬运该车货物,要求被告人朱某某将货车移位至该店正门口前的人行街道上,遭到被告人朱某某的拒绝。被害人潘某某便辱骂被告人朱某某,随即两人挥拳相互殴打,各自打伤对方鼻部。经鉴定,被害人潘某某遭外力作用,致右侧鼻骨合并鼻中隔骨折,构成轻伤二级;朱某某遭外力作用,致鼻外伤,未构成轻微伤。

另查明,被告人朱某某如实供述了上述事实。案发后,被告人朱某某委托妻子向被害人潘某某赔偿了经济损失并获得被害人的谅解,双方在公安机关主持下达成了刑事和解协议。

以上事实,被告人朱某某在开庭审理过程中亦无异议,且有被告人朱某某的供述笔录,现场路面监控视频,被害人潘某某的陈述笔录,证人沈某某、崔某某的证言笔录及相关辨认笔录,验伤通知书及医院检验情况记录,上海科鉴投资管理有限公司司法鉴定所司法鉴定意见书,刑事和解协议书,收据,谅解书,抓获经过,常住人口基本信息等证据证实,足以认定。

---

① （2018）沪 0118 刑初 963 号。

第三节　缺席审判程序

刑事缺席审判程序,是指在特定案件中,在被告人不在场的情况下对其审判,并确定其刑事责任的特别程序。"刑事缺席审判制度作为解决未出席法庭审判的被告人的刑事责任的制度,是一项'天然'有缺陷的审判制度。"[1]

一、刑事缺席审判程序的类型

根据《刑事诉讼法》的规定,我国刑事缺席审判程序的类型有三种。

(1)对于贪污贿赂犯罪案件,以及需要及时进行审判,经最高人民检察院核准的严重危害国家安全犯罪、恐怖活动犯罪案件,犯罪嫌疑人、被告人在境外,监察机关、公安机关移送起诉,人民检察院认为犯罪事实已经查清,证据确实、充分,依法应当追究刑事责任的,可以向人民法院提起公诉。人民法院进行审查后,对于起诉书中有明确的指控犯罪事实,符合缺席审判程序适用条件的,应当决定开庭审判。

(2)因被告人患有严重疾病无法出庭,中止审理超过六个月,被告人仍无法出庭,被告人及其法定代理人、近亲属申请或者同意恢复审理的,人民法院可以在被告人不出庭的情况下缺席审理,依法作出判决。

(3)被告人死亡的,人民法院应当裁定终止审理,但有证据证明被告人无罪,人民法院经缺席审理确认无罪的,应当依法作出判决。人民法院按照审判监督程序重新审判的案件,被告人死亡的,人民法院可以缺席审理,依法作出判决。

二、刑事缺席审判程序中被告人权利的保障

(1)人民法院应当通过有关国际条约规定的或者外交途径提出的司法协助方式,或者被告人所在地法律允许的其他方式,将传票和人民检察院的起诉书副本送达被告人。传票和起诉书副本送达后,被告人未按要求到案的,人民法院应当开庭审理,依法作出判决,并对违法所得及其他涉案财产作出处理。

(2)人民法院缺席审判案件,被告人有权委托辩护人,被告人的近亲属

---

[1]　王敏远.刑事缺席审判制度探讨[J].法学杂志,2018(8):43.

可以代为委托辩护人。被告人及其近亲属没有委托辩护人的,人民法院应当通知法律援助机构指派律师为其提供辩护。

三、刑事缺席审判程序的救济

(1)人民法院应当将判决书送达被告人及其近亲属、辩护人。被告人或者其近亲属不服判决的,有权向上一级人民法院上诉。辩护人经被告人或者其近亲属同意,可以提出上诉。人民检察院认为人民法院的判决确有错误的,应当向上一级人民法院提出抗诉。

(2)在审理过程中,被告人自动投案或者被抓获的,人民法院应当重新审理。罪犯在判决、裁定发生法律效力后到案的,人民法院应当将罪犯交付执行刑罚。交付执行刑罚前,人民法院应当告知罪犯有权对判决、裁定提出异议。罪犯对判决、裁定提出异议的,人民法院应当重新审理。依照生效判决、裁定对罪犯的财产进行的处理确有错误的,应当予以返还、赔偿。

典型案例:王某、杨某等刑事一审刑事判决书①

四川省冕宁县人民检察院以冕检一部刑诉〔2020〕47号起诉书指控被告人刘某某犯故意伤害罪,于2020年10月19日向本院提起公诉。在诉讼过程中,附带民事诉讼原告人王某、杨某向本院提起附带民事诉讼。本院受理后,于2020年12月3日以被告人刘某某患有严重疾病,目前无受审能力为由,裁定中止审理。2021年8月12日,被告人刘某某的监护人、近亲属书面申请恢复审理,本院依法组成合议庭,于2021年9月1日公开开庭进行了合并、缺席审理。冕宁县人民检察院指派检察员刘成瑶出庭支持公诉,附带民事诉讼原告人王某、杨某及其委托诉讼代理人雷龙,被告人刘某某的辩护人李志勇,附带民事诉讼被告陈某某、侦查员刘绍清等到庭参加诉讼。本案经合议庭评议,并报经本院审判委员会讨论决定,现已审理终结。

---

① (2020)川3433刑初134号。

第四节 犯罪嫌疑人、被告人逃匿、死亡 案件违法所得的没收程序

犯罪嫌疑人、被告人逃匿、死亡案件违法所得的没收程序,是指在特定案件中,在犯罪嫌疑人、被告人逃避或者死亡的情况下,对其违法所得或其他涉案财物进行处理的特别程序。"我国的特别没收程序虽然是在犯罪嫌疑人、被告人缺席的情况下经过法庭审理程序对违法所得作出处理,但与典型的刑事缺席审判制度存在内在的差异。"①

一、违法所得没收程序的适用条件

《刑事诉讼法》第二百九十八条规定:"对于贪污贿赂犯罪、恐怖活动犯罪等重大犯罪案件,犯罪嫌疑人、被告人逃匿,在通缉一年后不能到案,或者犯罪嫌疑人、被告人死亡,依照刑法规定应当追缴其违法所得及其他涉案财产的,人民检察院可以向人民法院提出没收违法所得的申请。"

根据"最高法解释"第六百零九条和第六百一十条的规定,"贪污贿赂犯罪、恐怖活动犯罪等"犯罪案件,是指下列案件:(1)贪污贿赂、失职渎职等职务犯罪案件;(2)刑法分则第二章规定的相关恐怖活动犯罪案件,以及恐怖活动组织、恐怖活动人员实施的杀人、爆炸、绑架等犯罪案件;(3)危害国家安全、走私、洗钱、金融诈骗、黑社会性质组织、毒品犯罪案件;(4)电信诈骗、网络诈骗犯罪案件。"重大犯罪案件"是指在省、自治区、直辖市或者全国范围内具有较大影响的犯罪案件,或者犯罪嫌疑人、被告人逃匿境外的犯罪案件。

二、违法所得没收案件的审理

(一)违法所得没收案件的审判管辖

根据《刑事诉讼法》第二百九十九条第一款的规定,没收违法所得的申请,由犯罪地或者犯罪嫌疑人、被告人居住地的中级人民法院组成合议庭进行审理。

---

① 戴长林.刑事案件涉案财物处理程序[M].北京:法律出版社,2014:24.

（二）违法所得没收案件的公告程序

根据《刑事诉讼法》第二百九十九条第一款和第三款的规定,人民法院受理没收违法所得的申请后,应当发出公告。公告期间为六个月。犯罪嫌疑人、被告人的近亲属和其他利害关系人有权申请参加诉讼,也可以委托诉讼代理人参加诉讼。人民法院在公告期满后对没收违法所得的申请进行审理。利害关系人参加诉讼的,人民法院应当开庭审理。

（三）违法所得没收案件的审理方式

根据"最高法解释"的规定,利害关系人申请参加或者委托诉讼代理人参加诉讼的,应当开庭审理。没有利害关系人申请参加诉讼的,或者利害关系人及其诉讼代理人无正当理由拒不到庭的,可以不开庭审理。开庭审理申请没收违法所得的案件,按照下列程序进行:(1)审判长宣布法庭调查开始后,先由检察员宣读申请书,后由利害关系人、诉讼代理人发表意见。(2)法庭应当依次就犯罪嫌疑人、被告人是否实施了贪污贿赂犯罪、恐怖活动犯罪等重大犯罪并已经通缉一年不能到案,或者是否已经死亡,以及申请没收的财产是否依法应当追缴进行调查;调查时,先由检察员出示证据,后由利害关系人发表意见、出示有关证据,并进行质证。(3)法庭辩论阶段,先由检察员发言,后由利害关系人、诉讼代理人发言,并进行辩论。利害关系人接到通知后无正当理由拒不到庭,或者未经法庭许可中途退庭的,可以转为不开庭审理,但还有其他利害关系人参加诉讼的除外。

（四）违法所得没收案件的审理结果

根据《刑事诉讼法》第三百条的规定,人民法院经审理,对经查证属于违法所得及其他涉案财产,除依法返还被害人的以外,应当裁定予以没收;对不属于应当追缴的财产的,应当裁定驳回申请,解除查封、扣押、冻结措施。对于人民法院依照前款规定作出的裁定,犯罪嫌疑人、被告人的近亲属和其他利害关系人或者人民检察院可以提出上诉、抗诉。

（五）违法所得没收案件的救济

根据《刑事诉讼法》第三百零一条的规定,在审理过程中,在逃的犯罪嫌疑人、被告人自动投案或者被抓获的,人民法院应当终止审理。没收犯罪嫌疑人、被告人财产确有错误的,应当予以返还、赔偿。

典型案例:黄某成申请没收违法所得案①

湛江市人民检察院以湛检公二没申〔2016〕1号没收违法所得申请书,申请没收侦查机关扣押在案的黄某成违法所得2.1万元,于2016年11月1日向本院提出申请。本院受理后,依法组成合议庭,经立案审查,本案有证据证明犯罪嫌疑人黄某成实施了贪污犯罪,遂于2016年11月1日立案受理。

本院于2016年11月20日在《人民法院报》上刊登公告,公告期间为六个月,期间亦依法通知了利害关系人黄某羽,黄某羽在公告期间申请参加诉讼。本院于2017年6月15日公开开庭进行了审理,湛江市人民检察院指派代理检察员吴君军到庭支持申请,利害关系人黄某羽的委托代理人官佐伟律师到庭参加诉讼。现已审理终结。

---

① (2016)粤08刑没1号。

第五节　依法不负刑事责任的精神病人的强制医疗程序

强制医疗程序,是指对符合特定条件的精神病人,由人民法院决定对其实施强制医疗的特别程序。"强制医疗程序是一种社会防卫程序,用于解决精神病人刑事责任能力、强制医疗的适用与解除等三类纠纷。"[①]

一、强制医疗程序的适用对象

《刑事诉讼法》第三百零二条规定:"实施暴力行为,危害公共安全或者严重危害公民人身安全,经法定程序鉴定依法不负刑事责任的精神病人,有继续危害社会可能的,可以予以强制医疗。"故此,在我国,适用强制医疗的对象需同时满足行为要件、医学要件和社会危害性要件。

二、强制医疗程序的启动方式

《刑事诉讼法》第三百零三条规定:"根据本章规定对精神病人强制医疗的,由人民法院决定。公安机关发现精神病人符合强制医疗条件的,应当写出强制医疗意见书,移送人民检察院。对于公安机关移送的或者在审查起诉过程中发现的精神病人符合强制医疗条件的,人民检察院应当向人民法院提出强制医疗的申请。人民法院在审理案件过程中发现被告人符合强制医疗条件的,可以作出强制医疗的决定。对实施暴力行为的精神病人,在人民法院决定强制医疗前,公安机关可以采取临时的保护性约束措施。"在我国,强制医疗程序的启动方式有两种:一种是人民检察院提出申请,另一种则是人民法院自行启动。

三、强制医疗案件的审判程序

根据《刑事诉讼法》和"最高法解释"的规定,强制医疗案件的审判,遵循如下程序。

(1)对人民检察院提出的强制医疗申请,人民法院应当审查以下内容:①是否属于本院管辖;②是否写明被申请人的身份,实施暴力行为的时间、地点、手段、所造成的损害等情况,并附证据材料;③是否附有法医精神病鉴

---

① 张品泽.对精神病人强制医疗程序研究[J].中国刑事法杂志,2015(4):96.

定意见和其他证明被申请人属于依法不负刑事责任的精神病人的证据材料；④是否列明被申请人的法定代理人的姓名、住址、联系方式；⑤需要审查的其他事项。

（2）对人民检察院提出的强制医疗申请，人民法院应当在七日内审查完毕，并按照下列情形分别处理：①属于强制医疗程序受案范围和本院管辖，且材料齐全的，应当受理。②不属于本院管辖的，应当退回人民检察院。③材料不全的，应当通知人民检察院在三日以内补送；三日以内不能补送的，应当退回人民检察院。

（3）人民法院受理强制医疗的申请后，应当组成合议庭进行审理。人民法院审理强制医疗案件，应当通知被申请人或者被告人的法定代理人到场。

（4）被申请人或者被告人没有委托诉讼代理人的，人民法院应当通知法律援助机构指派律师为其提供法律帮助。

（5）人民法院经审理，对于被申请人或者被告人符合强制医疗条件的，应当在一个月以内作出强制医疗的决定。

四、强制医疗的救济

《刑事诉讼法》第三百零五条第二款规定："被决定强制医疗的人、被害人及其法定代理人、近亲属对强制医疗决定不服的，可以向上一级人民法院申请复议。"

根据"最高法解释"的规定，对不服强制医疗决定的复议申请，上一级人民法院应当组成合议庭审理，并在一个月内，按照下列情形分别作出复议决定：（1）被决定强制医疗的人符合强制医疗条件的，应当驳回复议申请，维持原决定；（2）被决定强制医疗的人不符合强制医疗条件的，应当撤销原决定；（3）原审违反法定诉讼程序，可能影响公正审判的，应当撤销原决定，发回原审人民法院重新审判。

五、强制医疗的复查和监督

（一）定期复查

《刑事诉讼法》第三百零六条第一款规定："强制医疗机构应当定期对被强制医疗的人进行诊断评估。对于已不具有人身危险性，不需要继续强制医疗的，应当及时提出解除意见，报决定强制医疗的人民法院批准。"

（二）申请解除强制医疗

《刑事诉讼法》第三百零六条第二款规定："被强制医疗的人及其近亲属

有权申请解除强制医疗。"

根据"最高法解释"的规定,强制医疗机构提出解除强制医疗意见,或者被强制医疗的人及其近亲属申请解除强制医疗的,人民法院应当审查是否附有对被强制医疗的人的诊断评估报告。强制医疗机构提出解除强制医疗意见,未附诊断评估报告的,人民法院应当要求其提供。被强制医疗的人及其近亲属向人民法院申请解除强制医疗,强制医疗机构未提供诊断评估报告的,申请人可以申请人民法院调取。必要时,人民法院可以委托鉴定机构对被强制医疗的人进行鉴定。

强制医疗机构提出解除强制医疗意见,或者被强制医疗的人及其近亲属申请解除强制医疗的,人民法院应当组成合议庭进行审查,并在一个月内,按照下列情形分别处理:(1)被强制医疗的人已不具有人身危险性,不需要继续强制医疗的,应当作出解除强制医疗的决定,并可责令被强制医疗的人的家属严加看管和医疗;(2)被强制医疗的人仍具有人身危险性,需要继续强制医疗的,应当作出继续强制医疗的决定。

(三)法律监督

《刑事诉讼法》第三百零七条规定:"人民检察院对强制医疗的决定和执行实行监督。"与此同时,"最高法解释"规定,人民检察院认为强制医疗决定或者解除强制医疗决定不当,在收到决定书后二十日内提出书面纠正意见的,人民法院应当另行组成合议庭审理,并在一个月内作出决定。

典型案例:曹某某因患有精神病类疾病危害社会被强制医疗案[①]

溧阳市人民法院经审理查明:2013 年 4 月 17 日以来,被申请人曹某某因幻想被同村人骚扰,遂以惩罚一些人为目的,在自己居住的溧阳市上兴镇上城村委子午墩村,趁同村 43 号傅某、同村 58 号袁某、同村 46 号邓某等人家中无人之际,在厨房的酱油瓶及腌菜缸内投放有毒物质百草枯和甲拌磷的混合液,致使傅某、袁某和邓某等六人出现不同程度的中毒现象。经常州市德安医院司法鉴定所鉴定,曹某某患精神分裂症,无刑事责任能力,有受审能力。溧阳市人民检察院于 2013 年 9 月 27 日向溧阳市人民法院申请对被申请人曹某某强制医疗。溧阳市人民法院受理此案后,依法会见了被申请人、被申请人法定代理人、被申请人主治医生,根据实际情况为被申请人指定了诉讼代理人,依法组成合议庭审理了此案。

---

① (2013)溧刑医字第 1 号。

溧阳市人民法院经审理认为:被申请人曹某某实施投放危险物质的行为,严重危害公共安全及公民人身安全,经司法鉴定为依法不负刑事责任的精神病人,有继续危害社会的可能。被申请人曹某某符合强制医疗条件,应予强制医疗。申请人要求对曹某某强制医疗的申请成立。据此,依照《中华人民共和国刑法》第十八条第一款,《中华人民共和国刑事诉讼法》第二百八十四条、第二百八十七条第一款,《最高人民法院关于适用〈中华人民共和国刑事诉讼法〉的解释》第五百三十一条第(一)项之规定,溧阳市人民法院于2013年10月14日作出(2013)溧刑医字第1号强制医疗决定书,决定对被申请人曹某某强制医疗。

本章测试:

1.未成年人刑事诉讼中的重要制度保障有哪些?

2.当事人和解公诉案件的适用范围包括哪些?

3.刑事缺席审判制度的类型有哪些?

4.强制医疗程序的适用条件是什么?

本章扩展阅读:

1.戴长林.刑事案件涉案财物处理程序:以违法所得特别没收程序为重点的分析[M].北京:法律出版社,2014.

2.杨剑.缺席审判的基本法理与制度探索[M].厦门:厦门大学出版社,2016.

3.王君炜.我国刑事强制医疗程序研究[M].北京:社会科学文献出版社,2018.

4.王敏远.论未成年人刑事诉讼程序[J].中国法学,2011(6).

附录

中华人民共和国刑事诉讼法

（1979 年 7 月 1 日第五届全国人民代表大会第二次会议通过　根据 1996 年 3 月 17 日第八届全国人民代表大会第四次会议《关于修改〈中华人民共和国刑事诉讼法〉的决定》第一次修正　根据 2012 年 3 月 14 日第十一届全国人民代表大会第五次会议《关于修改〈中华人民共和国刑事诉讼法〉的决定》第二次修正　根据 2018 年 10 月 26 日第十三届全国人民代表大会常务委员会第六次会议《关于修改〈中华人民共和国刑事诉讼法〉的决定》第三次修正）

目　录

第一编　总　则

第一章　任务和基本原则

第一条　为了保证刑法的正确实施,惩罚犯罪,保护人民,保障国家安全和社会公共安全,维护社会主义社会秩序,根据宪法,制定本法。

第二条　中华人民共和国刑事诉讼法的任务,是保证准确、及时地查明犯罪事实,正确应用法律,惩罚犯罪分子,保障无罪的人不受刑事追究,教育公民自觉遵守法律,积极同犯罪行为作斗争,维护社会主义法制,尊重和保障人权,保护公民的人身权利、财产权利、民主权利和其他权利,保障社会主义建设事业的顺利进行。

第三条　对刑事案件的侦查、拘留、执行逮捕、预审,由公安机关负责。检察、批准逮捕、检察机关直接受理的案件的侦查、提起公诉,由人民检察院负责。审判由人民法院负责。除法律特别规定的以外,其他任何机关、团体和个人都无权行使这些权力。

人民法院、人民检察院和公安机关进行刑事诉讼,必须严格遵守本法和其他法律的有关规定。

第四条　国家安全机关依照法律规定,办理危害国家安全的刑事案件,行使与公安机关相同的职权。

第五条　人民法院依照法律规定独立行使审判权,人民检察院依照法律规定独立行使检察权,不受行政机关、社会团体和个人的干涉。

第六条　人民法院、人民检察院和公安机关进行刑事诉讼,必须依靠群众,必须以事实为根据,以法律为准绳。对于一切公民,在适用法律上一律平等,在法律面前,不允许有任何特权。

第七条　人民法院、人民检察院和公安机关进行刑事诉讼,应当分工负责,互相配合,互相制约,以保证准确有效地执行法律。

第八条　人民检察院依法对刑事诉讼实行法律监督。

第九条　各民族公民都有用本民族语言文字进行诉讼的权利。人民法院、人民检察院和公安机关对于不通晓当地通用的语言文字的诉讼参与人,应当为他们翻译。

在少数民族聚居或者多民族杂居的地区,应当用当地通用的语言进行审讯,用当地通用的文字发布判决书、布告和其他文件。

第十条 人民法院审判案件,实行两审终审制。

第十一条 人民法院审判案件,除本法另有规定的以外,一律公开进行。被告人有权获得辩护,人民法院有义务保证被告人获得辩护。

第十二条 未经人民法院依法判决,对任何人都不得确定有罪。

第十三条 人民法院审判案件,依照本法实行人民陪审员陪审的制度。

第十四条 人民法院、人民检察院和公安机关应当保障犯罪嫌疑人、被告人和其他诉讼参与人依法享有的辩护权和其他诉讼权利。

诉讼参与人对于审判人员、检察人员和侦查人员侵犯公民诉讼权利和人身侮辱的行为,有权提出控告。

第十五条 犯罪嫌疑人、被告人自愿如实供述自己的罪行,承认指控的犯罪事实,愿意接受处罚的,可以依法从宽处理。

第十六条 有下列情形之一的,不追究刑事责任,已经追究的,应当撤销案件,或者不起诉,或者终止审理,或者宣告无罪:

(一)情节显著轻微、危害不大,不认为是犯罪的;

(二)犯罪已过追诉时效期限的;

(三)经特赦令免除刑罚的;

(四)依照刑法告诉才处理的犯罪,没有告诉或者撤回告诉的;

(五)犯罪嫌疑人、被告人死亡的;

(六)其他法律规定免予追究刑事责任的。

第十七条 对于外国人犯罪应当追究刑事责任的,适用本法的规定。

对于享有外交特权和豁免权的外国人犯罪应当追究刑事责任的,通过外交途径解决。

第十八条 根据中华人民共和国缔结或者参加的国际条约,或者按照互惠原则,我国司法机关和外国司法机关可以相互请求刑事司法协助。

第二章 管 辖

第十九条 刑事案件的侦查由公安机关进行,法律另有规定的除外。

人民检察院在对诉讼活动实行法律监督中发现的司法工作人员利用职权实施的非法拘禁、刑讯逼供、非法搜查等侵犯公民权利、损害司法公正的犯罪,可以由人民检察院立案侦查。对于公安机关管辖的国家机关工作人员利用职权实施的重大犯罪案件,需要由人民检察院直接受理的时候,经省级以上人民检察院决定,可以由人民检察院立案侦查。

自诉案件,由人民法院直接受理。

第二十条　基层人民法院管辖第一审普通刑事案件,但是依照本法由上级人民法院管辖的除外。

第二十一条　中级人民法院管辖下列第一审刑事案件:

(一)危害国家安全、恐怖活动案件;

(二)可能判处无期徒刑、死刑的案件。

第二十二条　高级人民法院管辖的第一审刑事案件,是全省(自治区、直辖市)性的重大刑事案件。

第二十三条　最高人民法院管辖的第一审刑事案件,是全国性的重大刑事案件。

第二十四条　上级人民法院在必要的时候,可以审判下级人民法院管辖的第一审刑事案件;下级人民法院认为案情重大、复杂需要由上级人民法院审判的第一审刑事案件,可以请求移送上一级人民法院审判。

第二十五条　刑事案件由犯罪地的人民法院管辖。如果由被告人居住地的人民法院审判更为适宜的,可以由被告人居住地的人民法院管辖。

第二十六条　几个同级人民法院都有权管辖的案件,由最初受理的人民法院审判。在必要的时候,可以移送主要犯罪地的人民法院审判。

第二十七条　上级人民法院可以指定下级人民法院审判管辖不明的案件,也可以指定下级人民法院将案件移送其他人民法院审判。

第二十八条　专门人民法院案件的管辖另行规定。

第三章　回　避

第二十九条　审判人员、检察人员、侦查人员有下列情形之一的,应当自行回避,当事人及其法定代理人也有权要求他们回避:

(一)是本案的当事人或者是当事人的近亲属的;

(二)本人或者他的近亲属和本案有利害关系的;

(三)担任过本案的证人、鉴定人、辩护人、诉讼代理人的;

(四)与本案当事人有其他关系,可能影响公正处理案件的。

第三十条　审判人员、检察人员、侦查人员不得接受当事人及其委托的人的请客送礼,不得违反规定会见当事人及其委托的人。

审判人员、检察人员、侦查人员违反前款规定的,应当依法追究法律责任。当事人及其法定代理人有权要求他们回避。

第三十一条 审判人员、检察人员、侦查人员的回避,应当分别由院长、检察长、公安机关负责人决定;院长的回避,由本院审判委员会决定;检察长和公安机关负责人的回避,由同级人民检察院检察委员会决定。

对侦查人员的回避作出决定前,侦查人员不能停止对案件的侦查。

对驳回申请回避的决定,当事人及其法定代理人可以申请复议一次。

第三十二条 本章关于回避的规定适用于书记员、翻译人员和鉴定人。

辩护人、诉讼代理人可以依照本章的规定要求回避、申请复议。

第四章 辩护与代理

第三十三条 犯罪嫌疑人、被告人除自己行使辩护权以外,还可以委托一至二人作为辩护人。下列的人可以被委托为辩护人:

(一)律师;

(二)人民团体或者犯罪嫌疑人、被告人所在单位推荐的人;

(三)犯罪嫌疑人、被告人的监护人、亲友。

正在被执行刑罚或者依法被剥夺、限制人身自由的人,不得担任辩护人。

被开除公职和被吊销律师、公证员执业证书的人,不得担任辩护人,但系犯罪嫌疑人、被告人的监护人、近亲属的除外。

第三十四条 犯罪嫌疑人自被侦查机关第一次讯问或者采取强制措施之日起,有权委托辩护人;在侦查期间,只能委托律师作为辩护人。被告人有权随时委托辩护人。

侦查机关在第一次讯问犯罪嫌疑人或者对犯罪嫌疑人采取强制措施的时候,应当告知犯罪嫌疑人有权委托辩护人。人民检察院自收到移送审查起诉的案件材料之日起三日以内,应当告知犯罪嫌疑人有权委托辩护人。人民法院自受理案件之日起三日以内,应当告知被告人有权委托辩护人。犯罪嫌疑人、被告人在押期间要求委托辩护人的,人民法院、人民检察院和公安机关应当及时转达其要求。

犯罪嫌疑人、被告人在押的,也可以由其监护人、近亲属代为委托辩护人。

辩护人接受犯罪嫌疑人、被告人委托后,应当及时告知办理案件的机关。

第三十五条　犯罪嫌疑人、被告人因经济困难或者其他原因没有委托辩护人的,本人及其近亲属可以向法律援助机构提出申请。对符合法律援助条件的,法律援助机构应当指派律师为其提供辩护。

犯罪嫌疑人、被告人是盲、聋、哑人,或者是尚未完全丧失辨认或者控制自己行为能力的精神病人,没有委托辩护人的,人民法院、人民检察院和公安机关应当通知法律援助机构指派律师为其提供辩护。

犯罪嫌疑人、被告人可能被判处无期徒刑、死刑,没有委托辩护人的,人民法院、人民检察院和公安机关应当通知法律援助机构指派律师为其提供辩护。

第三十六条　法律援助机构可以在人民法院、看守所等场所派驻值班律师。犯罪嫌疑人、被告人没有委托辩护人,法律援助机构没有指派律师为其提供辩护的,由值班律师为犯罪嫌疑人、被告人提供法律咨询、程序选择建议、申请变更强制措施、对案件处理提出意见等法律帮助。

人民法院、人民检察院、看守所应当告知犯罪嫌疑人、被告人有权约见值班律师,并为犯罪嫌疑人、被告人约见值班律师提供便利。

第三十七条　辩护人的责任是根据事实和法律,提出犯罪嫌疑人、被告人无罪、罪轻或者减轻、免除其刑事责任的材料和意见,维护犯罪嫌疑人、被告人的诉讼权利和其他合法权益。

第三十八条　辩护律师在侦查期间可以为犯罪嫌疑人提供法律帮助;代理申诉、控告;申请变更强制措施;向侦查机关了解犯罪嫌疑人涉嫌的罪名和案件有关情况,提出意见。

第三十九条　辩护律师可以同在押的犯罪嫌疑人、被告人会见和通信。其他辩护人经人民法院、人民检察院许可,也可以同在押的犯罪嫌疑人、被告人会见和通信。

辩护律师持律师执业证书、律师事务所证明和委托书或者法律援助公函要求会见在押的犯罪嫌疑人、被告人的,看守所应当及时安排会见,至迟不得超过四十八小时。

危害国家安全犯罪、恐怖活动犯罪案件,在侦查期间辩护律师会见在押的犯罪嫌疑人,应当经侦查机关许可。上述案件,侦查机关应当事先通知看守所。

辩护律师会见在押的犯罪嫌疑人、被告人,可以了解案件有关情况,提供法律咨询等；自案件移送审查起诉之日起，可以向犯罪嫌疑人、被告人核实有关证据。辩护律师会见犯罪嫌疑人、被告人时不被监听。

辩护律师同被监视居住的犯罪嫌疑人、被告人会见、通信，适用第一款、第三款、第四款的规定。

第四十条 辩护律师自人民检察院对案件审查起诉之日起，可以查阅、摘抄、复制本案的案卷材料。其他辩护人经人民法院、人民检察院许可，也可以查阅、摘抄、复制上述材料。

第四十一条 辩护人认为在侦查、审查起诉期间公安机关、人民检察院收集的证明犯罪嫌疑人、被告人无罪或者罪轻的证据材料未提交的，有权申请人民检察院、人民法院调取。

第四十二条 辩护人收集的有关犯罪嫌疑人不在犯罪现场、未达到刑事责任年龄、属于依法不负刑事责任的精神病人的证据，应当及时告知公安机关、人民检察院。

第四十三条 辩护律师经证人或者其他有关单位和个人同意，可以向他们收集与本案有关的材料，也可以申请人民检察院、人民法院收集、调取证据，或者申请人民法院通知证人出庭作证。

辩护律师经人民检察院或者人民法院许可，并且经被害人或者其近亲属、被害人提供的证人同意，可以向他们收集与本案有关的材料。

第四十四条 辩护人或者其他任何人，不得帮助犯罪嫌疑人、被告人隐匿、毁灭、伪造证据或者串供，不得威胁、引诱证人作伪证以及进行其他干扰司法机关诉讼活动的行为。

违反前款规定的，应当依法追究法律责任，辩护人涉嫌犯罪的，应当由办理辩护人所承办案件的侦查机关以外的侦查机关办理。辩护人是律师的，应当及时通知其所在的律师事务所或者所属的律师协会。

第四十五条 在审判过程中，被告人可以拒绝辩护人继续为他辩护，也可以另行委托辩护人辩护。

第四十六条 公诉案件的被害人及其法定代理人或者近亲属，附带民事诉讼的当事人及其法定代理人，自案件移送审查起诉之日起，有权委托诉讼代理人。自诉案件的自诉人及其法定代理人，附带民事诉讼的当事人及其法定代理人，有权随时委托诉讼代理人。

人民检察院自收到移送审查起诉的案件材料之日起三日以内，应当告知被害人及其法定代理人或者其近亲属、附带民事诉讼的当事人及其法定代理人有权委托诉讼代理人。人民法院自受理自诉案件之日起三日以内，应当告知自诉人及其法定代理人、附带民事诉讼的当事人及其法定代理人有权委托诉讼代理人。

第四十七条　委托诉讼代理人,参照本法第三十三条的规定执行。

第四十八条　辩护律师对在执业活动中知悉的委托人的有关情况和信息,有权予以保密。但是,辩护律师在执业活动中知悉委托人或者其他人,准备或者正在实施危害国家安全、公共安全以及严重危害他人人身安全的犯罪的,应当及时告知司法机关。

第四十九条　辩护人、诉讼代理人认为公安机关、人民检察院、人民法院及其工作人员阻碍其依法行使诉讼权利的,有权向同级或者上一级人民检察院申诉或者控告。人民检察院对申诉或者控告应当及时进行审查,情况属实的,通知有关机关予以纠正。

第五章　证　据

第五十条　可以用于证明案件事实的材料,都是证据。

证据包括:

(一)物证;

(二)书证;

(三)证人证言;

(四)被害人陈述;

(五)犯罪嫌疑人、被告人供述和辩解;

(六)鉴定意见;

(七)勘验、检查、辨认、侦查实验等笔录;

(八)视听资料、电子数据。

证据必须经过查证属实,才能作为定案的根据。

第五十一条　公诉案件中被告人有罪的举证责任由人民检察院承担,自诉案件中被告人有罪的举证责任由自诉人承担。

第五十二条　审判人员、检察人员、侦查人员必须依照法定程序,收集能够证实犯罪嫌疑人、被告人有罪或者无罪、犯罪情节轻重的各种证据。严禁刑讯逼供和以威胁、引诱、欺骗以及其他非法方法收集证据,不得强迫任何人证实自己有罪。必须保证一切与案件有关或者了解案情的公民,有客观地充分地提供证据的条件,除特殊情况外,可以吸收他们协助调查。

第五十三条　公安机关提请批准逮捕书、人民检察院起诉书、人民法院判决书，必须忠实于事实真象。故意隐瞒事实真象的，应当追究责任。

第五十四条 人民法院、人民检察院和公安机关有权向有关单位和个人收集、调取证据。有关单位和个人应当如实提供证据。

行政机关在行政执法和查办案件过程中收集的物证、书证、视听资料、电子数据等证据材料，在刑事诉讼中可以作为证据使用。

对涉及国家秘密、商业秘密、个人隐私的证据，应当保密。

凡是伪造证据、隐匿证据或者毁灭证据的，无论属于何方，必须受法律追究。

第五十五条 对一切案件的判处都要重证据，重调查研究，不轻信口供。只有被告人供述，没有其他证据的，不能认定被告人有罪和处以刑罚；没有被告人供述，证据确实、充分的，可以认定被告人有罪和处以刑罚。

证据确实、充分，应当符合以下条件：

（一）定罪量刑的事实都有证据证明；

（二）据以定案的证据均经法定程序查证属实；

（三）综合全案证据，对所认定事实已排除合理怀疑。

第五十六条 采用刑讯逼供等非法方法收集的犯罪嫌疑人、被告人供述和采用暴力、威胁等非法方法收集的证人证言、被害人陈述，应当予以排除。收集物证、书证不符合法定程序，可能严重影响司法公正的，应当予以补正或者作出合理解释；不能补正或者作出合理解释的，对该证据应当予以排除。

在侦查、审查起诉、审判时发现有应当排除的证据的，应当依法予以排除，不得作为起诉意见、起诉决定和判决的依据。

第五十七条 人民检察院接到报案、控告、举报或者发现侦查人员以非法方法收集证据的，应当进行调查核实。对于确有以非法方法收集证据情形的，应当提出纠正意见；构成犯罪的，依法追究刑事责任。

第五十八条 法庭审理过程中，审判人员认为可能存在本法第五十六条规定的以非法方法收集证据情形的，应当对证据收集的合法性进行法庭调查。

当事人及其辩护人、诉讼代理人有权申请人民法院对以非法方法收集的证据依法予以排除。申请排除以非法方法收集的证据的，应当提供相关线索或者材料。

第五十九条 在对证据收集的合法性进行法庭调查的过程中，人民检察院应当对证据收集的合法性加以证明。

现有证据材料不能证明证据收集的合法性的，人民检察院可以提请人民法院通知有关侦查人员或者其他人员出庭说明情况；人民法院可以通知有关侦查人员或者其他人员出庭说明情况。有关侦查人员或者其他人员也可以要求出庭说明情况。经人民法院通知，有关人员应当出庭。

第六十条　对于经过法庭审理，确认或者不能排除存在本法第五十六条规定的以非法方法收集证据情形的，对有关证据应当予以排除。

第六十一条　证人证言必须在法庭上经过公诉人、被害人和被告人、辩护人双方质证并且查实以后，才能作为定案的根据。法庭查明证人有意作伪证或者隐匿罪证的时候，应当依法处理。

第六十二条　凡是知道案件情况的人，都有作证的义务。

生理上、精神上有缺陷或者年幼，不能辨别是非、不能正确表达的人，不能作证人。

第六十三条　人民法院、人民检察院和公安机关应当保障证人及其近亲属的安全。

对证人及其近亲属进行威胁、侮辱、殴打或者打击报复，构成犯罪的，依法追究刑事责任；尚不够刑事处罚的，依法给予治安管理处罚。

第六十四条　对于危害国家安全犯罪、恐怖活动犯罪、黑社会性质的组织犯罪、毒品犯罪等案件，证人、鉴定人、被害人因在诉讼中作证，本人或者其近亲属的人身安全面临危险的，人民法院、人民检察院和公安机关应当采取以下一项或者多项保护措施：

（一）不公开真实姓名、住址和工作单位等个人信息；

（二）采取不暴露外貌、真实声音等出庭作证措施；

（三）禁止特定的人员接触证人、鉴定人、被害人及其近亲属；

（四）对人身和住宅采取专门性保护措施；

（五）其他必要的保护措施。

证人、鉴定人、被害人认为因在诉讼中作证，本人或者其近亲属的人身安全面临危险的，可以向人民法院、人民检察院、公安机关请求予以保护。

人民法院、人民检察院、公安机关依法采取保护措施，有关单位和个人应当配合。

第六十五条　证人因履行作证义务而支出的交通、住宿、就餐等费用，应当给予补助。证人作证的补助列入司法机关业务经费，由同级政府财政予以保障。

有工作单位的证人作证，所在单位不得克扣或者变相克扣其工资、奖金及其他福利待遇。

第六章　强制措施

第六十六条　人民法院、人民检察院和公安机关根据案件情况,对犯罪嫌疑人、被告人可以拘传、取保候审或者监视居住。

第六十七条　人民法院、人民检察院和公安机关对有下列情形之一的犯罪嫌疑人、被告人,可以取保候审:

(一)可能判处管制、拘役或者独立适用附加刑的;

(二)可能判处有期徒刑以上刑罚,采取取保候审不致发生社会危险性的;

(三)患有严重疾病、生活不能自理,怀孕或者正在哺乳自己婴儿的妇女,采取取保候审不致发生社会危险性的;

(四)羁押期限届满,案件尚未办结,需要采取取保候审的。

取保候审由公安机关执行。

第六十八条　人民法院、人民检察院和公安机关决定对犯罪嫌疑人、被告人取保候审,应当责令犯罪嫌疑人、被告人提出保证人或者交纳保证金。

第六十九条　保证人必须符合下列条件:

(一)与本案无牵连;

(二)有能力履行保证义务;

(三)享有政治权利,人身自由未受到限制;

(四)有固定的住处和收入。

第七十条　保证人应当履行以下义务:

(一)监督被保证人遵守本法第七十一条的规定;

(二)发现被保证人可能发生或者已经发生违反本法第七十一条规定的行为的,应当及时向执行机关报告。

被保证人有违反本法第七十一条规定的行为,保证人未履行保证义务的,对保证人处以罚款,构成犯罪的,依法追究刑事责任。

第七十一条　被取保候审的犯罪嫌疑人、被告人应当遵守以下规定:

(一)未经执行机关批准不得离开所居住的市、县;

(二)住址、工作单位和联系方式发生变动的,在二十四小时以内向执行机关报告;

(三)在传讯的时候及时到案;

（四）不得以任何形式干扰证人作证；

（五）不得毁灭、伪造证据或者串供。

人民法院、人民检察院和公安机关可以根据案件情况，责令被取保候审的犯罪嫌疑人、被告人遵守以下一项或者多项规定：

（一）不得进入特定的场所；

（二）不得与特定的人员会见或者通信；

（三）不得从事特定的活动；

（四）将护照等出入境证件、驾驶证件交执行机关保存。

被取保候审的犯罪嫌疑人、被告人违反前两款规定，已交纳保证金的，没收部分或者全部保证金，并且区别情形，责令犯罪嫌疑人、被告人具结悔过、重新交纳保证金、提出保证人，或者监视居住、予以逮捕。

对违反取保候审规定，需要予以逮捕的，可以对犯罪嫌疑人、被告人先行拘留。

第七十二条　取保候审的决定机关应当综合考虑保证诉讼活动正常进行的需要，被取保候审人的社会危险性，案件的性质、情节，可能判处刑罚的轻重，被取保候审人的经济状况等情况，确定保证金的数额。

提供保证金的人应当将保证金存入执行机关指定银行的专门账户。

第七十三条　犯罪嫌疑人、被告人在取保候审期间未违反本法第七十一条规定的，取保候审结束的时候，凭解除取保候审的通知或者有关法律文书到银行领取退还的保证金。

第七十四条　人民法院、人民检察院和公安机关对符合逮捕条件，有下列情形之一的犯罪嫌疑人、被告人，可以监视居住：

（一）患有严重疾病、生活不能自理的；

（二）怀孕或者正在哺乳自己婴儿的妇女；

（三）系生活不能自理的人的唯一扶养人；

（四）因为案件的特殊情况或者办理案件的需要，采取监视居住措施更为适宜的；

（五）羁押期限届满，案件尚未办结，需要采取监视居住措施的。

对符合取保候审条件，但犯罪嫌疑人、被告人不能提出保证人，也不交纳保证金的，可以监视居住。

监视居住由公安机关执行。

第七十五条　监视居住应当在犯罪嫌疑人、被告人的住处执行；无固定住处的，可以在指定的居所执行。对于涉嫌危害国家安全犯罪、恐怖活动犯罪,在住处执行可能有碍侦查的,经上一级公安机关批准,也可以在指定的居所执行。但是,不得在羁押场所、专门的办案场所执行。

指定居所监视居住的,除无法通知的以外,应当在执行监视居住后二十四小时以内,通知被监视居住人的家属。

被监视居住的犯罪嫌疑人、被告人委托辩护人,适用本法第三十四条的规定。

人民检察院对指定居所监视居住的决定和执行是否合法实行监督。

第七十六条 指定居所监视居住的期限应当折抵刑期。被判处管制的,监视居住一日折抵刑期一日;被判处拘役、有期徒刑的,监视居住二日折抵刑期一日。

第七十七条 被监视居住的犯罪嫌疑人、被告人应当遵守以下规定:

(一)未经执行机关批准不得离开执行监视居住的处所;

(二)未经执行机关批准不得会见他人或者通信;

(三)在传讯的时候及时到案;

(四)不得以任何形式干扰证人作证;

(五)不得毁灭、伪造证据或者串供;

(六)将护照等出入境证件、身份证件、驾驶证件交执行机关保存。

被监视居住的犯罪嫌疑人、被告人违反前款规定,情节严重的,可以予以逮捕;需要予以逮捕的,可以对犯罪嫌疑人、被告人先行拘留。

第七十八条 执行机关对被监视居住的犯罪嫌疑人、被告人,可以采取电子监控、不定期检查等监视方法对其遵守监视居住规定的情况进行监督;在侦查期间,可以对被监视居住的犯罪嫌疑人的通信进行监控。

第七十九条 人民法院、人民检察院和公安机关对犯罪嫌疑人、被告人取保候审最长不得超过十二个月,监视居住最长不得超过六个月。

在取保候审、监视居住期间,不得中断对案件的侦查、起诉和审理。对于发现不应当追究刑事责任或者取保候审、监视居住期限届满的,应当及时解除取保候审、监视居住。解除取保候审、监视居住,应当及时通知被取保候审、监视居住人和有关单位。

第八十条 逮捕犯罪嫌疑人、被告人,必须经过人民检察院批准或者人民法院决定,由公安机关执行。

第八十一条 对有证据证明有犯罪事实,可能判处徒刑以上刑罚的犯罪嫌疑人、被告人,采取取保候审尚不足以防止发生下列社会危险性的,应当予以逮捕:

（一）可能实施新的犯罪的；

（二）有危害国家安全、公共安全或者社会秩序的现实危险的；

（三）可能毁灭、伪造证据，干扰证人作证或者串供的；

（四）可能对被害人、举报人、控告人实施打击报复的；

（五）企图自杀或者逃跑的。

批准或者决定逮捕，应当将犯罪嫌疑人、被告人涉嫌犯罪的性质、情节，认罪认罚等情况，作为是否可能发生社会危险性的考虑因素。

对有证据证明有犯罪事实，可能判处十年有期徒刑以上刑罚的，或者有证据证明有犯罪事实，可能判处徒刑以上刑罚，曾经故意犯罪或者身份不明的，应当予以逮捕。

被取保候审、监视居住的犯罪嫌疑人、被告人违反取保候审、监视居住规定，情节严重的，可以予以逮捕。

第八十二条　公安机关对于现行犯或者重大嫌疑分子，如果有下列情形之一的，可以先行拘留：

（一）正在预备犯罪、实行犯罪或者在犯罪后即时被发觉的；

（二）被害人或者在场亲眼看见的人指认他犯罪的；

（三）在身边或者住处发现有犯罪证据的；

（四）犯罪后企图自杀、逃跑或者在逃的；

（五）有毁灭、伪造证据或者串供可能的；

（六）不讲真实姓名、住址，身份不明的；

（七）有流窜作案、多次作案、结伙作案重大嫌疑的。

第八十三条　公安机关在异地执行拘留、逮捕的时候，应当通知被拘留、逮捕人所在地的公安机关，被拘留、逮捕人所在地的公安机关应当予以配合。

第八十四条　对于有下列情形的人，任何公民都可以立即扭送公安机关、人民检察院或者人民法院处理：

（一）正在实行犯罪或者在犯罪后即时被发觉的；

（二）通缉在案的；

（三）越狱逃跑的；

（四）正在被追捕的。

第八十五条　公安机关拘留人的时候，必须出示拘留证。

拘留后，应当立即将被拘留人送看守所羁押，至迟不得超过二十四小时。除无法通知或者涉嫌危害国家安全犯罪、恐怖活动犯罪通知可能有碍侦查的情形以外,应当在拘留后二十四小时以内,通知被拘留人的家属。有碍侦查的情形消失以后,应当立即通知被拘留人的家属。

第八十六条 公安机关对被拘留的人,应当在拘留后的二十四小时以内进行讯问。在发现不应当拘留的时候,必须立即释放,发给释放证明。

第八十七条 公安机关要求逮捕犯罪嫌疑人的时候,应当写出提请批准逮捕书,连同案卷材料、证据,一并移送同级人民检察院审查批准。必要的时候,人民检察院可以派人参加公安机关对于重大案件的讨论。

第八十八条 人民检察院审查批准逮捕,可以讯问犯罪嫌疑人;有下列情形之一的,应当讯问犯罪嫌疑人:

(一)对是否符合逮捕条件有疑问的;

(二)犯罪嫌疑人要求向检察人员当面陈述的;

(三)侦查活动可能有重大违法行为的。

人民检察院审查批准逮捕,可以询问证人等诉讼参与人,听取辩护律师的意见;辩护律师提出要求的,应当听取辩护律师的意见。

第八十九条 人民检察院审查批准逮捕犯罪嫌疑人由检察长决定。重大案件应当提交检察委员会讨论决定。

第九十条 人民检察院对于公安机关提请批准逮捕的案件进行审查后,应当根据情况分别作出批准逮捕或者不批准逮捕的决定。对于批准逮捕的决定,公安机关应当立即执行,并且将执行情况及时通知人民检察院。对于不批准逮捕的,人民检察院应当说明理由,需要补充侦查的,应当同时通知公安机关。

第九十一条 公安机关对被拘留的人,认为需要逮捕的,应当在拘留后的三日以内,提请人民检察院审查批准。在特殊情况下,提请审查批准的时间可以延长一日至四日。

对于流窜作案、多次作案、结伙作案的重大嫌疑分子,提请审查批准的时间可以延长至三十日。

人民检察院应当自接到公安机关提请批准逮捕书后的七日以内,作出批准逮捕或者不批准逮捕的决定。人民检察院不批准逮捕的,公安机关应当在接到通知后立即释放,并且将执行情况及时通知人民检察院。对于需要继续侦查,并且符合取保候审、监视居住条件的,依法取保候审或者监视居住。

第九十二条 公安机关对人民检察院不批准逮捕的决定,认为有错误的时候,可以要求复议,但是必须将被拘留的人立即释放。如果意见不被接受,可以向上一级人民检察院提请复核。上级人民检察院应当立即复核,作出是否变更的决定,通知下级人民检察院和公安机关执行。

第九十三条　公安机关逮捕人的时候,必须出示逮捕证。

逮捕后,应当立即将被逮捕人送看守所羁押。除无法通知的以外,应当在逮捕后二十四小时以内,通知被逮捕人的家属。

第九十四条　人民法院、人民检察院对于各自决定逮捕的人,公安机关对于经人民检察院批准逮捕的人,都必须在逮捕后的二十四小时以内进行讯问。在发现不应当逮捕的时候,必须立即释放,发给释放证明。

第九十五条　犯罪嫌疑人、被告人被逮捕后,人民检察院仍应当对羁押的必要性进行审查。对不需要继续羁押的,应当建议予以释放或者变更强制措施。有关机关应当在十日以内将处理情况通知人民检察院。

第九十六条　人民法院、人民检察院和公安机关如果发现对犯罪嫌疑人、被告人采取强制措施不当的,应当及时撤销或者变更。公安机关释放被逮捕的人或者变更逮捕措施的,应当通知原批准的人民检察院。

第九十七条　犯罪嫌疑人、被告人及其法定代理人、近亲属或者辩护人有权申请变更强制措施。人民法院、人民检察院和公安机关收到申请后,应当在三日以内作出决定;不同意变更强制措施的,应当告知申请人,并说明不同意的理由。

第九十八条　犯罪嫌疑人、被告人被羁押的案件,不能在本法规定的侦查羁押、审查起诉、一审、二审期限内办结的,对犯罪嫌疑人、被告人应当予以释放;需要继续查证、审理的,对犯罪嫌疑人、被告人可以取保候审或者监视居住。

第九十九条　人民法院、人民检察院或者公安机关对被采取强制措施法定期限届满的犯罪嫌疑人、被告人,应当予以释放、解除取保候审、监视居住或者依法变更强制措施。犯罪嫌疑人、被告人及其法定代理人、近亲属或者辩护人对于人民法院、人民检察院或者公安机关采取强制措施法定期限届满的,有权要求解除强制措施。

第一百条　人民检察院在审查批准逮捕工作中,如果发现公安机关的侦查活动有违法情况,应当通知公安机关予以纠正,公安机关应将纠正情况通知人民检察院。

第七章　附带民事诉讼

第一百零一条　被害人由于被告人的犯罪行为而遭受物质损失的,在刑事诉讼过程中,有权提起附带民事诉讼。被害人死亡或者丧失行为能力的,被害人的法定代理人、近亲属有权提起附带民事诉讼。

如果是国家财产、集体财产遭受损失的,人民检察院在提起公诉的时候,可以提起附带民事诉讼。

第一百零二条　人民法院在必要的时候,可以采取保全措施,查封、扣押或者冻结被告人的财产。附带民事诉讼原告人或者人民检察院可以申请人民法院采取保全措施。人民法院采取保全措施,适用民事诉讼法的有关规定。

第一百零三条　人民法院审理附带民事诉讼案件,可以进行调解,或者根据物质损失情况作出判决、裁定。

第一百零四条　附带民事诉讼应当同刑事案件一并审判,只有为了防止刑事案件审判的过分迟延,才可以在刑事案件审判后,由同一审判组织继续审理附带民事诉讼。

第八章　期间、送达

第一百零五条　期间以时、日、月计算。

期间开始的时和日不算在期间以内。

法定期间不包括路途上的时间。上诉状或者其他文件在期满前已经交邮的,不算过期。

期间的最后一日为节假日的,以节假日后的第一日为期满日期,但犯罪嫌疑人、被告人或者罪犯在押期间,应当至期满之日为止,不得因节假日而延长。

第一百零六条　当事人由于不能抗拒的原因或者有其他正当理由而耽误期限的,在障碍消除后五日以内,可以申请继续进行应当在期满以前完成的诉讼活动。

前款申请是否准许,由人民法院裁定。

第一百零七条　送达传票、通知书和其他诉讼文件应当交给收件人本人;如果本人不在,可以交给他的成年家属或者所在单位的负责人员代收。

收件人本人或者代收人拒绝接收或者拒绝签名、盖章的时候,送达人可以邀请他的邻居或者其他见证人到场,说明情况,把文件留在他的住处,在送达证上记明拒绝的事由、送达的日期,由送达人签名,即认为已经送达。

第九章　　其他规定

第一百零八条　本法下列用语的含意是:

(一)"侦查"是指公安机关、人民检察院对于刑事案件,依照法律进行的收集证据、查明案情的工作和有关的强制性措施;

(二)"当事人"是指被害人、自诉人、犯罪嫌疑人、被告人、附带民事诉讼的原告人和被告人;

(三)"法定代理人"是指被代理人的父母、养父母、监护人和负有保护责任的机关、团体的代表;

(四)"诉讼参与人"是指当事人、法定代理人、诉讼代理人、辩护人、证人、鉴定人和翻译人员;

(五)"诉讼代理人"是指公诉案件的被害人及其法定代理人或者近亲属、自诉案件的自诉人及其法定代理人委托代为参加诉讼的人和附带民事诉讼的当事人及其法定代理人委托代为参加诉讼的人;

(六)"近亲属"是指夫、妻、父、母、子、女、同胞兄弟姊妹。

第二编　　立案、侦查和提起公诉

第一章　　立　案

第一百零九条　公安机关或者人民检察院发现犯罪事实或者犯罪嫌疑人,应当按照管辖范围,立案侦查。

第一百一十条　任何单位和个人发现有犯罪事实或者犯罪嫌疑人,有权利也有义务向公安机关、人民检察院或者人民法院报案或者举报。

被害人对侵犯其人身、财产权利的犯罪事实或者犯罪嫌疑人,有权向公安机关、人民检察院或者人民法院报案或者控告。

公安机关、人民检察院或者人民法院对于报案、控告、举报,都应当接受。对于不属于自己管辖的,应当移送主管机关处理,并且通知报案人、控告人、举报人;对于不属于自己管辖而又必须采取紧急措施的,应当先采取紧急措施,然后移送主管机关。

犯罪人向公安机关、人民检察院或者人民法院自首的,适用第三款规定。

第一百一十一条 报案、控告、举报可以用书面或者口头提出。接受口头报案、控告、举报的工作人员,应当写成笔录,经宣读无误后,由报案人、控告人、举报人签名或者盖章。

接受控告、举报的工作人员,应当向控告人、举报人说明诬告应负的法律责任。但是,只要不是捏造事实,伪造证据,即使控告、举报的事实有出入,甚至是错告的,也要和诬告严格加以区别。

公安机关、人民检察院或者人民法院应当保障报案人、控告人、举报人及其近亲属的安全。报案人、控告人、举报人如果不愿公开自己的姓名和报案、控告、举报的行为,应当为他保守秘密。

第一百一十二条 人民法院、人民检察院或者公安机关对于报案、控告、举报和自首的材料,应当按照管辖范围,迅速进行审查,认为有犯罪事实需要追究刑事责任的时候,应当立案;认为没有犯罪事实,或者犯罪事实显著轻微,不需要追究刑事责任的时候,不予立案,并且将不立案的原因通知控告人。控告人如果不服,可以申请复议。

第一百一十三条 人民检察院认为公安机关对应当立案侦查的案件而不立案侦查的,或者被害人认为公安机关对应当立案侦查的案件而不立案侦查,向人民检察院提出的,人民检察院应当要求公安机关说明不立案的理由。人民检察院认为公安机关不立案理由不能成立的,应当通知公安机关立案,公安机关接到通知后应当立案。

第一百一十四条 对于自诉案件,被害人有权向人民法院直接起诉。被害人死亡或者丧失行为能力的,被害人的法定代理人、近亲属有权向人民法院起诉。人民法院应当依法受理。

第二章 侦 查

第一节 一般规定

第一百一十五条 公安机关对已经立案的刑事案件,应当进行侦查,收集、调取犯罪嫌疑人有罪或者无罪、罪轻或者罪重的证据材料。对现行犯或者重大嫌疑分子可以依法先行拘留,对符合逮捕条件的犯罪嫌疑人,应当依法逮捕。

第一百一十六条 公安机关经过侦查,对有证据证明有犯罪事实的案件,应当进行预审,对收集、调取的证据材料予以核实。

第一百一十七条 当事人和辩护人、诉讼代理人、利害关系人对于司法机关及其工作人员有下列行为之一的,有权向该机关申诉或者控告:

(一)采取强制措施法定期限届满,不予以释放、解除或者变更的;

(二)应当退还取保候审保证金不退还的;

(三)对与案件无关的财物采取查封、扣押、冻结措施的;

(四)应当解除查封、扣押、冻结不解除的;

(五)贪污、挪用、私分、调换、违反规定使用查封、扣押、冻结的财物的。

受理申诉或者控告的机关应当及时处理。对处理不服的,可以向同级人民检察院申诉;人民检察院直接受理的案件,可以向上一级人民检察院申诉。人民检察院对申诉应当及时进行审查,情况属实的,通知有关机关予以纠正。

第二节 讯问犯罪嫌疑人

第一百一十八条 讯问犯罪嫌疑人必须由人民检察院或者公安机关的侦查人员负责进行。讯问的时候,侦查人员不得少于二人。

犯罪嫌疑人被送交看守所羁押以后,侦查人员对其进行讯问,应当在看守所内进行。

第一百一十九条 对不需要逮捕、拘留的犯罪嫌疑人,可以传唤到犯罪嫌疑人所在市、县内的指定地点或者到他的住处进行讯问,但是应当出示人民检察院或者公安机关的证明文件。对在现场发现的犯罪嫌疑人,经出示工作证件,可以口头传唤,但应当在讯问笔录中注明。

传唤、拘传持续的时间不得超过十二小时;案情特别重大、复杂,需要采取拘留、逮捕措施的,传唤、拘传持续的时间不得超过二十四小时。

不得以连续传唤、拘传的形式变相拘禁犯罪嫌疑人。传唤、拘传犯罪嫌疑人,应当保证犯罪嫌疑人的饮食和必要的休息时间。

第一百二十条 侦查人员在讯问犯罪嫌疑人的时候,应当首先讯问犯罪嫌疑人是否有犯罪行为,让他陈述有罪的情节或者无罪的辩解,然后向他提出问题。犯罪嫌疑人对侦查人员的提问,应当如实回答。但是对与本案无关的问题,有拒绝回答的权利。

侦查人员在讯问犯罪嫌疑人的时候,应当告知犯罪嫌疑人享有的诉讼权利,如实供述自己罪行可以从宽处理和认罪认罚的法律规定。

第一百二十一条 讯问聋、哑的犯罪嫌疑人,应当有通晓聋、哑手势的人参加,并且将这种情况记明笔录。

第一百二十二条 讯问笔录应当交犯罪嫌疑人核对,对于没有阅读能力的,应当向他宣读。如果记载有遗漏或者差错,犯罪嫌疑人可以提出补充或者改正。犯罪嫌疑人承认笔录没有错误后,应当签名或者盖章。侦查人员也应当在笔录上签名。犯罪嫌疑人请求自行书写供述的,应当准许。必要的时候,侦查人员也可以要犯罪嫌疑人亲笔书写供词。

第一百二十三条 侦查人员在讯问犯罪嫌疑人的时候,可以对讯问过程进行录音或者录像;对于可能判处无期徒刑、死刑的案件或者其他重大犯罪案件,应当对讯问过程进行录音或者录像。

录音或者录像应当全程进行,保持完整性。

第三节 询问证人

第一百二十四条 侦查人员询问证人,可以在现场进行,也可以到证人所在单位、住处或者证人提出的地点进行,在必要的时候,可以通知证人到人民检察院或者公安机关提供证言。在现场询问证人,应当出示工作证件,到证人所在单位、住处或者证人提出的地点询问证人,应当出示人民检察院或者公安机关的证明文件。

询问证人应当个别进行。

第一百二十五条 询问证人,应当告知他应当如实地提供证据、证言和有意作伪证或者隐匿罪证要负的法律责任。

第一百二十六条 本法第一百二十二条的规定,也适用于询问证人。

第一百二十七条 询问被害人,适用本节各条规定。

第四节 勘验、检查

第一百二十八条 侦查人员对于与犯罪有关的场所、物品、人身、尸体应当进行勘验或者检查。在必要的时候,可以指派或者聘请具有专门知识的人,在侦查人员的主持下进行勘验、检查。

第一百二十九条　任何单位和个人,都有义务保护犯罪现场,并且立即通知公安机关派员勘验。

第一百三十条　侦查人员执行勘验、检查,必须持有人民检察院或者公安机关的证明文件。

第一百三十一条　对于死因不明的尸体,公安机关有权决定解剖,并且通知死者家属到场。

第一百三十二条　为了确定被害人、犯罪嫌疑人的某些特征、伤害情况或者生理状态,可以对人身进行检查,可以提取指纹信息,采集血液、尿液等生物样本。

犯罪嫌疑人如果拒绝检查,侦查人员认为必要的时候,可以强制检查。

检查妇女的身体,应当由女工作人员或者医师进行。

第一百三十三条　勘验、检查的情况应当写成笔录,由参加勘验、检查的人和见证人签名或者盖章。

第一百三十四条　人民检察院审查案件的时候,对公安机关的勘验、检查,认为需要复验、复查时,可以要求公安机关复验、复查,并且可以派检察人员参加。

第一百三十五条　为了查明案情,在必要的时候,经公安机关负责人批准,可以进行侦查实验。

侦查实验的情况应当写成笔录,由参加实验的人签名或者盖章。

侦查实验,禁止一切足以造成危险、侮辱人格或者有伤风化的行为。

第五节　搜　查

第一百三十六条　为了收集犯罪证据、查获犯罪人,侦查人员可以对犯罪嫌疑人以及可能隐藏罪犯或者犯罪证据的人的身体、物品、住处和其他有关的地方进行搜查。

第一百三十七条　任何单位和个人,有义务按照人民检察院和公安机关的要求,交出可以证明犯罪嫌疑人有罪或者无罪的物证、书证、视听资料等证据。

第一百三十八条　进行搜查,必须向被搜查人出示搜查证。

在执行逮捕、拘留的时候,遇有紧急情况,不另用搜查证也可以进行搜查。

第一百三十九条　在搜查的时候,应当有被搜查人或者他的家属,邻居或者其他见证人在场。

搜查妇女的身体,应当由女工作人员进行。

第一百四十条 搜查的情况应当写成笔录,由侦查人员和被搜查人或者他的家属,邻居或者其他见证人签名或者盖章。如果被搜查人或者他的家属在逃或者拒绝签名、盖章,应当在笔录上注明。

第六节 查封、扣押物证、书证

第一百四十一条 在侦查活动中发现的可用以证明犯罪嫌疑人有罪或者无罪的各种财物、文件,应当查封、扣押;与案件无关的财物、文件,不得查封、扣押。

对查封、扣押的财物、文件,要妥善保管或者封存,不得使用、调换或者损毁。

第一百四十二条 对查封、扣押的财物、文件,应当会同在场见证人和被查封、扣押财物、文件持有人查点清楚,当场开列清单一式二份,由侦查人员、见证人和持有人签名或者盖章,一份交给持有人,另一份附卷备查。

第一百四十三条 侦查人员认为需要扣押犯罪嫌疑人的邮件、电报的时候,经公安机关或者人民检察院批准,即可通知邮电机关将有关的邮件、电报检交扣押。

不需要继续扣押的时候,应即通知邮电机关。

第一百四十四条 人民检察院、公安机关根据侦查犯罪的需要,可以依照规定查询、冻结犯罪嫌疑人的存款、汇款、债券、股票、基金份额等财产。有关单位和个人应当配合。

犯罪嫌疑人的存款、汇款、债券、股票、基金份额等财产已被冻结的,不得重复冻结。

第一百四十五条 对查封、扣押的财物、文件、邮件、电报或者冻结的存款、汇款、债券、股票、基金份额等财产,经查明确实与案件无关的,应当在三日以内解除查封、扣押、冻结,予以退还。

第七节 鉴 定

第一百四十六条 为了查明案情,需要解决案件中某些专门性问题的时候,应当指派、聘请有专门知识的人进行鉴定。

第一百四十七条 鉴定人进行鉴定后,应当写出鉴定意见,并且签名。

鉴定人故意作虚假鉴定的,应当承担法律责任。

第一百四十八条 侦查机关应当将用作证据的鉴定意见告知犯罪嫌疑人、被害人。如果犯罪嫌疑人、被害人提出申请,可以补充鉴定或者重新鉴定。

第一百四十九条 对犯罪嫌疑人作精神病鉴定的期间不计入办案期限。

第八节 技术侦查措施

第一百五十条 公安机关在立案后,对于危害国家安全犯罪、恐怖活动犯罪、黑社会性质的组织犯罪、重大毒品犯罪或者其他严重危害社会的犯罪案件,根据侦查犯罪的需要,经过严格的批准手续,可以采取技术侦查措施。

人民检察院在立案后,对于利用职权实施的严重侵犯公民人身权利的重大犯罪案件,根据侦查犯罪的需要,经过严格的批准手续,可以采取技术侦查措施,按照规定交有关机关执行。

追捕被通缉或者批准、决定逮捕的在逃的犯罪嫌疑人、被告人,经过批准,可以采取追捕所必需的技术侦查措施。

第一百五十一条 批准决定应当根据侦查犯罪的需要,确定采取技术侦查措施的种类和适用对象。批准决定自签发之日起三个月以内有效。对于不需要继续采取技术侦查措施的,应当及时解除;对于复杂、疑难案件,期限届满仍有必要继续采取技术侦查措施的,经过批准,有效期可以延长,每次不得超过三个月。

第一百五十二条 采取技术侦查措施,必须严格按照批准的措施种类、适用对象和期限执行。

侦查人员对采取技术侦查措施过程中知悉的国家秘密、商业秘密和个人隐私,应当保密;对采取技术侦查措施获取的与案件无关的材料,必须及时销毁。

采取技术侦查措施获取的材料,只能用于对犯罪的侦查、起诉和审判,不得用于其他用途。

公安机关依法采取技术侦查措施,有关单位和个人应当配合,并对有关情况予以保密。

第一百五十三条 为了查明案情,在必要的时候,经公安机关负责人决定,可以由有关人员隐匿其身份实施侦查。但是,不得诱使他人犯罪,不得采用可能危害公共安全或者发生重大人身危险的方法。

对涉及给付毒品等违禁品或者财物的犯罪活动,公安机关根据侦查犯罪的需要,可以依照规定实施控制下交付。

第一百五十四条 依照本节规定采取侦查措施收集的材料在刑事诉讼中可以作为证据使用。如果使用该证据可能危及有关人员的人身安全,或者可能产生其他严重后果的,应当采取不暴露有关人员身份、技术方法等保护措施,必要的时候,可以由审判人员在庭外对证据进行核实。

第九节 通 缉

第一百五十五条 应当逮捕的犯罪嫌疑人如果在逃,公安机关可以发布通缉令,采取有效措施,追捕归案。

各级公安机关在自己管辖的地区以内,可以直接发布通缉令;超出自己管辖的地区,应当报请有权决定的上级机关发布。

第十节 侦查终结

第一百五十六条 对犯罪嫌疑人逮捕后的侦查羁押期限不得超过二个月。案情复杂、期限届满不能终结的案件,可以经上一级人民检察院批准延长一个月。

第一百五十七条 因为特殊原因,在较长时间内不宜交付审判的特别重大复杂的案件,由最高人民检察院报请全国人民代表大会常务委员会批准延期审理。

第一百五十八条 下列案件在本法第一百五十六条规定的期限届满不能侦查终结的,经省、自治区、直辖市人民检察院批准或者决定,可以延长二个月:

(一)交通十分不便的边远地区的重大复杂案件;

(二)重大的犯罪集团案件;

(三)流窜作案的重大复杂案件;

(四)犯罪涉及面广,取证困难的重大复杂案件。

第一百五十九条 对犯罪嫌疑人可能判处十年有期徒刑以上刑罚,依照本法第一百五十八条规定延长期限届满,仍不能侦查终结的,经省、自治区、直辖市人民检察院批准或者决定,可以再延长二个月。

第一百六十条 在侦查期间,发现犯罪嫌疑人另有重要罪行的,自发现之日起依照本法第一百五十六条的规定重新计算侦查羁押期限。

犯罪嫌疑人不讲真实姓名、住址，身份不明的，应当对其身份进行调查，侦查羁押期限自查清其身份之日起计算，但是不得停止对其犯罪行为的侦查取证。对于犯罪事实清楚，证据确实、充分，确实无法查明其身份的，也可以按其自报的姓名起诉、审判。

第一百六十一条　在案件侦查终结前，辩护律师提出要求的，侦查机关应当听取辩护律师的意见，并记录在案。辩护律师提出书面意见的，应当附卷。

第一百六十二条　公安机关侦查终结的案件，应当做到犯罪事实清楚，证据确实、充分，并且写出起诉意见书，连同案卷材料、证据一并移送同级人民检察院审查决定；同时将案件移送情况告知犯罪嫌疑人及其辩护律师。

犯罪嫌疑人自愿认罪的，应当记录在案，随案移送，并在起诉意见书中写明有关情况。

第一百六十三条　在侦查过程中，发现不应对犯罪嫌疑人追究刑事责任的，应当撤销案件；犯罪嫌疑人已被逮捕的，应当立即释放，发给释放证明，并且通知原批准逮捕的人民检察院。

第十一节　人民检察院对直接受理的案件的侦查

第一百六十四条　人民检察院对直接受理的案件的侦查适用本章规定。

第一百六十五条　人民检察院直接受理的案件中符合本法第八十一条、第八十二条第四项、第五项规定情形，需要逮捕、拘留犯罪嫌疑人的，由人民检察院作出决定，由公安机关执行。

第一百六十六条　人民检察院对直接受理的案件中被拘留的人，应当在拘留后的二十四小时以内进行讯问。在发现不应当拘留的时候，必须立即释放，发给释放证明。

第一百六十七条　人民检察院对直接受理的案件中被拘留的人，认为需要逮捕的，应当在十四日以内作出决定。在特殊情况下，决定逮捕的时间可以延长一日至三日。对不需要逮捕的，应当立即释放；对需要继续侦查，并且符合取保候审、监视居住条件的，依法取保候审或者监视居住。

第一百六十八条　人民检察院侦查终结的案件，应当作出提起公诉、不起诉或者撤销案件的决定。

第三章 提起公诉

第一百六十九条 凡需要提起公诉的案件，一律由人民检察院审查决定。

第一百七十条 人民检察院对于监察机关移送起诉的案件，依照本法和监察法的有关规定进行审查。人民检察院经审查，认为需要补充核实的，应当退回监察机关补充调查，必要时可以自行补充侦查。

对于监察机关移送起诉的已采取留置措施的案件，人民检察院应当对犯罪嫌疑人先行拘留，留置措施自动解除。人民检察院应当在拘留后的十日以内作出是否逮捕、取保候审或者监视居住的决定。在特殊情况下，决定的时间可以延长一日至四日。人民检察院决定采取强制措施的期间不计入审查起诉期限。

第一百七十一条 人民检察院审查案件的时候，必须查明：

（一）犯罪事实、情节是否清楚，证据是否确实、充分，犯罪性质和罪名的认定是否正确；

（二）有无遗漏罪行和其他应当追究刑事责任的人；

（三）是否属于不应追究刑事责任的；

（四）有无附带民事诉讼；

（五）侦查活动是否合法。

第一百七十二条 人民检察院对于监察机关、公安机关移送起诉的案件，应当在一个月以内作出决定，重大、复杂的案件，可以延长十五日；犯罪嫌疑人认罪认罚，符合速裁程序适用条件的，应当在十日以内作出决定，对可能判处的有期徒刑超过一年的，可以延长至十五日。

人民检察院审查起诉的案件，改变管辖的，从改变后的人民检察院收到案件之日起计算审查起诉期限。

第一百七十三条 人民检察院审查案件，应当讯问犯罪嫌疑人，听取辩护人或者值班律师、被害人及其诉讼代理人的意见，并记录在案。辩护人或者值班律师、被害人及其诉讼代理人提出书面意见的，应当附卷。

犯罪嫌疑人认罪认罚的，人民检察院应当告知其享有的诉讼权利和认罪认罚的法律规定，听取犯罪嫌疑人、辩护人或者值班律师、被害人及其诉讼代理人对下列事项的意见，并记录在案：

（一）涉嫌的犯罪事实、罪名及适用的法律规定；

（二）从轻、减轻或者免除处罚等从宽处罚的建议；

（三）认罪认罚后案件审理适用的程序；

（四）其他需要听取意见的事项。

人民检察院依照前两款规定听取值班律师意见的，应当提前为值班律师了解案件有关情况提供必要的便利。

第一百七十四条　犯罪嫌疑人自愿认罪，同意量刑建议和程序适用的，应当在辩护人或者值班律师在场的情况下签署认罪认罚具结书。

犯罪嫌疑人认罪认罚，有下列情形之一的，不需要签署认罪认罚具结书：

（一）犯罪嫌疑人是盲、聋、哑人，或者是尚未完全丧失辨认或者控制自己行为能力的精神病人的；

（二）未成年犯罪嫌疑人的法定代理人、辩护人对未成年人认罪认罚有异议的；

（三）其他不需要签署认罪认罚具结书的情形。

第一百七十五条　人民检察院审查案件，可以要求公安机关提供法庭审判所必需的证据材料；认为可能存在本法第五十六条规定的以非法方法收集证据情形的，可以要求其对证据收集的合法性作出说明。

人民检察院审查案件，对于需要补充侦查的，可以退回公安机关补充侦查，也可以自行侦查。

对于补充侦查的案件，应当在一个月以内补充侦查完毕。补充侦查以二次为限。补充侦查完毕移送人民检察院后，人民检察院重新计算审查起诉期限。

对于二次补充侦查的案件，人民检察院仍然认为证据不足，不符合起诉条件的，应当作出不起诉的决定。

第一百七十六条　人民检察院认为犯罪嫌疑人的犯罪事实已经查清，证据确实、充分，依法应当追究刑事责任的，应当作出起诉决定，按照审判管辖的规定，向人民法院提起公诉，并将案卷材料、证据移送人民法院。

犯罪嫌疑人认罪认罚的，人民检察院应当就主刑、附加刑、是否适用缓刑等提出量刑建议，并随案移送认罪认罚具结书等材料。

第一百七十七条　犯罪嫌疑人没有犯罪事实，或者有本法第十六条规定的情形之一的，人民检察院应当作出不起诉决定。

对于犯罪情节轻微，依照刑法规定不需要判处刑罚或者免除刑罚的，人民检察院可以作出不起诉决定。

人民检察院决定不起诉的案件,应当同时对侦查中查封、扣押、冻结的财物解除查封、扣押、冻结。对被不起诉人需要给予行政处罚、处分或者需要没收其违法所得的,人民检察院应当提出检察意见,移送有关主管机关处理。有关主管机关应当将处理结果及时通知人民检察院。

第一百七十八条　不起诉的决定,应当公开宣布,并且将不起诉决定书送达被不起诉人和他的所在单位。如果被不起诉人在押,应当立即释放。

第一百七十九条　对于公安机关移送起诉的案件,人民检察院决定不起诉的,应当将不起诉决定书送达公安机关。公安机关认为不起诉的决定有错误的时候,可以要求复议,如果意见不被接受,可以向上一级人民检察院提请复核。

第一百八十条　对于有被害人的案件,决定不起诉的,人民检察院应当将不起诉决定书送达被害人。被害人如果不服,可以自收到决定书后七日以内向上一级人民检察院申诉,请求提起公诉。人民检察院应当将复查决定告知被害人。对人民检察院维持不起诉决定的,被害人可以向人民法院起诉。被害人也可以不经申诉,直接向人民法院起诉。人民法院受理案件后,人民检察院应当将有关案件材料移送人民法院。

第一百八十一条　对于人民检察院依照本法第一百七十七条第二款规定作出的不起诉决定,被不起诉人如果不服,可以自收到决定书后七日以内向人民检察院申诉。人民检察院应当作出复查决定,通知被不起诉的人,同时抄送公安机关。

第一百八十二条　犯罪嫌疑人自愿如实供述涉嫌犯罪的事实,有重大立功或者案件涉及国家重大利益的,经最高人民检察院核准,公安机关可以撤销案件,人民检察院可以作出不起诉决定,也可以对涉嫌数罪中的一项或者多项不起诉。

根据前款规定不起诉或者撤销案件的,人民检察院、公安机关应当及时对查封、扣押、冻结的财物及其孳息作出处理。

第三编　审　判

第一章　审判组织

第一百八十三条　基层人民法院、中级人民法院审判第一审案件,应当由审判员三人或者由审判员和人民陪审员共三人或者七人组成合议庭进行,但是基层人民法院适用简易程序、速裁程序的案件可以由审判员一人独任审判。

高级人民法院审判第一审案件,应当由审判员三人至七人或者由审判员和人民陪审员共三人或者七人组成合议庭进行。

最高人民法院审判第一审案件,应当由审判员三人至七人组成合议庭进行。

人民法院审判上诉和抗诉案件,由审判员三人或者五人组成合议庭进行。

合议庭的成员人数应当是单数。

第一百八十四条　合议庭进行评议的时候,如果意见分歧,应当按多数人的意见作出决定,但是少数人的意见应当写入笔录。评议笔录由合议庭的组成人员签名。

第一百八十五条　合议庭开庭审理并且评议后,应当作出判决。对于疑难、复杂、重大的案件,合议庭认为难以作出决定的,由合议庭提请院长决定提交审判委员会讨论决定。审判委员会的决定,合议庭应当执行。

第二章　第一审程序

第一节　公诉案件

第一百八十六条　人民法院对提起公诉的案件进行审查后,对于起诉书中有明确的指控犯罪事实的,应当决定开庭审判。

第一百八十七条　人民法院决定开庭审判后,应当确定合议庭的组成人员,将人民检察院的起诉书副本至迟在开庭十日以前送达被告人及其辩护人。

在开庭以前,审判人员可以召集公诉人、当事人和辩护人、诉讼代理人,对回避、出庭证人名单、非法证据排除等与审判相关的问题,了解情况,听取意见。

人民法院确定开庭日期后,应当将开庭的时间、地点通知人民检察院,传唤当事人,通知辩护人、诉讼代理人、证人、鉴定人和翻译人员,传票和通知书至迟在开庭三日以前送达。公开审判的案件,应当在开庭三日以前先期公布案由、被告人姓名、开庭时间和地点。

上述活动情形应当写入笔录,由审判人员和书记员签名。

第一百八十八条 人民法院审判第一审案件应当公开进行。但是有关国家秘密或者个人隐私的案件,不公开审理;涉及商业秘密的案件,当事人申请不公开审理的,可以不公开审理。

不公开审理的案件,应当当庭宣布不公开审理的理由。

第一百八十九条 人民法院审判公诉案件,人民检察院应当派员出席法庭支持公诉。

第一百九十条 开庭的时候,审判长查明当事人是否到庭,宣布案由;宣布合议庭的组成人员、书记员、公诉人、辩护人、诉讼代理人、鉴定人和翻译人员的名单;告知当事人有权对合议庭组成人员、书记员、公诉人、鉴定人和翻译人员申请回避;告知被告人享有辩护权利。

被告人认罪认罚的,审判长应当告知被告人享有的诉讼权利和认罪认罚的法律规定,审查认罪认罚的自愿性和认罪认罚具结书内容的真实性、合法性。

第一百九十一条 公诉人在法庭上宣读起诉书后,被告人、被害人可以就起诉书指控的犯罪进行陈述,公诉人可以讯问被告人。

被害人、附带民事诉讼的原告人和辩护人、诉讼代理人,经审判长许可,可以向被告人发问。

审判人员可以讯问被告人。

第一百九十二条 公诉人、当事人或者辩护人、诉讼代理人对证人证言有异议,且该证人证言对案件定罪量刑有重大影响,人民法院认为证人有必要出庭作证的,证人应当出庭作证。

人民警察就其执行职务时目击的犯罪情况作为证人出庭作证,适用前款规定。

公诉人、当事人或者辩护人、诉讼代理人对鉴定意见有异议，人民法院认为鉴定人有必要出庭的，鉴定人应当出庭作证。经人民法院通知，鉴定人拒不出庭作证的，鉴定意见不得作为定案的根据。

第一百九十三条 经人民法院通知，证人没有正当理由不出庭作证的，人民法院可以强制其到庭，但是被告人的配偶、父母、子女除外。

证人没有正当理由拒绝出庭或者出庭后拒绝作证的，予以训诫，情节严重的，经院长批准，处以十日以下的拘留。被处罚人对拘留决定不服的，可以向上一级人民法院申请复议。复议期间不停止执行。

第一百九十四条 证人作证，审判人员应当告知他要如实地提供证言和有意作伪证或者隐匿罪证要负的法律责任。公诉人、当事人和辩护人、诉讼代理人经审判长许可，可以对证人、鉴定人发问。审判长认为发问的内容与案件无关的时候，应当制止。

审判人员可以询问证人、鉴定人。

第一百九十五条 公诉人、辩护人应当向法庭出示物证，让当事人辨认，对未到庭的证人的证言笔录、鉴定人的鉴定意见、勘验笔录和其他作为证据的文书，应当当庭宣读。审判人员应当听取公诉人、当事人和辩护人、诉讼代理人的意见。

第一百九十六条 法庭审理过程中，合议庭对证据有疑问的，可以宣布休庭，对证据进行调查核实。

人民法院调查核实证据，可以进行勘验、检查、查封、扣押、鉴定和查询、冻结。

第一百九十七条 法庭审理过程中，当事人和辩护人、诉讼代理人有权申请通知新的证人到庭，调取新的物证，申请重新鉴定或者勘验。

公诉人、当事人和辩护人、诉讼代理人可以申请法庭通知有专门知识的人出庭，就鉴定人作出的鉴定意见提出意见。

法庭对于上述申请，应当作出是否同意的决定。

第二款规定的有专门知识的人出庭，适用鉴定人的有关规定。

第一百九十八条 法庭审理过程中，对与定罪、量刑有关的事实、证据都应当进行调查、辩论。

经审判长许可，公诉人、当事人和辩护人、诉讼代理人可以对证据和案件情况发表意见并且可以互相辩论。

审判长在宣布辩论终结后，被告人有最后陈述的权利。

第一百九十九条 在法庭审判过程中，如果诉讼参与人或者旁听人员违反法庭秩序,审判长应当警告制止。对不听制止的,可以强行带出法庭;情节严重的,处以一千元以下的罚款或者十五日以下的拘留。罚款、拘留必须经院长批准。被处罚人对罚款、拘留的决定不服的,可以向上一级人民法院申请复议。复议期间不停止执行。

对聚众哄闹、冲击法庭或者侮辱、诽谤、威胁、殴打司法工作人员或者诉讼参与人,严重扰乱法庭秩序,构成犯罪的,依法追究刑事责任。

第二百条 在被告人最后陈述后,审判长宣布休庭,合议庭进行评议,根据已经查明的事实、证据和有关的法律规定,分别作出以下判决:

(一)案件事实清楚,证据确实、充分,依据法律认定被告人有罪的,应当作出有罪判决;

(二)依据法律认定被告人无罪的,应当作出无罪判决;

(三)证据不足,不能认定被告人有罪的,应当作出证据不足、指控的犯罪不能成立的无罪判决。

第二百零一条 对于认罪认罚案件,人民法院依法作出判决时,一般应当采纳人民检察院指控的罪名和量刑建议,但有下列情形的除外:

(一)被告人的行为不构成犯罪或者不应当追究其刑事责任的;

(二)被告人违背意愿认罪认罚的;

(三)被告人否认指控的犯罪事实的;

(四)起诉指控的罪名与审理认定的罪名不一致的;

(五)其他可能影响公正审判的情形。

人民法院经审理认为量刑建议明显不当,或者被告人、辩护人对量刑建议提出异议的,人民检察院可以调整量刑建议。人民检察院不调整量刑建议或者调整量刑建议后仍然明显不当的,人民法院应当依法作出判决。

第二百零二条 宣告判决,一律公开进行。

当庭宣告判决的,应当在五日以内将判决书送达当事人和提起公诉的人民检察院;定期宣告判决的,应当在宣告后立即将判决书送达当事人和提起公诉的人民检察院。判决书应当同时送达辩护人、诉讼代理人。

第二百零三条 判决书应当由审判人员和书记员署名,并且写明上诉的期限和上诉的法院。

第二百零四条 在法庭审判过程中,遇有下列情形之一,影响审判进行的,可以延期审理:

(一)需要通知新的证人到庭,调取新的物证,重新鉴定或者勘验的;

(二)检察人员发现提起公诉的案件需要补充侦查,提出建议的;

（三）由于申请回避而不能进行审判的。

第二百零五条　依照本法第二百零四条第二项的规定延期审理的案件，人民检察院应当在一个月以内补充侦查完毕。

第二百零六条　在审判过程中，有下列情形之一，致使案件在较长时间内无法继续审理的，可以中止审理：

（一）被告人患有严重疾病，无法出庭的；

（二）被告人脱逃的；

（三）自诉人患有严重疾病，无法出庭，未委托诉讼代理人出庭的；

（四）由于不能抗拒的原因。

中止审理的原因消失后，应当恢复审理。中止审理的期间不计入审理期限。

第二百零七条　法庭审判的全部活动，应当由书记员写成笔录，经审判长审阅后，由审判长和书记员签名。

法庭笔录中的证人证言部分，应当当庭宣读或者交给证人阅读。证人在承认没有错误后，应当签名或者盖章。

法庭笔录应当交给当事人阅读或者向他宣读。当事人认为记载有遗漏或者差错的，可以请求补充或者改正。当事人承认没有错误后，应当签名或者盖章。

第二百零八条　人民法院审理公诉案件，应当在受理后二个月以内宣判，至迟不得超过三个月。对于可能判处死刑的案件或者附带民事诉讼的案件，以及有本法第一百五十八条规定情形之一的，经上一级人民法院批准，可以延长三个月；因特殊情况还需要延长的，报请最高人民法院批准。

人民法院改变管辖的案件，从改变后的人民法院收到案件之日起计算审理期限。

人民检察院补充侦查的案件，补充侦查完毕移送人民法院后，人民法院重新计算审理期限。

第二百零九条　人民检察院发现人民法院审理案件违反法律规定的诉讼程序，有权向人民法院提出纠正意见。

第二节　自诉案件

第二百一十条　自诉案件包括下列案件：

（一）告诉才处理的案件；

（二）被害人有证据证明的轻微刑事案件；

（三）被害人有证据证明对被告人侵犯自己人身、财产权利的行为应当依法追究刑事责任，而公安机关或者人民检察院不予追究被告人刑事责任的案件。

第二百一十一条 人民法院对于自诉案件进行审查后，按照下列情形分别处理：

（一）犯罪事实清楚，有足够证据的案件，应当开庭审判；

（二）缺乏罪证的自诉案件，如果自诉人提不出补充证据，应当说服自诉人撤回自诉，或者裁定驳回。

自诉人经两次依法传唤，无正当理由拒不到庭的，或者未经法庭许可中途退庭的，按撤诉处理。

法庭审理过程中，审判人员对证据有疑问，需要调查核实的，适用本法第一百九十六条的规定。

第二百一十二条 人民法院对自诉案件，可以进行调解；自诉人在宣告判决前，可以同被告人自行和解或者撤回自诉。本法第二百一十条第三项规定的案件不适用调解。

人民法院审理自诉案件的期限，被告人被羁押的，适用本法第二百零八条第一款、第二款的规定；未被羁押的，应当在受理后六个月以内宣判。

第二百一十三条 自诉案件的被告人在诉讼过程中，可以对自诉人提起反诉。反诉适用自诉的规定。

第三节 简易程序

第二百一十四条 基层人民法院管辖的案件，符合下列条件的，可以适用简易程序审判：

（一）案件事实清楚、证据充分的；

（二）被告人承认自己所犯罪行，对指控的犯罪事实没有异议的；

（三）被告人对适用简易程序没有异议的。

人民检察院在提起公诉的时候，可以建议人民法院适用简易程序。

第二百一十五条 有下列情形之一的，不适用简易程序：

（一）被告人是盲、聋、哑人，或者是尚未完全丧失辨认或者控制自己行为能力的精神病人的；

（二）有重大社会影响的；

（三）共同犯罪案件中部分被告人不认罪或者对适用简易程序有异议的；

（四）其他不宜适用简易程序审理的。

第二百一十六条　适用简易程序审理案件，对可能判处三年有期徒刑以下刑罚的，可以组成合议庭进行审判，也可以由审判员一人独任审判；对可能判处的有期徒刑超过三年的，应当组成合议庭进行审判。

适用简易程序审理公诉案件，人民检察院应当派员出席法庭。

第二百一十七条　适用简易程序审理案件，审判人员应当询问被告人对指控的犯罪事实的意见，告知被告人适用简易程序审理的法律规定，确认被告人是否同意适用简易程序审理。

第二百一十八条　适用简易程序审理案件，经审判人员许可，被告人及其辩护人可以同公诉人、自诉人及其诉讼代理人互相辩论。

第二百一十九条　适用简易程序审理案件，不受本章第一节关于送达期限、讯问被告人、询问证人、鉴定人、出示证据、法庭辩论程序规定的限制。但在判决宣告前应当听取被告人的最后陈述意见。

第二百二十条　适用简易程序审理案件，人民法院应当在受理后二十日以内审结；对可能判处的有期徒刑超过三年的，可以延长至一个半月。

第二百二十一条　人民法院在审理过程中，发现不宜适用简易程序的，应当按照本章第一节或者第二节的规定重新审理。

第四节　速裁程序

第二百二十二条　基层人民法院管辖的可能判处三年有期徒刑以下刑罚的案件，案件事实清楚，证据确实、充分，被告人认罪认罚并同意适用速裁程序的，可以适用速裁程序，由审判员一人独任审判。

人民检察院在提起公诉的时候，可以建议人民法院适用速裁程序。

第二百二十三条　有下列情形之一的，不适用速裁程序：

（一）被告人是盲、聋、哑人，或者是尚未完全丧失辨认或者控制自己行为能力的精神病人的；

（二）被告人是未成年人的；

（三）案件有重大社会影响的；

（四）共同犯罪案件中部分被告人对指控的犯罪事实、罪名、量刑建议或者适用速裁程序有异议的；

（五）被告人与被害人或者其法定代理人没有就附带民事诉讼赔偿等事项达成调解或者和解协议的；

（六）其他不宜适用速裁程序审理的。

第二百二十四条 适用速裁程序审理案件，不受本章第一节规定的送达期限的限制，一般不进行法庭调查、法庭辩论，但在判决宣告前应当听取辩护人的意见和被告人的最后陈述意见。

适用速裁程序审理案件，应当当庭宣判。

第二百二十五条 适用速裁程序审理案件，人民法院应当在受理后十日以内审结；对可能判处的有期徒刑超过一年的，可以延长至十五日。

第二百二十六条 人民法院在审理过程中，发现有被告人的行为不构成犯罪或者不应当追究其刑事责任、被告人违背意愿认罪认罚、被告人否认指控的犯罪事实或者其他不宜适用速裁程序审理的情形的，应当按照本章第一节或者第三节的规定重新审理。

第三章　第二审程序

第二百二十七条 被告人、自诉人和他们的法定代理人，不服地方各级人民法院第一审的判决、裁定，有权用书状或者口头向上一级人民法院上诉。被告人的辩护人和近亲属，经被告人同意，可以提出上诉。

附带民事诉讼的当事人和他们的法定代理人，可以对地方各级人民法院第一审的判决、裁定中的附带民事诉讼部分，提出上诉。

对被告人的上诉权，不得以任何借口加以剥夺。

第二百二十八条 地方各级人民检察院认为本级人民法院第一审的判决、裁定确有错误的时候，应当向上一级人民法院提出抗诉。

第二百二十九条 被害人及其法定代理人不服地方各级人民法院第一审的判决的，自收到判决书后五日以内，有权请求人民检察院提出抗诉。人民检察院自收到被害人及其法定代理人的请求后五日以内，应当作出是否抗诉的决定并且答复请求人。

第二百三十条 不服判决的上诉和抗诉的期限为十日，不服裁定的上诉和抗诉的期限为五日，从接到判决书、裁定书的第二日起算。

第二百三十一条 被告人、自诉人、附带民事诉讼的原告人和被告人通过原审人民法院提出上诉的，原审人民法院应当在三日以内将上诉状连同案卷、证据移送上一级人民法院，同时将上诉状副本送交同级人民检察院和对方当事人。

被告人、自诉人、附带民事诉讼的原告人和被告人直接向第二审人民法院提出上诉的,第二审人民法院应当在三日以内将上诉状交原审人民法院送交同级人民检察院和对方当事人。

第二百三十二条　地方各级人民检察院对同级人民法院第一审判决、裁定的抗诉,应当通过原审人民法院提出抗诉书,并且将抗诉书抄送上一级人民检察院。原审人民法院应当将抗诉书连同案卷、证据移送上一级人民法院,并且将抗诉书副本送交当事人。

上级人民检察院如果认为抗诉不当,可以向同级人民法院撤回抗诉,并且通知下级人民检察院。

第二百三十三条　第二审人民法院应当就第一审判决认定的事实和适用法律进行全面审查,不受上诉或者抗诉范围的限制。

共同犯罪的案件只有部分被告人上诉的,应当对全案进行审查,一并处理。

第二百三十四条　第二审人民法院对于下列案件,应当组成合议庭,开庭审理:

(一)被告人、自诉人及其法定代理人对第一审认定的事实、证据提出异议,可能影响定罪量刑的上诉案件;

(二)被告人被判处死刑的上诉案件;

(三)人民检察院抗诉的案件;

(四)其他应当开庭审理的案件。

第二审人民法院决定不开庭审理的,应当讯问被告人,听取其他当事人、辩护人、诉讼代理人的意见。

第二审人民法院开庭审理上诉、抗诉案件,可以到案件发生地或者原审人民法院所在地进行。

第二百三十五条　人民检察院提出抗诉的案件或者第二审人民法院开庭审理的公诉案件,同级人民检察院都应当派员出席法庭。第二审人民法院应当在决定开庭审理后及时通知人民检察院查阅案卷。人民检察院应当在一个月以内查阅完毕。人民检察院查阅案卷的时间不计入审理期限。

第二百三十六条　第二审人民法院对不服第一审判决的上诉、抗诉案件,经过审理后,应当按照下列情形分别处理:

(一)原判决认定事实和适用法律正确、量刑适当的,应当裁定驳回上诉或者抗诉,维持原判;

（二）原判决认定事实没有错误，但适用法律有错误，或者量刑不当的，应当改判；

（三）原判决事实不清楚或者证据不足的，可以在查清事实后改判；也可以裁定撤销原判，发回原审人民法院重新审判。

原审人民法院对于依照前款第三项规定发回重新审判的案件作出判决后，被告人提出上诉或者人民检察院提出抗诉的，第二审人民法院应当依法作出判决或者裁定，不得再发回原审人民法院重新审判。

第二百三十七条　第二审人民法院审理被告人或者他的法定代理人、辩护人、近亲属上诉的案件，不得加重被告人的刑罚。第二审人民法院发回原审人民法院重新审判的案件，除有新的犯罪事实，人民检察院补充起诉的以外，原审人民法院也不得加重被告人的刑罚。

人民检察院提出抗诉或者自诉人提出上诉的，不受前款规定的限制。

第二百三十八条　第二审人民法院发现第一审人民法院的审理有下列违反法律规定的诉讼程序的情形之一的，应当裁定撤销原判，发回原审人民法院重新审判：

（一）违反本法有关公开审判的规定的；

（二）违反回避制度的；

（三）剥夺或者限制了当事人的法定诉讼权利，可能影响公正审判的；

（四）审判组织的组成不合法的；

（五）其他违反法律规定的诉讼程序，可能影响公正审判的。

第二百三十九条　原审人民法院对于发回重新审判的案件，应当另行组成合议庭，依照第一审程序进行审判。对于重新审判后的判决，依照本法第二百二十七条、第二百二十八条、第二百二十九条的规定可以上诉、抗诉。

第二百四十条　第二审人民法院对不服第一审裁定的上诉或者抗诉，经过审查后，应当参照本法第二百三十六条、第二百三十八条和第二百三十九条的规定，分别情形用裁定驳回上诉、抗诉，或者撤销、变更原裁定。

第二百四十一条　第二审人民法院发回原审人民法院重新审判的案件，原审人民法院从收到发回的案件之日起，重新计算审理期限。

第二百四十二条　第二审人民法院审判上诉或者抗诉案件的程序，除本章已有规定的以外，参照第一审程序的规定进行。

第二百四十三条　第二审人民法院受理上诉、抗诉案件，应当在二个月以内审结。对于可能判处死刑的案件或者附带民事诉讼的案件，以及有本法第一百五十八条规定情形之一的，经省、自治区、直辖市高级人民法院批准或者决定,可以延长二个月;因特殊情况还需要延长的,报请最高人民法院批准。

最高人民法院受理上诉、抗诉案件的审理期限,由最高人民法院决定。

第二百四十四条　第二审的判决、裁定和最高人民法院的判决、裁定,都是终审的判决、裁定。

第二百四十五条　公安机关、人民检察院和人民法院对查封、扣押、冻结的犯罪嫌疑人、被告人的财物及其孳息,应当妥善保管,以供核查,并制作清单,随案移送。任何单位和个人不得挪用或者自行处理。对被害人的合法财产,应当及时返还。对违禁品或者不宜长期保存的物品,应当依照国家有关规定处理。

对作为证据使用的实物应当随案移送,对不宜移送的,应当将其清单、照片或者其他证明文件随案移送。

人民法院作出的判决,应当对查封、扣押、冻结的财物及其孳息作出处理。

人民法院作出的判决生效以后,有关机关应当根据判决对查封、扣押、冻结的财物及其孳息进行处理。对查封、扣押、冻结的赃款赃物及其孳息,除依法返还被害人的以外,一律上缴国库。

司法工作人员贪污、挪用或者私自处理查封、扣押、冻结的财物及其孳息的,依法追究刑事责任;不构成犯罪的,给予处分。

第四章　死刑复核程序

第二百四十六条　死刑由最高人民法院核准。

第二百四十七条　中级人民法院判处死刑的第一审案件,被告人不上诉的,应当由高级人民法院复核后,报请最高人民法院核准。高级人民法院不同意判处死刑的,可以提审或者发回重新审判。

高级人民法院判处死刑的第一审案件被告人不上诉的,和判处死刑的第二审案件,都应当报请最高人民法院核准。

第二百四十八条　中级人民法院判处死刑缓期二年执行的案件,由高级人民法院核准。

第二百四十九条　最高人民法院复核死刑案件,高级人民法院复核死刑缓期执行的案件,应当由审判员三人组成合议庭进行。

第二百五十条　最高人民法院复核死刑案件,应当作出核准或者不核准死刑的裁定。对于不核准死刑的,最高人民法院可以发回重新审判或者予以改判。

第二百五十一条 最高人民法院复核死刑案件,应当讯问被告人,辩护律师提出要求的,应当听取辩护律师的意见。

在复核死刑案件过程中,最高人民检察院可以向最高人民法院提出意见。最高人民法院应当将死刑复核结果通报最高人民检察院。

第五章 审判监督程序

第二百五十二条 当事人及其法定代理人、近亲属,对已经发生法律效力的判决、裁定,可以向人民法院或者人民检察院提出申诉,但是不能停止判决、裁定的执行。

第二百五十三条 当事人及其法定代理人、近亲属的申诉符合下列情形之一的,人民法院应当重新审判:

(一)有新的证据证明原判决、裁定认定的事实确有错误,可能影响定罪量刑的;

(二)据以定罪量刑的证据不确实、不充分、依法应当予以排除,或者证明案件事实的主要证据之间存在矛盾的;

(三)原判决、裁定适用法律确有错误的;

(四)违反法律规定的诉讼程序,可能影响公正审判的;

(五)审判人员在审理该案件的时候,有贪污受贿,徇私舞弊,枉法裁判行为的。

第二百五十四条 各级人民法院院长对本院已经发生法律效力的判决和裁定,如果发现在认定事实上或者在适用法律上确有错误,必须提交审判委员会处理。

最高人民法院对各级人民法院已经发生法律效力的判决和裁定,上级人民法院对下级人民法院已经发生法律效力的判决和裁定,如果发现确有错误,有权提审或者指令下级人民法院再审。

最高人民检察院对各级人民法院已经发生法律效力的判决和裁定,上级人民检察院对下级人民法院已经发生法律效力的判决和裁定,如果发现确有错误,有权按照审判监督程序向同级人民法院提出抗诉。

人民检察院抗诉的案件,接受抗诉的人民法院应当组成合议庭重新审理,对于原判决事实不清楚或者证据不足的,可以指令下级人民法院再审。

第二百五十五条　上级人民法院指令下级人民法院再审的,应当指令原审人民法院以外的下级人民法院审理;由原审人民法院审理更为适宜的,也可以指令原审人民法院审理。

第二百五十六条　人民法院按照审判监督程序重新审判的案件,由原审人民法院审理的,应当另行组成合议庭进行。如果原来是第一审案件,应当依照第一审程序进行审判,所作的判决、裁定,可以上诉、抗诉;如果原来是第二审案件,或者是上级人民法院提审的案件,应当依照第二审程序进行审判,所作的判决、裁定,是终审的判决、裁定。

人民法院开庭审理的再审案件,同级人民检察院应当派员出席法庭。

第二百五十七条　人民法院决定再审的案件,需要对被告人采取强制措施的,由人民法院依法决定;人民检察院提出抗诉的再审案件,需要对被告人采取强制措施的,由人民检察院依法决定。

人民法院按照审判监督程序审判的案件,可以决定中止原判决、裁定的执行。

第二百五十八条　人民法院按照审判监督程序重新审判的案件,应当在作出提审、再审决定之日起三个月以内审结,需要延长期限的,不得超过六个月。

接受抗诉的人民法院按照审判监督程序审判抗诉的案件,审理期限适用前款规定;对需要指令下级人民法院再审的,应当自接受抗诉之日起一个月以内作出决定,下级人民法院审理案件的期限适用前款规定。

第四编　执　行

第二百五十九条　判决和裁定在发生法律效力后执行。

下列判决和裁定是发生法律效力的判决和裁定:

(一)已过法定期限没有上诉、抗诉的判决和裁定;

(二)终审的判决和裁定;

(三)最高人民法院核准的死刑的判决和高级人民法院核准的死刑缓期二年执行的判决。

第二百六十条　第一审人民法院判决被告人无罪、免除刑事处罚的,如果被告人在押,在宣判后应当立即释放。

第二百六十一条　最高人民法院判处和核准的死刑立即执行的判决,

应当由最高人民法院院长签发执行死刑的命令。

被判处死刑缓期二年执行的罪犯，在死刑缓期执行期间，如果没有故意犯罪，死刑缓期执行期满，应当予以减刑的，由执行机关提出书面意见，报请高级人民法院裁定；如果故意犯罪，情节恶劣，查证属实，应当执行死刑的，由高级人民法院报请最高人民法院核准；对于故意犯罪未执行死刑的，死刑缓期执行的期间重新计算，并报最高人民法院备案。

第二百六十二条 下级人民法院接到最高人民法院执行死刑的命令后，应当在七日以内交付执行。但是发现有下列情形之一的，应当停止执行，并且立即报告最高人民法院，由最高人民法院作出裁定：

（一）在执行前发现判决可能有错误的；

（二）在执行前罪犯揭发重大犯罪事实或者有其他重大立功表现，可能需要改判的；

（三）罪犯正在怀孕。

前款第一项、第二项停止执行的原因消失后，必须报请最高人民法院院长再签发执行死刑的命令才能执行；由于前款第三项原因停止执行的，应当报请最高人民法院依法改判。

第二百六十三条 人民法院在交付执行死刑前，应当通知同级人民检察院派员临场监督。

死刑采用枪决或者注射等方法执行。

死刑可以在刑场或者指定的羁押场所内执行。

指挥执行的审判人员，对罪犯应当验明正身，讯问有无遗言、信札，然后交付执行人员执行死刑。在执行前，如果发现可能有错误，应当暂停执行，报请最高人民法院裁定。

执行死刑应当公布，不应示众。

执行死刑后，在场书记员应当写成笔录。交付执行的人民法院应当将执行死刑情况报告最高人民法院。

执行死刑后，交付执行的人民法院应当通知罪犯家属。

第二百六十四条 罪犯被交付执行刑罚的时候，应当由交付执行的人民法院在判决生效后十日以内将有关的法律文书送达公安机关、监狱或者其他执行机关。

对被判处死刑缓期二年执行、无期徒刑、有期徒刑的罪犯，由公安机关依法将该罪犯送交监狱执行刑罚。对被判处有期徒刑的罪犯，在被交付执行刑罚前，剩余刑期在三个月以下的，由看守所代为执行。对被判处拘役的罪犯,由公安机关执行。

对未成年犯应当在未成年犯管教所执行刑罚。

执行机关应当将罪犯及时收押,并且通知罪犯家属。

判处有期徒刑、拘役的罪犯,执行期满,应当由执行机关发给释放证明书。

第二百六十五条　对被判处有期徒刑或者拘役的罪犯,有下列情形之一的,可以暂予监外执行:

（一）有严重疾病需要保外就医的;

（二）怀孕或者正在哺乳自己婴儿的妇女;

（三）生活不能自理,适用暂予监外执行不致危害社会的。

对被判处无期徒刑的罪犯,有前款第二项规定情形的,可以暂予监外执行。

对适用保外就医可能有社会危险性的罪犯,或者自伤自残的罪犯,不得保外就医。

对罪犯确有严重疾病,必须保外就医的,由省级人民政府指定的医院诊断并开具证明文件。

在交付执行前,暂予监外执行由交付执行的人民法院决定;在交付执行后,暂予监外执行由监狱或者看守所提出书面意见,报省级以上监狱管理机关或者设区的市一级以上公安机关批准。

第二百六十六条　监狱、看守所提出暂予监外执行的书面意见的,应当将书面意见的副本抄送人民检察院。人民检察院可以向决定或者批准机关提出书面意见。

第二百六十七条　决定或者批准暂予监外执行的机关应当将暂予监外执行决定抄送人民检察院。人民检察院认为暂予监外执行不当的,应当自接到通知之日起一个月以内将书面意见送交决定或者批准暂予监外执行的机关,决定或者批准暂予监外执行的机关接到人民检察院的书面意见后,应当立即对该决定进行重新核查。

第二百六十八条　对暂予监外执行的罪犯,有下列情形之一的,应当及时收监:

（一）发现不符合暂予监外执行条件的;

（二）严重违反有关暂予监外执行监督管理规定的;

（三）暂予监外执行的情形消失后,罪犯刑期未满的。

对于人民法院决定暂予监外执行的罪犯应当予以收监的,由人民法院作出决定,将有关的法律文书送达公安机关、监狱或者其他执行机关。

不符合暂予监外执行条件的罪犯通过贿赂等非法手段被暂予监外执行的,在监外执行的期间不计入执行刑期。罪犯在暂予监外执行期间脱逃的,脱逃的期间不计入执行刑期。

罪犯在暂予监外执行期间死亡的,执行机关应当及时通知监狱或者看守所。

第二百六十九条 对被判处管制、宣告缓刑、假释或者暂予监外执行的罪犯,依法实行社区矫正,由社区矫正机构负责执行。

第二百七十条 对被判处剥夺政治权利的罪犯,由公安机关执行。执行期满,应当由执行机关书面通知本人及其所在单位、居住地基层组织。

第二百七十一条 被判处罚金的罪犯,期满不缴纳的,人民法院应当强制缴纳;如果由于遭遇不能抗拒的灾祸等原因缴纳确实有困难的,经人民法院裁定,可以延期缴纳、酌情减少或者免除。

第二百七十二条 没收财产的判决,无论附加适用或者独立适用,都由人民法院执行;在必要的时候,可以会同公安机关执行。

第二百七十三条 罪犯在服刑期间又犯罪的,或者发现了判决的时候所没有发现的罪行,由执行机关移送人民检察院处理。

被判处管制、拘役、有期徒刑或者无期徒刑的罪犯,在执行期间确有悔改或者立功表现,应当依法予以减刑、假释的时候,由执行机关提出建议书,报请人民法院审核裁定,并将建议书副本抄送人民检察院。人民检察院可以向人民法院提出书面意见。

第二百七十四条 人民检察院认为人民法院减刑、假释的裁定不当,应当在收到裁定书副本后二十日以内,向人民法院提出书面纠正意见。人民法院应当在收到纠正意见后一个月以内重新组成合议庭进行审理,作出最终裁定。

第二百七十五条 监狱和其他执行机关在刑罚执行中,如果认为判决有错误或者罪犯提出申诉,应当转请人民检察院或者原判人民法院处理。

第二百七十六条 人民检察院对执行机关执行刑罚的活动是否合法实行监督。如果发现有违法的情况,应当通知执行机关纠正。

第五编　特别程序

第一章　未成年人刑事案件诉讼程序

第二百七十七条　对犯罪的未成年人实行教育、感化、挽救的方针，坚持教育为主、惩罚为辅的原则。

人民法院、人民检察院和公安机关办理未成年人刑事案件，应当保障未成年人行使其诉讼权利，保障未成年人得到法律帮助，并由熟悉未成年人身心特点的审判人员、检察人员、侦查人员承办。

第二百七十八条　未成年犯罪嫌疑人、被告人没有委托辩护人的，人民法院、人民检察院、公安机关应当通知法律援助机构指派律师为其提供辩护。

第二百七十九条　公安机关、人民检察院、人民法院办理未成年人刑事案件，根据情况可以对未成年犯罪嫌疑人、被告人的成长经历、犯罪原因、监护教育等情况进行调查。

第二百八十条　对未成年犯罪嫌疑人、被告人应当严格限制适用逮捕措施。人民检察院审查批准逮捕和人民法院决定逮捕，应当讯问未成年犯罪嫌疑人、被告人，听取辩护律师的意见。

对被拘留、逮捕和执行刑罚的未成年人与成年人应当分别关押、分别管理、分别教育。

第二百八十一条　对于未成年人刑事案件，在讯问和审判的时候，应当通知未成年犯罪嫌疑人、被告人的法定代理人到场。无法通知、法定代理人不能到场或者法定代理人是共犯的，也可以通知未成年犯罪嫌疑人、被告人的其他成年亲属，所在学校、单位、居住地基层组织或者未成年人保护组织的代表到场，并将有关情况记录在案。到场的法定代理人可以代为行使未成年犯罪嫌疑人、被告人的诉讼权利。

到场的法定代理人或者其他人员认为办案人员在讯问、审判中侵犯未成年人合法权益的，可以提出意见。讯问笔录、法庭笔录应当交给到场的法定代理人或者其他人员阅读或者向他宣读。

讯问女性未成年犯罪嫌疑人，应当有女工作人员在场。

审判未成年人刑事案件,未成年被告人最后陈述后,其法定代理人可以进行补充陈述。

询问未成年被害人、证人,适用第一款、第二款、第三款的规定。

第二百八十二条 对于未成年人涉嫌刑法分则第四章、第五章、第六章规定的犯罪,可能判处一年有期徒刑以下刑罚,符合起诉条件,但有悔罪表现的,人民检察院可以作出附条件不起诉的决定。人民检察院在作出附条件不起诉的决定以前,应当听取公安机关、被害人的意见。

对附条件不起诉的决定,公安机关要求复议、提请复核或者被害人申诉的,适用本法第一百七十九条、第一百八十条的规定。

未成年犯罪嫌疑人及其法定代理人对人民检察院决定附条件不起诉有异议的,人民检察院应当作出起诉的决定。

第二百八十三条 在附条件不起诉的考验期内,由人民检察院对被附条件不起诉的未成年犯罪嫌疑人进行监督考察。未成年犯罪嫌疑人的监护人,应当对未成年犯罪嫌疑人加强管教,配合人民检察院做好监督考察工作。

附条件不起诉的考验期为六个月以上一年以下,从人民检察院作出附条件不起诉的决定之日起计算。

被附条件不起诉的未成年犯罪嫌疑人,应当遵守下列规定:

(一)遵守法律法规,服从监督;

(二)按照考察机关的规定报告自己的活动情况;

(三)离开所居住的市、县或者迁居,应当报经考察机关批准;

(四)按照考察机关的要求接受矫治和教育。

第二百八十四条 被附条件不起诉的未成年犯罪嫌疑人,在考验期内有下列情形之一的,人民检察院应当撤销附条件不起诉的决定,提起公诉:

(一)实施新的犯罪或者发现决定附条件不起诉以前还有其他犯罪需要追诉的;

(二)违反治安管理规定或者考察机关有关附条件不起诉的监督管理规定,情节严重的。

被附条件不起诉的未成年犯罪嫌疑人,在考验期内没有上述情形,考验期满的,人民检察院应当作出不起诉的决定。

第二百八十五条 审判的时候被告人不满十八周岁的案件,不公开审理。但是,经未成年被告人及其法定代理人同意,未成年被告人所在学校和未成年人保护组织可以派代表到场。

第二百八十六条　犯罪的时候不满十八周岁，被判处五年有期徒刑以下刑罚的，应当对相关犯罪记录予以封存。

犯罪记录被封存的，不得向任何单位和个人提供，但司法机关为办案需要或者有关单位根据国家规定进行查询的除外。依法进行查询的单位，应当对被封存的犯罪记录的情况予以保密。

第二百八十七条　办理未成年人刑事案件，除本章已有规定的以外，按照本法的其他规定进行。

第二章　当事人和解的公诉案件诉讼程序

第二百八十八条　下列公诉案件，犯罪嫌疑人、被告人真诚悔罪，通过向被害人赔偿损失、赔礼道歉等方式获得被害人谅解，被害人自愿和解的，双方当事人可以和解：

（一）因民间纠纷引起，涉嫌刑法分则第四章、第五章规定的犯罪案件，可能判处三年有期徒刑以下刑罚的；

（二）除渎职犯罪以外的可能判处七年有期徒刑以下刑罚的过失犯罪案件。

犯罪嫌疑人、被告人在五年以内曾经故意犯罪的，不适用本章规定的程序。

第二百八十九条　双方当事人和解的，公安机关、人民检察院、人民法院应当听取当事人和其他有关人员的意见，对和解的自愿性、合法性进行审查，并主持制作和解协议书。

第二百九十条　对于达成和解协议的案件，公安机关可以向人民检察院提出从宽处理的建议。人民检察院可以向人民法院提出从宽处罚的建议；对于犯罪情节轻微，不需要判处刑罚的，可以作出不起诉的决定。人民法院可以依法对被告人从宽处罚。

第三章　缺席审判程序

第二百九十一条　对于贪污贿赂犯罪案件，以及需要及时进行审判，经最高人民检察院核准的严重危害国家安全犯罪、恐怖活动犯罪案件，犯罪嫌疑人、被告人在境外，监察机关、公安机关移送起诉，人民检察院认为犯罪事实已经查清，证据确实、充分，依法应当追究刑事责任的，可以向人民法院提起公诉。人民法院进行审查后,对于起诉书中有明确的指控犯罪事实,符合缺席审判程序适用条件的,应当决定开庭审判。

前款案件,由犯罪地、被告人离境前居住地或者最高人民法院指定的中级人民法院组成合议庭进行审理。

第二百九十二条 人民法院应当通过有关国际条约规定的或者外交途径提出的司法协助方式,或者被告人所在地法律允许的其他方式,将传票和人民检察院的起诉书副本送达被告人。传票和起诉书副本送达后,被告人未按要求到案的,人民法院应当开庭审理,依法作出判决,并对违法所得及其他涉案财产作出处理。

第二百九十三条 人民法院缺席审判案件,被告人有权委托辩护人,被告人的近亲属可以代为委托辩护人。被告人及其近亲属没有委托辩护人的,人民法院应当通知法律援助机构指派律师为其提供辩护。

第二百九十四条 人民法院应当将判决书送达被告人及其近亲属、辩护人。被告人或者其近亲属不服判决的,有权向上一级人民法院上诉。辩护人经被告人或者其近亲属同意,可以提出上诉。

人民检察院认为人民法院的判决确有错误的,应当向上一级人民法院提出抗诉。

第二百九十五条 在审理过程中,被告人自动投案或者被抓获的,人民法院应当重新审理。

罪犯在判决、裁定发生法律效力后到案的,人民法院应当将罪犯交付执行刑罚。交付执行刑罚前,人民法院应当告知罪犯有权对判决、裁定提出异议。罪犯对判决、裁定提出异议的,人民法院应当重新审理。

依照生效判决、裁定对罪犯的财产进行的处理确有错误的,应当予以返还、赔偿。

第二百九十六条 因被告人患有严重疾病无法出庭,中止审理超过六个月,被告人仍无法出庭,被告人及其法定代理人、近亲属申请或者同意恢复审理的,人民法院可以在被告人不出庭的情况下缺席审理,依法作出判决。

第二百九十七条 被告人死亡的,人民法院应当裁定终止审理,但有证据证明被告人无罪,人民法院经缺席审理确认无罪的,应当依法作出判决。

人民法院按照审判监督程序重新审判的案件,被告人死亡的,人民法院可以缺席审理,依法作出判决。

第四章　犯罪嫌疑人、被告人逃匿、死亡案件违法所得的没收程序

第二百九十八条　对于贪污贿赂犯罪、恐怖活动犯罪等重大犯罪案件，犯罪嫌疑人、被告人逃匿，在通缉一年后不能到案，或者犯罪嫌疑人、被告人死亡，依照刑法规定应当追缴其违法所得及其他涉案财产的，人民检察院可以向人民法院提出没收违法所得的申请。

公安机关认为有前款规定情形的，应当写出没收违法所得意见书，移送人民检察院。

没收违法所得的申请应当提供与犯罪事实、违法所得相关的证据材料，并列明财产的种类、数量、所在地及查封、扣押、冻结的情况。

人民法院在必要的时候，可以查封、扣押、冻结申请没收的财产。

第二百九十九条　没收违法所得的申请，由犯罪地或者犯罪嫌疑人、被告人居住地的中级人民法院组成合议庭进行审理。

人民法院受理没收违法所得的申请后，应当发出公告。公告期间为六个月。犯罪嫌疑人、被告人的近亲属和其他利害关系人有权申请参加诉讼，也可以委托诉讼代理人参加诉讼。

人民法院在公告期满后对没收违法所得的申请进行审理。利害关系人参加诉讼的，人民法院应当开庭审理。

第三百条　人民法院经审理，对经查证属于违法所得及其他涉案财产，除依法返还被害人的以外，应当裁定予以没收；对不属于应当追缴的财产的，应当裁定驳回申请，解除查封、扣押、冻结措施。

对于人民法院依照前款规定作出的裁定，犯罪嫌疑人、被告人的近亲属和其他利害关系人或者人民检察院可以提出上诉、抗诉。

第三百零一条　在审理过程中，在逃的犯罪嫌疑人、被告人自动投案或者被抓获的，人民法院应当终止审理。

没收犯罪嫌疑人、被告人财产确有错误的，应当予以返还、赔偿。

第五章　依法不负刑事责任的精神病人的强制医疗程序

第三百零二条　实施暴力行为，危害公共安全或者严重危害公民人身安全，经法定程序鉴定依法不负刑事责任的精神病人，有继续危害社会可能的，可以予以强制医疗。

第三百零三条 根据本章规定对精神病人强制医疗的,由人民法院决定。

公安机关发现精神病人符合强制医疗条件的,应当写出强制医疗意见书,移送人民检察院。对于公安机关移送的或者在审查起诉过程中发现的精神病人符合强制医疗条件的,人民检察院应当向人民法院提出强制医疗的申请。人民法院在审理案件过程中发现被告人符合强制医疗条件的,可以作出强制医疗的决定。

对实施暴力行为的精神病人,在人民法院决定强制医疗前,公安机关可以采取临时的保护性约束措施。

第三百零四条 人民法院受理强制医疗的申请后,应当组成合议庭进行审理。

人民法院审理强制医疗案件,应当通知被申请人或者被告人的法定代理人到场。被申请人或者被告人没有委托诉讼代理人的,人民法院应当通知法律援助机构指派律师为其提供法律帮助。

第三百零五条 人民法院经审理,对于被申请人或者被告人符合强制医疗条件的,应当在一个月以内作出强制医疗的决定。

被决定强制医疗的人、被害人及其法定代理人、近亲属对强制医疗决定不服的,可以向上一级人民法院申请复议。

第三百零六条 强制医疗机构应当定期对被强制医疗的人进行诊断评估。对于已不具有人身危险性,不需要继续强制医疗的,应当及时提出解除意见,报决定强制医疗的人民法院批准。

被强制医疗的人及其近亲属有权申请解除强制医疗。

第三百零七条 人民检察院对强制医疗的决定和执行实行监督。

附 则

第三百零八条 军队保卫部门对军队内部发生的刑事案件行使侦查权。

中国海警局履行海上维权执法职责,对海上发生的刑事案件行使侦查权。

对罪犯在监狱内犯罪的案件由监狱进行侦查。

军队保卫部门、中国海警局、监狱办理刑事案件,适用本法的有关规定。